JN446657

기초 C

오창혁 지음

예제 프로그램 중심

教友社

언어를 숙달하기 위한 유일한 방법은 반복 사용이다.

머 리 말

이 책은 C 언어 프로그래밍를 처음으로 배우는 사람을 위하여 쓰여졌다. 컴퓨터 프로그래밍 언어에 대하여 완전 초보인 사람을 위한 책이다. 이 책으로 공부하려고 하는 사람은 어떠한 종류의 컴퓨터 언어에 대하여서도 사전 지식과 경험이 없다고 가정하였다.

이 책은 기본 개념부터 차례대로 설명하여 C 언어의 기초를 익힐 수 있도록 서술하였다. 또한, C 언어의 전반적인 내용을 다루었다. 따라서 이 책을 공부하고 나면 C 언어 프로그래밍의 전체적인 틀을 이해할 수 있을 것이다.

이 책은 독자가 수월하게 공부할 수 있도록 중간에 많은 계단을 놓았다. 계단의 중심은 예제 프로그램과 실습 문제에 있다. 예제 프로그램을 제시하고 이를 중심으로 개념을 설명하는 방법을 주로 택하고 있다. 독자가 예제 프로그램을 따라하고, 실습문제에 대한 프로그램을 작성하면서 저절로 개념을 익히고 언어에 숙달되도록 구성하였다.

이 책의 전개 방식은 수학 책의 전개 방식을 따랐다. 어떤 개념을 설명할 때, 앞서 정의된 용어와 앞서 설명된 개념이나 방법을 사용하였으며, 논리나 개념의 비약이 발생하지 않도록 주의를 기울였다.

이 책은 C 언어에 관한 책이기는 하지만, 아주 제한적으로 C++ 언어의 내용을 소개한다. 이는 학습에 도움이 될만한 수준에서 이루어진다. 모든 예제 프로그램은 마이크로소프트사의 비주얼 C++ 버전 6의 콘솔모드를 사용하여 컴파일하고 실행하였다. 한편, 볼랜드사의 C 컴파일러의 사용법도 실었으며, 볼랜드 C는 무료로 사용 가능하다.

이 책의 최초 원고는 1998년 가을 학기에 시작한 C 언어 강의노트이다. 지난 9년간, 해마다 가본을 만들어 강의를 하면서, 수정하고 추가하는 일을 반복해 왔다. 이러한 작업을 통해 C 언어를 쉽게 학습할 수 있도록 다듬어 왔다. 오랜 기간 동안 많은 노력을 했지만, 아직도 만족스럽지 않은 곳이 한 두 군데가 아니다. 저자의 능력의 한계에 의한 미흡한 부분에 대하여 독자의 지적을 환영한다.

이 책을 쓴 초반의 사 년 동안, 조판과 교정을 맡아서 수고한 석사과정의 김수진 양의 도움이 없었다면 원고가 책이 되기는 어려웠을 것이다. 원고의 교정에 세세한 신경을 기울인 교우사 편집부에게 감사한다. 마지막으로 이 책의 중간 가본으로 강의를 하면서 여러 가지 도움말을 준 영남대학교 이지연 교수와 나영호 박사에게 특별한 고마움을 전한다.

클래식 음악이 흐르는 압량벌 연구실에서
2007년 8월
저 자

choh@yu.ac.kr

차 례

제 0 장

컴파일러 사용하기

1. Visual C++ 6.0 사용법
2. 볼랜드 C++ 설치와 사용

C 언어나 C++ 언어로 작성된 프로그램은 컴퓨터가 이해할 수 있는 기호 체제로 적절히 번역되어야 한다. 컴퓨터 기호 체제로 번역해 주는 일을 하는 프로그램을 컴파일러라고 한다. C 언어의 컴파일러는 많은 회사에서 개발하여 판매되고 있다. 마이크로소프트 사의 Visual C++도 그 중 하나이며, 프로그램 편집기 등 여러 가지 편리한 기능을 통합하여 프로그램 작성과 컴파일 등을 편리하게 만들어 두었다. 이 장에서는 마이크로소프트사의 Visual C++ 컴파일러를 사용하여 프로그램을 컴파일하고 링크, 실행하는 방법을 알아본다.

1. Visual C++ 6.0 사용법

마이크로소프트사의 Visual C++ 6.0 을 사용하여 프로그램을 작성하고, 컴파일하고 링크하여 실행하는 방법을 알아보자.

Visual C++ 6.0 의 실행

먼저 Visual C++를 실행시키기 위해서는 바탕화면에 다음의 아이콘을 더블 클릭한다.

혹은 윈도우 메뉴판에서 다음과 같이 메뉴를 선택하여 실행시킬 수도 있다.

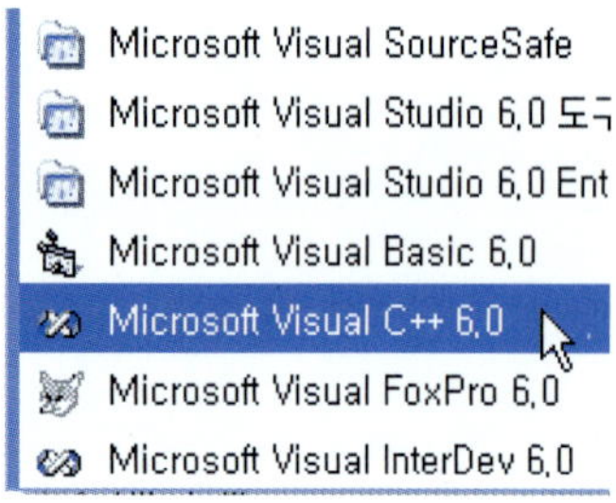

콘솔 프로젝트 만들기

비주얼 C++가 실행된 후 상단 메뉴판의 File 을 선택한 다음 나타나는 하위메뉴에서 메뉴 New 를 누른다.

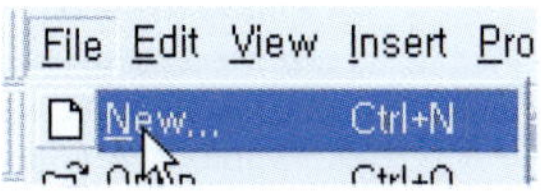

그러면 뜨는 대화상자에서 'Projects' 탭을 선택한다.

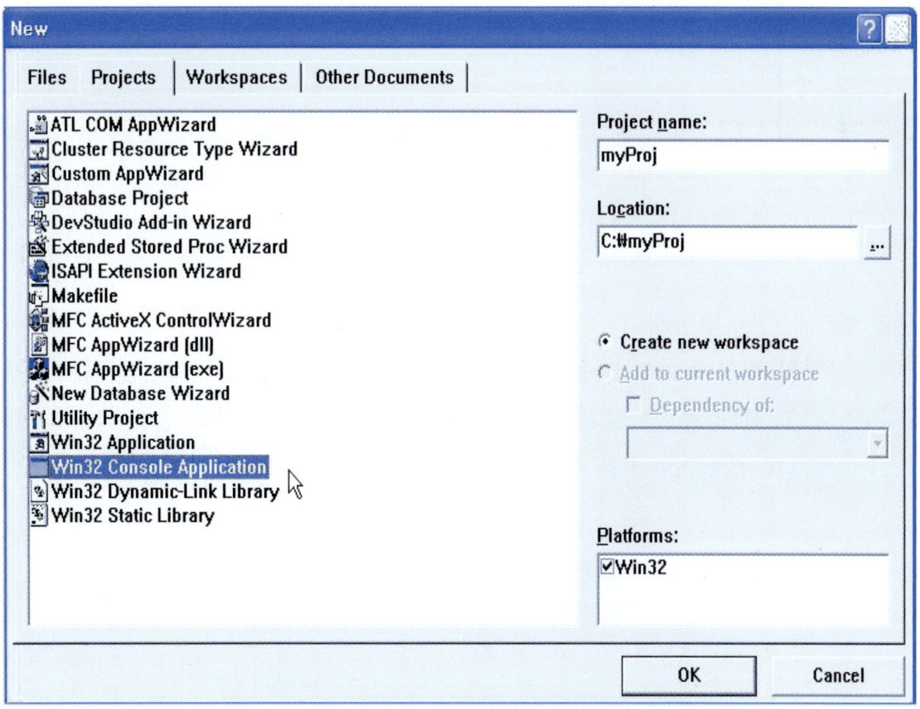

'Projects' 탭을 선택하면 나타나는 창에서 다음과 같이 Win32 Console Application 을 선택한다. 그 다음에 Project name 을 정한다. Location 은 적당한 디렉토리를 선정한다. Projec name 을 정하는 규칙이 있다. 대부분은 영어의 알파벳과 숫자를 사용하여 이름을 짓는다. Location 을 정할 때는 옆의 있는 찾기 단추 ... 를 눌러 적당한 폴더를 정하면 편리하다.

이와 같이 한 후에 OK 단추를 눌러 다음과 같은 창이 뜨면, 'An empty project'

앞의 단추를 선택하고 Finish 단추를 누른다.

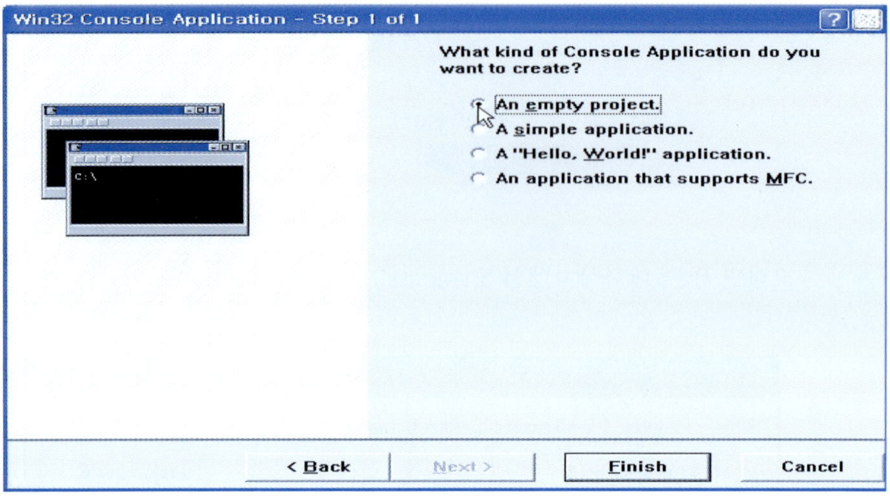

무언가 설명하는 대화상자가 나오는 데 그냥 OK 단추를 누른다.

프로젝트에 파일 추가하기

앞의 절차에 따라 만들어진 것을 프로젝트라고 한다. 여기서는 특히 콘솔프로젝트라고 한다. 콘솔프로젝트를 생성한 후에는 나타나는 하부 창 중에서 다음과 같은 창 즉, Workspace 창을 선택하고 이 창의 세 개의 탭 중에서 FileView 탭을 선택한다.

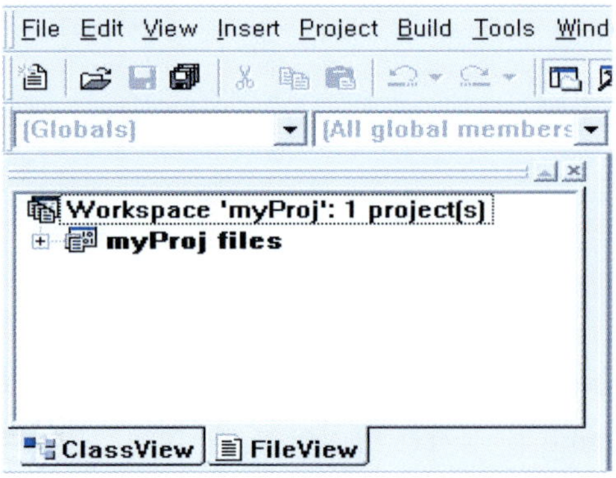

이때 + 단추를 눌러 다음과 같이 보이도록 한다. 이 때 + 단추는 펼쳐 보이기 기능을 한다.

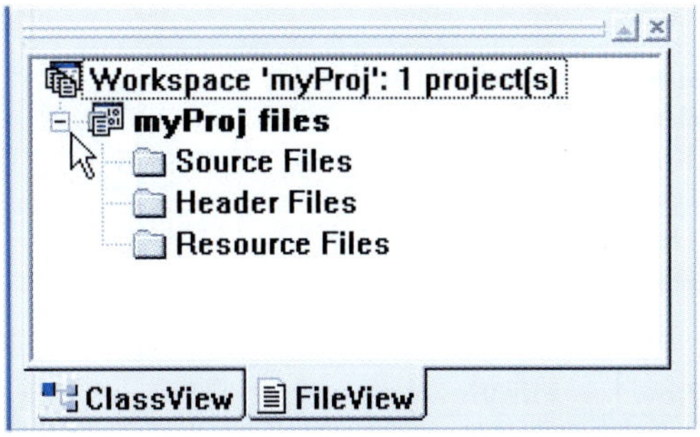

그 다음은 상단 메뉴판에서 File 을 선택한 다음, 열리는 메뉴판에서 메뉴 New 를 선택한다.

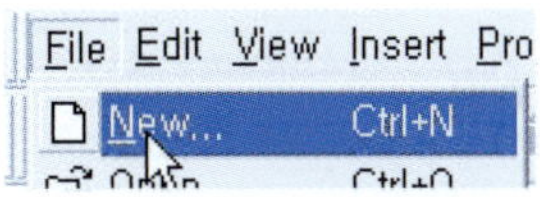

그런 다음 열린 대화상자에서 다음과 같이 Files 탭에서 C++ Source File 을 선택하고 Add to project: 칸을 마크하고 File 칸에 적당한 이름을 적어 넣는다. 여기서는 myMain.cpp 이라고 적어 두었다.

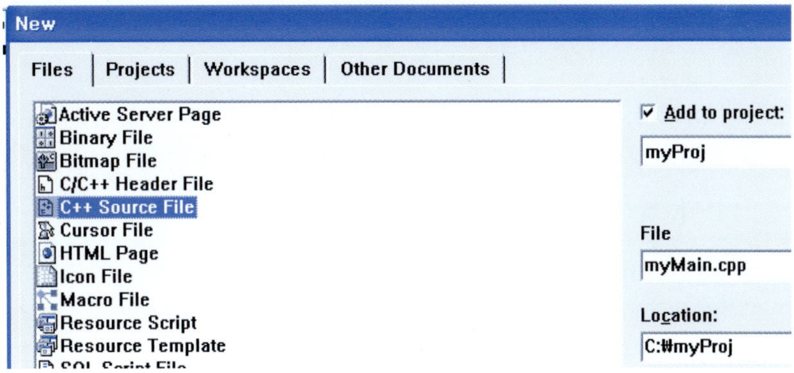

OK 단추를 누른다. 이때 FileView 탭을 선택한 다음 Source Files 를 펼쳐보이기 하여 다음과 같이 나오도록 한다.

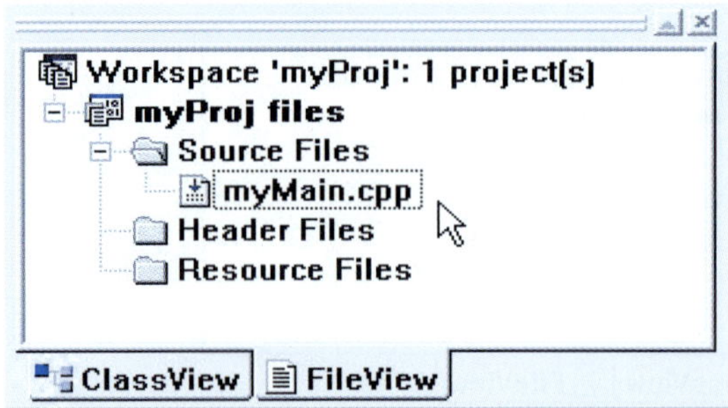

C++ 프로그램 입력하기

MyMain.cpp 를 더블 클릭한 다음 옆에 나오는 편집창에 프로그램을 입력한다.

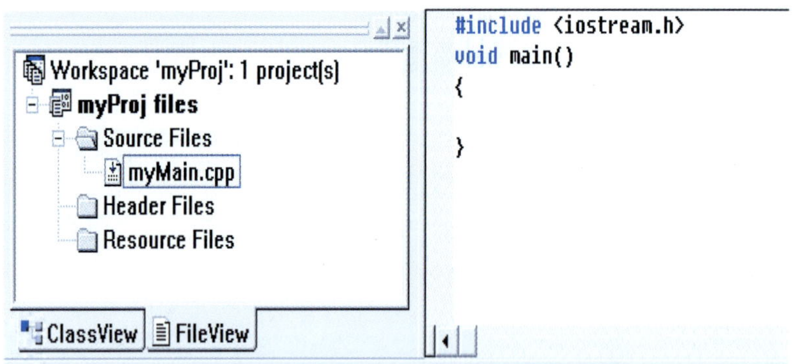

프로그램 실행하기

프로그램이 입력되었으면 메뉴판에서 컴파일과 링크 및 실행을 하는 단추 ! 를 누른다. 빨간 느낌표 단추를 실행단추라고 한다.

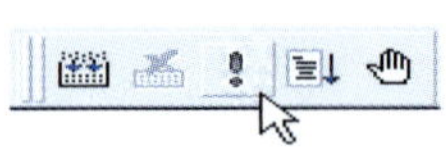

실행단추를 누르는 대신에 다음과 같이 Build 메뉴판의 하위메뉴 Execute 를 선택하여도 된다.

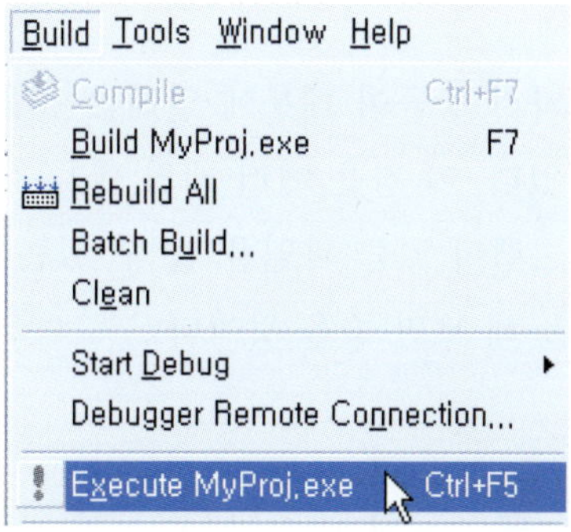

프로그램 실행 결과

그런 다음 따라 나오는 창에서는 "예"를 눌러 계속 진행시킨다. 만약 프로그램에 오류가 없다면 까만 창이 뜨며 프로그램이 실행됨을 볼 수 있다.

오류 수정하기

만약 프로그램에 오류가 있다면 다음과 같이 오류 메시지가 뜨는 것을 볼 수 있다.

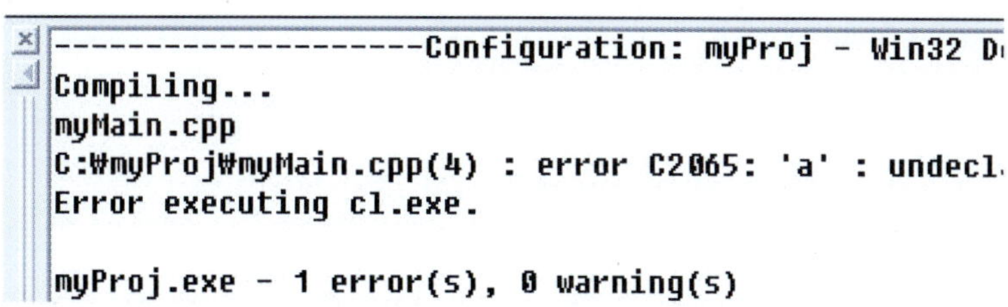

오류의 종류는 다양하다. 여기서는 단지 오류가 있을 때는 프로그램이 실행되지 않음을 보인다. 오류가 있을 때는 오류를 수정한 다음, 다시 실행단추 ! 를 눌러 프로그램을 실행시키면 된다.

WorkPlace 창

Visaul C++를 실행시키면 여러 가지 창들이 내부에 열리는 것을 볼 수 있다. 다음은 이들 중에는 WorkPlace 창이 있다. 이 창은 여러 개의 탭을 가지고 있으며, 마지막의 FileView 탭은 작성된 프로그램이 있는 파일을 볼 수 있는 곳이다. 지금은 이들 탭을 하나씩 눌러 가면서 구경을 해 보면 좋을 것이다.

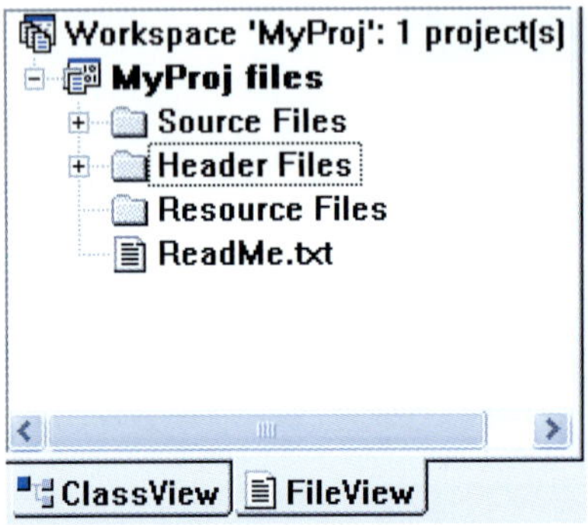

실습문제

1. Visual C++ 에서 콘솔모드 프로젝트 initProj 를 생성하고, 파일 main.cpp 를 추가한 후, main.cpp 에 다음의 C++ 프로그램을 입력한 다음, 이를 컴파일하고 실행시켜 보아라.

```
#include <stdio.h>
void main( )
{
    printf("동해물과 백두산이 마르고 닳도록\n");
    printf("하느님이 보우하사 우리 나라 만세\n");
}
```

2. Visual C++ 에서 콘솔모드 프로젝트 firstProj 를 생성하고, 파일 main.cpp 를 추가한 후, main.cpp 에 다음의 C++ 프로그램을 입력한 다음, 이를 컴파일하고 실행시켜 보아라.

```
#include <iostream.h>
void main( )
{
    cout << " '삶'이 그대를 속일지라도"<<endl;
```

```
    cout << "슬퍼하거나 노하지 말라."<<endl;
    cout << "슬픔의 날을 참고 견디면"<<endl;
    cout << "머지 않아 기쁨의 날이 오리니"<<endl;
    cout << "- 푸시킨 -"<<endl;
}
```

3. Visual C++ 에서 콘솔모드 프로젝트 aaa 를 생성하고, 파일 aMain.cpp 를 추가한 후, aMain.cpp 에 다음의 C++ 프로그램을 입력한 다음, 이를 컴파일하고 실행시켜 보아라.

```
#include <stdio.h>
void main( )
{
    int x;
    x = 1;
    printf("%d", x);
}
```

4. Visual C++ 에서 콘솔모드 프로젝트 bbb 를 생성하고, 파일 bmain.cpp 를 추가한 후, bmain.cpp 에 다음의 C++ 프로그램을 입력한 다음, 이를 컴파일하고 실행시켜 보아라.

```
#include <stdio.h>
void main( )
{
    double x ;
    int a=5, b=3;
    x = (double) a / (double) b;
    printf("%lf\n", x);
}
```

5. Visual C++ 에서 콘솔모드 프로젝트 ccc 를 생성하고, 파일 cMain.cpp 를 추가한 후, cMain.cpp 에 다음의 C++ 프로그램을 입력한 다음, 이를 컴파일하고 실행시켜 보아라.

```
#include <stdio.h>
#include <math.h>
#define PI  3.141592653589793
void main( )
{
    double area, a=2., b=3., r;
```

```
        r=PI/2.;
        area = 1./2. * a * b * sin(r);
        printf("%lf\n", area);
    }
```

6. Visual C++ 에서 콘솔모드 프로젝트 proA 를 생성하고, 파일 proMain.cpp 를 추가한 후, proMain.cpp 에 다음의 C++ 프로그램을 입력한 다음, 이를 컴파일하고 실행시켜 보아라.

```
#include <stdio.h>
void main( )
{
    int a =1, b =0, c=3, result;
    result = (a > b) || (b == c);
    printf( "%d\n", result );
}
```

7. Visual C++ 에서 콘솔모드 프로젝트 ddd 를 생성하고, 파일 dMain.cpp 를 추가한 후, dMain.cpp 에 다음의 C++ 프로그램을 입력한 다음, 이를 컴파일하고 실행시켜 보아라.

```
#include <stdio.h>
void main( )
{
    int i, sum = 0 ;
    i =1 ;
    while(i <= 10)
    {
        sum += i;
        i++;
    }
    printf ("1+...+10=%d\n",sum);
}
```

8. Visual C++ 에서 콘솔모드 프로젝트 eee 를 생성하고, 파일 eMain.cpp 를 추가한 후, eMain.cpp 에 다음의 C++ 프로그램을 입력한 다음, 이를 컴파일하고 실행시켜 보아라.

```
#include <iostream.h>
void main( )
{
    int i, sum = 0 ;
```

```
        for ( i=1; i<=100; i+=2)
        {
            sum += i;
        }
        cout << sum<<endl;
    }
```

9. Visual C++ 에서 콘솔모드 프로젝트 fff 를 생성하고, 파일 fMain.cpp 를 추가한 후, fMain.cpp 에 다음의 C++ 프로그램을 입력한 다음, 이를 컴파일하고 실행시켜 보아라.

```
#include <iostream.h>
void main( )
{
    int grade[3] = {80, 90, 100};
    int sum = 0;

    for (int i=0; i<3; i++)
        sum += grade[i];

    cout << sum  << endl;
}
```

10. Visual C++ 에서 콘솔모드 프로젝트 ggg 를 생성하고, 파일 gMain.cpp 를 추가한 후, gMain.cpp 에 다음의 C++ 프로그램을 입력한 다음, 이를 컴파일하고 실행시켜 보아라.

```
#include <iostream.h>
void print_num(double x)
{
    cout << x  <<endl;
}
void main( )
{
    double a = 77.7;
    print_num(a);
}
```

11. Visual C++ 에서 콘솔모드 프로젝트 hhh 를 생성하고, 파일 hMain.cpp 를 추가한 후, hMain.cpp 에 다음의 C++ 프로그램을 입력한 다음, 이를 컴파일하고 실행시켜 보아라.

```
#include <iostream.h>
double sum(double x, double y ) ;
void main( )
{
        double a=1.,b=2.;
        cout << sum(a, b) << endl ;
}
double sum(double x, double y )
{
        return x+y ;
}
```

12. Visual C++ 에서 콘솔모드 프로젝트 iii 를 생성하고, 파일 iMain.cpp 를 추가한 후, iMain.cpp 에 다음의 C++ 프로그램을 입력한 다음, 이를 컴파일하고 실행시켜 보아라.

```
#include <stdio.h>
void main( )
{
     int x= 3;
     {
          int x = 5;
          printf("내부 블록 : %d\n", x);
     }
     printf("바깥 블록 : %d\n", x);
}
```

13. Visual C++ 에서 콘솔모드 프로젝트 jjj 를 생성하고, 파일 jMain.cpp 를 추가한 후, jMain.cpp 에 다음의 C++ 프로그램을 입력한 다음, 이를 컴파일하고 실행시켜 보아라.

```
#include <iostream.h>
struct rectangle
{
     double width;
     double height;
};

void main()
{
     double area;
     rectangle rect;
     rect.width = 2.;
```

```
    rect.height = 3.;
    area = rect.width * rect.height;
    cout << "area  ="<< area << endl;
}
```

14. Visual C++ 에서 콘솔모드 프로젝트 kkk 를 생성하고, 파일 kMain.cpp 를 추가한 후, kMain.cpp 에 다음의 C++ 프로그램을 입력한 다음, 이를 컴파일하고 실행시켜 보아라.

```
#include <iostream.h>
void main( ) {
    int x ;
    int *p;
    p = &x ;
    cout << p << endl;
}
```

15. Visual C++ 에서 콘솔모드 프로젝트 zest 를 생성하고, 파일 zain.cpp 를 추가한 후, zain.cpp 에 다음의 C++ 프로그램을 입력한 다음, 이를 컴파일하고 실행시켜 보아라.

```
#include <stdio.h>
#include <string.h>

struct myList {
    int id ;
    char name[20];
    myList *next;
};

void main( ) {
    myList  head, tail;

    head.id = 1;
    strcpy(head.name,  "Kim" );
    head.next = NULL;

    tail.id = 2;
    strcpy(tail.name,  "Park" );
    tail.next = NULL;

    printf("head :  %2d   %s   \n", head.id, head.name);
    printf("tail   :  %2d   %s   \n", tail.id, tail.name);
}
```

2. 볼랜드 C++ 설치와 사용

볼랜드의 C++ 컴파일러는 윈도우 계열의 OS 에 작동하는 C++ 언어의 컴파일러이다. 비주얼 C++이나 터보 C++와 같은 편리한 기능은 없지만 공짜이다. 볼랜드 C++를 설치하고 컴파일러를 사용하는 방법을 알아보자.

볼랜드 C++ 설치

적당한 사이트에서 파일 "freecommandLinetools.exe"을 내려받은 다음, 저장되어 있는 폴더로 가서 더블 클릭하여 설치하면 된다. 하드디스크의 용량이 50 MB 정도 필요하다. 저장하는 폴더 이름은 기본적으로

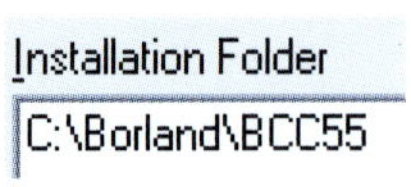

로 나타나는 데,

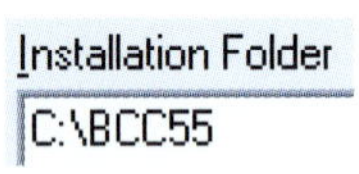

와 같이 파일 경로를 간단히 해 두면 편리하다.

컴파일러 사용하는 법 – I

프로그램을 작성하고 컴파일 하는 순서는 다음과 같다.

[1] **메모장으로 프로그램 작성하기**

'메모장' 편집기를 이용하여 프로그램을 작성하여 파일에 저장한다. 저장되는 경로와 파일의 이름은 다음과 같다고 하자.

C:\aaa\myProg.cpp

파일을 저장할 때는 다음과 같이 선택사항을 지정한다.

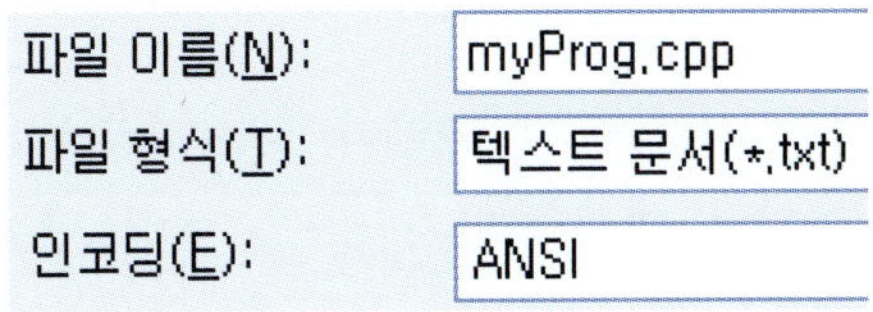

다음은 메모장에 프로그램을 작성하여 둔 예이다.

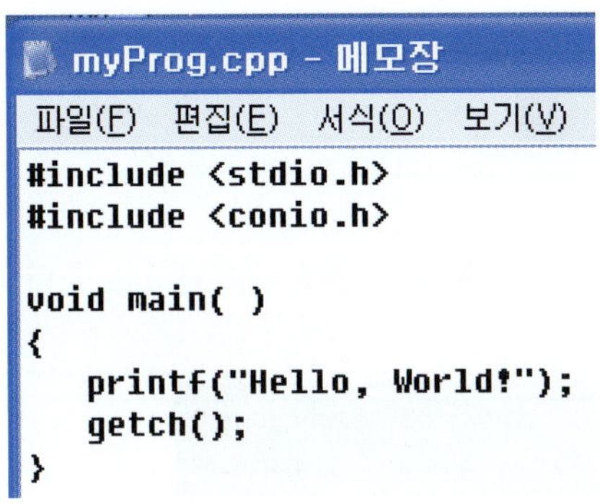

'메모장' 프로그램은 닫지 말고 열린 상태로 둔다. 한편, 이미 작성된 프로그램 파일이 있다면 그 파일을 '메모장'에 열어둔다.

[2] **도스창 열기**

시작 메뉴에서 도스창을 찾아 연다. 윈도우 XP 에서는 '시작' – '모든 프로그램'– '보조 프로그램' 메뉴를 따라 가서 다음을 선택하면 된다.

열린 도스 창의 모양은 다음과 같다.

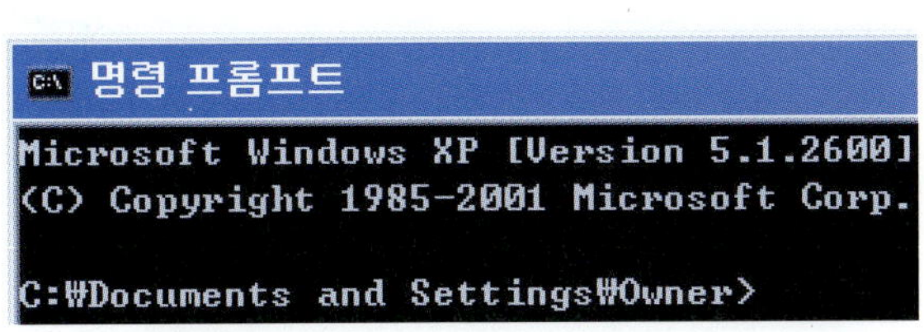

[3] 컴파일러 프로그램 경로 지정하기

도스창에서 작성하여 저장해 둔 파일이 있는 폴더를 이동한다. 여기에서는 'cd' 명령문을 사용하였다. 명령줄 마지막에는 '엔터' 단추를 눌러야 한다.

```
cd c:₩aaa
```

그리고 해당 폴더의 파일을 확인하기 위해서 'dir' 명령어도 사용하였다.

```
C:₩aaa>dir
```

다음은 'dir' 명령어에 의해 도스창에 나타난 aaa 폴더의 내용이다.

```
<DIR>          .
<DIR>          ..
            66 myProg.cpp
```

그런 다음 볼랜드 C++의 컴파일러가 저장되어 있는 폴더의 하위 폴더인 bin 폴더를 다음과 같이 하여 경로로 지정한다.

```
C:₩aaa>path=c:₩bcc55₩bin
```

[4] 컴파일 하기

다음과 같은 명령문을 입력하면 컴파일이 된다. 명령문의 제일 마지막은 파일의 이름이다.

```
C:₩aaa>bcc32 -Ic:₩bcc55₩include  -Lc:₩bcc55₩lib  myProg
```

오류없이 컴파일이 되면 다음과 같은 메시지가 창에 나타난다.

```
Borland C++ 5.5.1 for Win32
myprog.cpp:
Turbo Incremental Link 5.00
```

명령어 'dir'를 사용하여 폴더의 내용을 보면 다음과 같은 파일들이 있음을 볼 수 있다. 여기서 myProg.cpp 를 제외한 나머지 파일들은 컴파일러가 생성한 파일이다.

```
myProg.cpp
myprog.exe
myprog.obj
myprog.tds
```

[5] 실행하기

명령 프롬프트에서 myprog 라고 입력하면 프로그램이 실행된다. 다음은 실행 명령어를 입력한 것과 프로그램 실행결과이다.

```
C:₩aaa>myprog
Hello, World!
```

[6] 오류 수정하기

만약 프로그램에 문법 오류가 있다면 오류 컴파일 시 오류 메시지가 나타난다. 다음은 오류메시지가 나타난 예이다.

```
Error E2268 myprog.cpp 7: Call
*** 1 errors in Compile ***
```

이 때는 '메모장'에서 오류를 수정한 다음 다시 컴파일하면 된다. 윗방향 화살표 단추를 누르면 이전에 입력한 명령문이 나타나므로 이를 사용하면 좋다.

컴파일러 사용하는 법 – II

컴파일 프로그램의 경로를 autoexec.bat 에 지정해 두고 컴파일하는 방법이 있다.

[1] 파일 'autoexec.bat'에 경로 지정하기

'메모장'을 이용하여 autoexec.bat 파일을 열고 마지막에 다음 줄을 추가한 후 저장한다.

```
PATH C:\BCC55\BIN;%PATH%
```

[2] 설정 파일 bcc32.cfg 만들기

'메모장'을 열어 다음을 입력한다.

```
-I"c:\bcc55\include"
-L"c:\bcc55\lib"
```

그런 다음

```
c:\bcc55\bin
```

폴더에

```
bcc32.cfg
```

라는 파일로 저장한다.

[3] 설정 파일 ilink32.cfg 만들기

'메모장'을 열어 다음을 입력한다.

```
-L"c:\bcc55\lib"
```

그런 다음

```
c:\bcc55\bin
```

폴더에

```
ilink32.cfg
```

라는 파일로 저장한다.

[4] **컴퓨터를 다시 부팅하기**

작성한 파일들이 효과를 가지도록 컴퓨터을 껐다가 다시 켠다.

[5] **컴파일 하기**

도스창에서 작성하여둔 파일 myProg.cpp 가 있는 폴더 c:\aaa 로 옮겨 가서 다음과 같이 명령문을 입력하면 컴파일된다.

```
C:\aaa>bcc32 myProg
```

여기서는 메모장을 열어 둘 필요가 없다.

실습문제

1. 볼랜드 C++ 에서 다음 프로그램을 입력한 다음, 이를 컴파일하고 실행시켜 보아라.

```
#include <stdio.h>
void main( )
{
    printf("동해물과 백두산이 마르고 닳도록\n");
    printf("하느님이 보우하사 우리 나라 만세\n");
}
```

2. 볼랜드 C++ 에서 다음 프로그램을 입력한 다음, 이를 컴파일하고 실행시켜 보아라.

```
#include <iostream.h>
void main( )
{
    cout << " 삶이 그대를 속일지라도" << endl;
    cout << " 슬퍼하거나 노하지 말라. " << endl;
    cout << " 슬픔의 날을 참고 견디면" << endl;
    cout << " 머지 않아 기쁨의 날이 오리니" << endl;
     cout << " - 푸시킨 -" << endl;
}
```

3. 볼랜드 C++ 에서 다음 프로그램을 입력한 다음, 이를 컴파일하고 실행시켜 보아라.

```
#include <stdio.h>
void main( )
{
    int x;
    x = 1;
    printf("%d", x);
}
```

4. 볼랜드 C++ 에서 다음 프로그램을 입력한 다음, 이를 컴파일하고 실행시켜 보아라.

```
#include <stdio.h>
void main( )
{
    double x ;
    int a=5, b=3;
    x = (double) a / (double) b;
    printf("%lf\n", x);
}
```

제 1 장

main 함수와 출력

1. main 함수
2. 콘솔 창에 글자 찍기-printf
3. 콘솔 창에 글자 찍기-cout

이 장에서는 C 프로그램의 기본 함수인 main 함수와 글자를 콘솔창에 출력하는 것을 다룬다.

1. main 함수

먼저 가장 간단한 프로그램을 소개한다.

프로그램 1.1

```
void main() {}
```

프로그램의 실행시키면 콘솔창에 다음과 같이 찍혀 나온다.

```
Press any key to continue
```

여기서 찍혀 나오는 "Press any key to continue"라는 문장은 이 프로그램의 실행 결과가 아니고, 모든 프로그램의 실행이 종료되면 컴퓨터가 자동으로 생성해 주는 문장이다. 실제로 이 프로그램이 하는 일은 없으며 프로그램 형태만 갖추고 있다. 프로그램 1.1은 다음과 같이 쓰는 것이 일반적이다.

프로그램 1.2

```
void main()
{
}
```

즉 소괄호 뒤에 따라 나오는 중괄호를 줄바꿈하여 쓰는 것이다. 한편, 프로그램 1.1 또는 1.2를 다음과 같이 여러 개의 빈칸을 추가하고 줄바꿈을 하여 작성하여도 이들은 모두 같은 프로그램이 된다.

프로그램 1.3

```
              void          main       (                        )
         {

}
```

함수는 닫는 중괄호 } 로 끝남에 유의하도록 하자.

예약어

프로그램 1.1에서 두 개의 단어가 나온다. 즉, void 와 main 이다. 이 두 단어는 C 언어에서 특별한 의미로 사용되는 단어이다. 이러한 단어를 **예약어**라고 한다. 앞으로 여러 가지 예약어를 공부하게 된다. 예약어는 영어로 키워드 즉, key word 라고 한다.

토큰

프로그램 1.1에서 예약어 void 와 main 이외에도 두 가지 소괄호와 두 가지 중괄호

( ) { }

의 기호를 사용하고 있다. 예약어와 이들 기호는 모두 **토큰**이라는 이름으로 부른다. 토큰은 이들 이외에도 여러 가지 종류가 있다. 토큰은 영어로 token 이라고 한다.

토큰 = 예약어 + 기호 + …

프로그램 1.1 혹은 1.2, 혹은 1.3은 두 개의 예약어와 네 개의 기호로 구성되어 있다. 즉, 여섯 개의 토큰으로 구성되어 있다.

main 함수

프로그램 1.2 에서

```
void main()
```

부분을 **함수머리**라고 한다. 한편 중괄호와 이들로 둘러싸인 부분

```
{
}
```

을 **함수몸체**라고 한다. 함수머리와 함수몸체를 합쳐서 **함수**라고 한다. 여기에서는

두 번째 나오는 예약어 main 을 따서 **main 함수**라고 한다. 모든 C 프로그램에는 main 함수가 하나 있다. 함수머리의 처음에 나오는 void 라는 단어는 함수의 특성을 결정하는 예약어이다. 단어 void 의 의미는 나중에 설명한다.

블록

두 개의 중괄호와 중괄호로 둘러싸인 부분

```
{
    …
}
```

의 일반적 이름은 **블록**이다. 블록이 함수의 몸체로 사용될 때는 **함수몸체**라고 불리어진다.

일반적 형태의 main 함수

일반적으로 C 언어에서는 다음과 같은 약간 복잡한 형태의 main 함수를 사용하고 있다. 이러한 형태의 main 함수는 11장에서 상세히 다룬다. 여기서는 단지 보여주기 위한 것이므로, 프로그램에서 사용된 토큰과 형태에 대하여 심각하게 생각하지 않기를 바란다.

프로그램 1.4

```
int main(int argc, char* argv[ ])
{
    return 0;
}
```

주석문

프로그램을 작성할 때, 그 프로그램이 어떤 일을 하는지 등으로 설명하는 문장, 즉 **주석문**을 포함시킬 수 있다. 주석문은 사용자, 즉 사람의 편의를 위한 것이고, 컴퓨터에서는 무시되는 문장이다. 주석문은 두 개의 /를 사용하여 표시할 수 있다.

프로그램 1.5

```
// 이 프로그램은 아주 간단하다.
int main(int argc, char* argv[ ])
{
    return 0;
}
```

이 프로그램에서

// 이 프로그램은 아주 간단하다.

라는 줄은 주석문이다. 프로그램 실행 등과는 무관하므로 아무렇게나 적어도 좋다. 예를 들면

// 나의 사랑, C 언어.

실습문제

1. 프로그램 1.2에서 main 앞의 void 를 생략한 후 프로그램을 실행시켜보아라. 어떤 오류 메시지가 나오는가?
2. 프로그램 1.2 에서 제일 마지막에 나오는 닫는 중괄호 }를 빼고 프로그램을 실행시켜보아라. 어떤 오류 메시지가 나오는가?
3. 프로그램 1.2 에서 예약어 main 을 생략하고 실행시켜보아라. 어떤 오류 메시지가 나오는가?
4. 프로그램 1.2 에서 함수 이름 main 다음에 나오는 두 개의 소괄호 ( )를 생략하고 실행시켜 보아라. 어떤 오류 메시지가 나오는가?
5. 프로그램 1.4를 실행시켜 보아라.

2. 콘솔 창에 글자 찍기 - printf

다음은 콘솔 창에 글자를 찍는 일을 하는 아주 간단한 프로그램을 소개한다. 다음 프로그램은 콘솔 창에 “안녕하세요!”라는 인사말을 찍는 일을 한다.

프로그램 2.1

```
#include <stdio.h>
void main( )
{
        printf("안녕하세요!") ;
}
```

프로그램의 실행시키면 콘솔창에 다음과 같이 찍혀 나온다.

```
안녕하세요!Press any key to continue
```

프로그램 분석

■ #include <stdio.h>

이 줄은 다음에 나오는 printf 라는 단어를 사용하기 위해서 필요하다. 만약 이 줄을 생략하고 컴파일하면

'printf' : undeclared identifier

라는 오류 메시지가 나타난다.

■ void main()

main 함수의 함수머리이다.

■ {
    printf("안녕하세요!") ;
}

함수 몸체의 중괄호 사이에 printf 라는 단어를 포함한 줄이 하나 추가 되어 있다.

■ printf("안녕하세요!") ;

이것을 명령줄이라고 한다. 하나의 명령줄은 마지막에 세미콜론이 찍혀 있다. C++ 언어에서는 세미콜론까지가 하나의 명령줄로 인식된다.

■ printf("안녕하세요!")

printf 는 콘솔창에 글자를 찍는 일을 하는 **함수**이다. 소괄호 안의 겹따옴표 사이의 내용을 찍게 된다. 겹따옴표와 그 안에 있는 문자들을 합쳐 **문자열**이라고 한다. 만약 다음과 같이 쓴다면

```
printf("안녕        하세요!") ;
```

'안녕'과 '하세요' 사이에 여러 개의 공백이 나타난다. 즉 함수 printf 는 문자열을 있는 그대로 출력한다.

콘솔창에 글자를 찍는 일은 **함수** printf 를 이용하여 할 수 있다. 함수 printf 를 사용할 때는 printf 뒤에 나오는 소괄호 사이에 겹따옴표를 두 개 쓰고 그 사이에 출력할 내용을 적는다. 겹따옴표와 그 사이에 있는 문자들을 합쳐 **문자열**이라고 한다. 함수 printf 뒤에 나오는 소괄호로 둘러싸인 부분 (···)을 **함수의 인수부분**이라고 한다.

프로그램의 실행 순서

프로그램 2.1에서의 실행은 함수몸체의 열린 중괄호에서 시작되어, 따라 나오는 명령줄을 차례대로 실행하다가 닫힌 중괄호를 만나면 종료된다. 여기에서는 명령줄이 하나뿐이므로 하나의 명령줄만 실행되고 닫힌 중괄호를 만나 실행이 종료된다.

그림 2.1 main 함수의 실행 순서

void main( )		실행 순서
{	←	① 시작
printf("안녕하세요!") ;	←	②
}	←	③ 종료

출력 결과에 줄바꾸기와 빈칸 추가하기

프로그램 2.1의 실행 결과를 보면 "안녕하세요!"라는 말과 'Press any key to continue'라는 말이 한 줄에 나온다. 이 두 문장 사이를 줄 바꾸기 하여 출력하고 싶다면, 다음과 같이 인수부분의 겹따옴표 안에 즉, 문자열에 \n 을 추가하면 된다.

프로그램 2.2

```
#include <stdio.h>

void main( )
{
	printf("안녕하세요!\n") ;
}
```

프로그램의 실행 결과는 다음과 같다.

```
안녕하세요!
Press any key to continue_
```

줄바꾸기 문자 – 개행문자

줄바꾸기 기호 \n 을 **개행문자**라고 한다. 개행문자는 두 개의 기호로 나타내고 있으나 컴퓨터 내부에서는 하나의 문자로 간주한다. 여기서 n 은 'new line'에서 따왔다고 보면 좋을 것이다.

출력창에서 여러 줄 바꾸기

함수 printf 에서 두 번 줄을 바꾸려고 할 때는 문자열에 \n 을 두 번 쓰면 된다.

```
printf("안녕하세요!\n\n") ;
```

함수 printf 에서 줄바꾸기 기호는 겹 따옴표 안 즉, 문자열 안에서 어디에서든 쓸 수 있으며 필요한 개수만큼 사용할 수 있다. 다음은 예이다.

```
printf("\n     \n     안녕\n 하세요!     \n\n\n") ;
```

한편 프로그램 2.2에서 다음과 같이 줄바꾸기 및 공백추가를 하여도 두 프로그램은 같은 프로그램이 된다.

프로그램 2.3

```
#include <stdio.h>
void main( )    {

            printf
      (

      "안녕하세요!\n"
                );
}
```

프로그램을 입력할 때, 문자열 안에서의 줄바꾸기는 허용되지 않는다. 예컨대 다음과 같이 쓰면 오류가 발생한다.

```
      "안녕
            하세요!\n"
```

명령줄

C 언어에서는 세미콜론까지를 하나의 명령줄로 인식한다. 따라서 여러 줄에 걸쳐서 작성되어 있더라도 중간의 줄바꿈은 무시하고 세미콜론이 있는 곳까지를 하나의 명령줄로 인식한다. 다만 문자열 중간에는 줄바꿈은 허용되지 않는다.

위의 프로그램은 다음과 같이 한 줄에 쓸 수도 있다. 그러나 이렇게 쓰면 프로그램을 작성하는 사람이 착각을 일으키기 쉬우므로 흔히 사용하는 형태는 아니다.

프로그램 2.4

```
#include <stdio.h>
void main( ){printf("안녕하세요!\n");}
```

여러 개의 명령줄 사용하기

함수 몸체에는 여러 개의 명령줄을 사용할 수 있다. 여기서는 함수 printf 를 여러 개의 명령줄에서 사용하는 예제 프로그램을 보인다.

프로그램 2.5

```
#include <stdio.h>

void main( )
{
    printf("안녕하세요!\n");
    printf("여러분~\n");
    printf("부자되세요.\n");
}
```

프로그램 2.5에서는 3개의 명령줄이 있다. 물론 이들 세 개를 하나의 함수 printf를 사용하여 나타낼 수도 있다.

```
printf("안녕하세요!\n 여러분~\n 부자되세요.\n");
```

탭 문자

같은 줄에서 탭 이동, 즉, 몇 칸을 한꺼번에 이동할 필요가 있을 때도 있다. 이 때는 탭기호 기호 \t 을 사용하면 되는 데 \t 를 **탭문자**라고 한다. 탭문자 역시 두 개의 기호로 나타내고 있으나 컴퓨터 내부에서는 하나의 문자로 간주한다. 여기서 t 는 'tab'에서 따왔다고 보면 좋을 것이다. 다음 프로그램은 탭문자를 사용하는 예제 프로그램이다.

프로그램 2.6

```
#include <stdio.h>

void main( )
{
    printf("안녕하세요!\t");
    printf("여러분~\t");
    printf("부자되세요.\t");
}
```

실습문제

1. 프로그램 2.1에서 '#include <stdio.h>' 줄을 삭제하고 실행시켜보아라. 어떤 오류가 나오는가?

2. 프로그램 2.1의 printf("안녕하세요!"); 줄에서 세미콜론을 생략한 후 프로그램을 실행시켜 보아라. 어떤 오류 메시지가 나오는가?
3. 프로그램2.1에서 다음과 같이 중간 중간에 빈칸을 많이 넣고 실행시켜 보아라. 결과는 어떤가?

```
printf("     안    녕하    세요  !           ") ;
```

4. 프로그램 2.1에서 중간 중간에 \n 을 여러 번 삽입하고 실행시켜 보아라.

```
printf(" \n\n 안녕\n 하세요!\n\n\n\n ");
```

5. 함수 printf 를 사용하여 '안녕하세요!'를 콘솔 창 한 가운데 나타나도록 하는 프로그램을 작성하여라. 적당한 개수의 공백과 \n 을 사용하여야 한다.
6. 프로그램 2.2를 실행하여 보아라.
7. 프로그램 2.2 또는 2.3에서 겹따옴표 사이에 다음과 같이 줄바꿈을 넣어 실행하여 보아라. 어떤 오류가 발생하는가?

```
"안녕
하세요!\n"
```

8. 다음 시가 콘솔창에 나타나도록 프로그램하여라.

그대가 별이라면

이동순

그대가 별이라면
저는 그대 옆에 뜨는 작은 별이고 싶습니다
그대가 노을이라면
저는 그대 뒷모습을 비치어주는
저녁 하늘이 되고 싶습니다
그대가 나무라면
저는 그대의 발등에 덮인 흙이고자 합니다
오, 그대가 이른 봄 숲에서 우는 은빛 새라면
저는 그대가 앉아 쉬는
한창 물 오르는 싱싱한 가지이고 싶습니다

9. 다음 글이 콘솔창에 나타나도록 프로그램하여라.

산유화

김소월

산에는 꽃피네

꽃이 피네
갈 봄 여름 없이
꽃이 피네

산에
산에
피는 꽃은
저만치 혼자서 피어 있네

10. 다음 글이 콘솔창에 나타나도록 프로그램하여라. 빈칸을 잘 조절하여라.

God bless you   and   God bless Korea!

11. 프로그램 2.6을 실행시켜 보고 탭문자 \t 의 효과가 어떠한지 살펴 보아라.

3. 콘솔 창에 글자 찍기 - cout

콘솔 창에 글자를 찍는 일은 명령어 cout 을 사용하여 할 수도 있다. 이 때는

```
#include <iostream.h>
```

를 프로그램의 앞에 포함시켜야 하며, 다음과 같은 형식을 취한다.

```
cout << 문자열 ;
```

여기에서 cout 는 객체명령어의 하나이며, 기호 << 는 삽입연산자라고 한다. 다음 프로그램은 cout 명령어를 사용하여 콘솔 창에 “안녕하세요!”라는 인사말을 찍는 일을 한다.

프로그램 3.1

```
#include <iostream.h>
void main( )
{
      cout << “안녕하세요!” ;
}
```

프로그램을 실행시키면 콘솔창에 다음과 같이 찍혀 나온다.

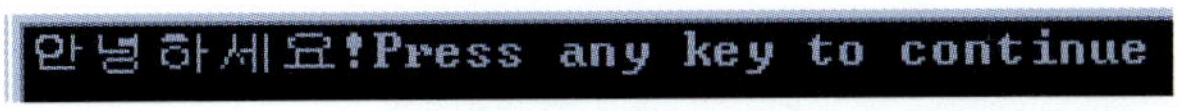

프로그램 분석

■ #include <iostream.h>
이 줄은 다음에 나오는 cout 이라는 명령어를 사용하기 위해서 필요하다. 만약 이 줄을 생략하고 컴파일하면

'cout' : undeclared identifier

라는 오류 메시지가 나타난다.

■ cout << "안녕하세요!"
cout 는 콘솔창에 글자를 찍는 일을 하는 함수이다. 소괄호 안의 겹따옴표 사이의 내용, 즉 << 뒤의 문자열을 찍게 된다.

객체명령어는 C++ 의 명령어이며, C 에서는 사용할 수 없다. 여기서는 C++ 컴파일러를 사용하고 있음을 상기하기 바란다.

개행문자 \n 을 이용한 줄바꾸기

프로그램 3.1의 실행 결과를 보면 "안녕하세요!"라는 말과 'Press any key to continue'라는 말이 한 줄에 나온다. 이 두 문장 사이를 줄 바꾸기 하여 출력하고 싶을 다면, 다음과 같이 문자열 안에 줄바꾸기 기호 즉, 개행문자 \n 을 추가하면 된다.

프로그램 3.2

```
#include <iostream.h>

void main( )
{
        cout << "안녕하세요!\n";
}
```

프로그램의 실행 결과는 다음과 같다.

```
안녕하세요!
Press any key to continue_
```

줄바꾸기 기호 즉, 개행문자는 필요한 만큼 사용하면 된다.

```
cout << "안녕하세요!\n\n" ;
cout << "\n     \n     안녕\n하세요!     \n\n\n" ;
```

만약 출력할 문자열인 겹따옴표 안에서 직접 줄바꾸기는 허용되지 않는다. 예컨대

```
cout << "안녕
        하세요!" ;
```

는 컴파일시 오류 메시지를 발생시킨다.

하나의 cout 에는 삽입연산자 << 가 여러 번 사용될 수 있으며, 이 때는 몇 개의 문자열을 삽입할 수 있다. 다음은 예이다.

```
cout << "안녕하세요, " << "여러분\n" << "부자되세요!\n";
```

명령어 endl 를 이용한 줄바꾸기

객체명령어 cout 을 사용하여 출력할 때, 줄바꾸기는 endl 을 사용할도 수 있다. 명령어 endl 은 삽입연산자 뒤에 사용된다.

프로그램 3.3

```
#include <iostream.h>

void main( )
{
        cout << "안녕하세요!" << endl;
}
```

프로그램의 실행 결과는 다음과 같다.

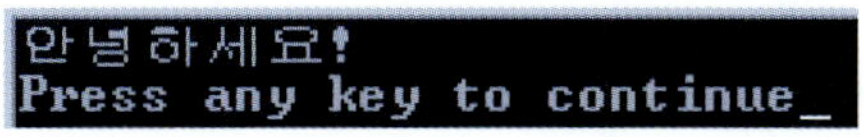

객체명령어 cout 뒤에는 삽입연산자를 여러 번 사용할 수 있으며, 따라서 endl 도 여러 번 사용할 수 있다. 다음은 예이다.

```
cout << endl << “안녕하세요!”<< endl << endl ;
cout << “안녕” << endl << “하세요!\n” ;
```

탭문자 \t 의 사용

명령어 cout 을 사용할 때 탭문자도 사용할 수 있다. 다음은 예제 프로그램이다.

프로그램 3.4

```
#include <iostream.h>

void main( )
{
      cout << "안녕하세요\t  여러분\t 반가와요\t"<<endl;
}
```

실습문제

1. 프로그램 3.1에서 ‘#include <iostream.h>’ 줄을 삭제하고 실행시켜보아라. 어떤 오류가 나오는가?
2. 프로그램 3.1에서 다음과 같이 문자열 안에 빈칸을 많이 넣고 실행시켜 보아라. 결과는 어떤가?

```
cout << “      안     녕하     세요   !              ” ;
```

3. 프로그램 3.1에서 중간 중간에 \n 을 여러 번 삽입하고 실행시켜 보아라.

```
cout << “ \n\n 안녕\n 하세요!\n\n\n\n ”;
```

프로그램 3.1에서 cout 부분을 다음과 같이 겹따옴표 안을 줄바꾸기 하여 두 줄로 작성한 후 실행시켜 보아라. 어떤 일이 일어나는가?

```
cout << "  \n\n 안녕\n
                    하세요!\n\n\n\n ";
```

4. 객체명령어 cout 를 사용하여 '안녕하세요!'를 콘솔 창 한 가운데 나타나도록 하는 프로그램을 작성하여라. 적당한 개수의 공백과 \n 을 사용하여야 한다.
5. 프로그램 3.2를 실행하여 보아라.
6. 프로그램 3.2 또는 3.3에서 겹따옴표 사이에 다음과 같이 줄바꿈을 넣어 실행하여 보아라. 어떤 오류가 발생하는가?

```
"안녕
              하세요!\n"
```

7. 객체명령어 cout 을 여러 개 사용하여 다음 글이 콘솔창에 나타나도록 프로그램하여라.

정말 바보!
Son: Dad, what is an idiot?
Dad: An idiot is a person who tries to explain his ideas in such a strange and long way that another person who is listening to him can't understand him. Do you understand me?
Son: No.

아들: 아빠, 바보가 뭐야?
아빠: 바보란 다른 사람이 못 알아들을 정도로 이상하게,
그리고 길게 이야기하려는 사람이지.
무슨 말인지 알겠니?
아들: 아뇨.

8. 다음과 같은 표를 만드는 프로그램을 \t 문자를 사용하여 작성하여 보아라.

학교	동	인원
안동	평화	100
대구	시지	200

제 2 장

자료와 변수

1. 변수와 상수값
2. int 형 변수
3. double 형 변수
4. float 형 변수
5. char 형 변수
6. unsigned, signed, short, long
7. 변수의 주소값과 주소형 변수

1. 변수와 상수값

C 프로그램에서는 메모리 즉, 기억장소에 값을 저장하고, 이들을 이용하여 계산을 한다. 값을 저장하기 위한 기억장소를 나타내는 것을 변수라고 한다. 이 절에서는 기억장소의 형태에 따른 변수형과 이들의 상수값을 다룬다.

변수 이름 짓는 법

프로그램에서는 값을 저장하기 위하여 변수를 사용한다. 변수란 메모리 내의 특정 장소이고, 이 자리에 이름을 붙인다. 이름을 붙이는 데는 규칙이 있다. 다음은 변수의 이름을 짓는 규칙이다.

변수 이름에 사용될 수 있는 문자 : a b c ... z A B C ... Z
0 1 2 ... 9 _ (밑줄)
변수 이름의 길이 : 1 ~ 255 문자(처음 31자 까지만 구분함)
변수 이름의 첫 문자로 올 수 없는 문자 : 0 1 2 ... 9

가능한 변수 이름의 예는 다음과 같다.

가능한 변수 이름 : a _my_ ThisIsGood numberofBus

그러나 다음과 같은 것은 변수 이름으로 사용할 수 없다.

부적당한 변수 이름 : 99train run@catch -gong

이들 변수 이름은 숫자가 앞에 오거나, 쓸 수 없는 문자 @ 나 - 를 사용했다.

예약어와 변수 이름

한편, C 언어의 예약어로 사용되는 단어는 변수 이름으로 사용할 수 없다. 앞의 제1장에서는 두 개의 예약어 void 와 main 을 소개하였다. 변수명으로 void 나 main 은 사용할 수 없다. 예약어란 C 언어에서 특정한 의미로 사용되어지는 단어들이다. 다음은 C 언어의 예약어이다.

표 1.1 C 언어의 예약어

auto	break	case	char	cosnt
continue	default	do	double	else
enum	extern	float	for	goto
if	int	long	register	return
short	signed	sizeof	static	struct
switch	typedef	union	unsigned	void
volatile	while			

식별자

예약어, 변수이름, 함수이름 등을 크게 묶어 **식별자**라고 한다. 식별자는 알파벳과 숫자의 조합으로 이루어지며, 첫 글자에는 숫자가 올 수 없으며 길이는 최대 255자 까지이나 보통은 31자까지 구별한다.

식별자 = 예약어 + 변수이름 + 함수이름 + …

변수 이름에서의 대소문자 구분

변수 이름에서는 대문자와 소문자가 구별된다. 따라서 변수 이름 Ace 와 ace 는 서로 다른 변수 이름이 된다.

상수값

기억장소인 변수에 저장되는 숫자값을 상수값이라고 한다. 상수값은 그 형태에 따라서 정수형 상수값, 실수형 상수값, 문자형 상수값으로 분류된다. 정수형 상수값은 소수점이 없는 정수값, 실수형 상수값은 소수점이 있는 실수값, 문자형 상수값은 문자를 나타내기 위한 값이다. 다음은 이들 상수값의 예이다.

정수형 상수값 : 0, −777, 12345, …
실수형 상수값 : 0., −0.12, 7.8, 100.0, …
문자형 상수값 : ‘a’, ‘z’, ‘p’, ‘1’, …

여기서 문자형 상수값은 홑따옴표 사이에 문자를 적어 표현하였다. 실수형 상수값의 경우 소수점 이하가 모두 0이면 점만 찍어도 된다. 즉 "100.0"과 "100."은 같은 표현이다. 그리고 실수형 상수값의 경우 지수 표현은 다음과 같이 한다.

표 1.2 지수표현

수학	C 언어
0.1×10^{5}	0.1E05 혹은 0.1E+05
1123.1×10^{-5}	1123.1E−05

한편, double 형 상수값임을 구체적으로 나타내기 위해서는 상수값 뒤에 다음과 같이 대문자 L 을 붙인다.

0.245L　　　−2.37E05L　　　1.23E−95L

정수형 상수값은 int 형 상수값, 실수형 상수값은 double 형 상수값, 문자형 상수값은 char 형 상수값이라고 한다.

정수형 상수값 = int 형 상수값
실수형 상수값 = double 형 상수값
문자형 상수값 = char 형 상수값

실습문제

1. 다음에서 변수명으로 적당한 것을 골라라.

   Statistics void dubu myBoy −sun− 123a
   joy# Mary99 Korean_People int anova Korea

2. 다음 중 예약어를 있는 대로 골라라. C 언어에서는 대소문자를 구분한다는 사실을 고려하여라.

   If he were a void man, it is default to discard his name from the original list.
   To do that, I have a real long day.
   Otherwise it is expected to have a short day.
   Did you register your name on the board?

While you were a visitor of the double bed room house, what did you return?
In that case, you were so lucky.

3. 다음의 상수값이 int 형인지, double 형인지, char 형인지를 적어 넣어라.

0 ( )
0. ( )
'0' ( )
340 ( )
34.2E−99 ( )
'z' ( )

4. 다음 수학적 지수 표현을 C 언어적 지수표현으로 나타내어라.

2.3×10^{5} ( )
-0.007×10^{-8} ( )
$1234.5678 \times 10^{-11}$ ( )

2. int 형 변수

정수형 상수값 즉, int 형 상수값을 저장하기 위하여 int 형 변수를 사용한다.

int 형 변수의 정의와 int 형 값 할당

다음 프로그램에서는 정수값을 저장하기 위한 int 형 변수의 정의와 값을 저장하는 방법을 보여준다.

프로그램 2.1

```
void main( )
{
    int x;
    x = 3;
}
```

프로그램 분석

■ int x;

변수 x 를 정의한다. 변수 x 를 정의한다는 것은 컴퓨터의 기억장소에 상수값을 저장할 기억장소를 확보하고, 그 기억장소의 이름을 x 라고 한다는 의미이다.

■ int x;

단어 int 는 C 언어의 예약어이다. 예약어 int 는 따라 나오는 변수 x 가 int 형 상수값을 저장하는 형태의 기억장소라는 뜻이다. 변수의 형태를 지정해 주는 것을 변수의 형선언이라고 한다.

■ x = 3;

변수 x 즉, 기억장소 x 에 int 형 상수값 3을 저장하라는 명령문이다. 등호 '='는 변수에 값을 저장하라는 의미로 사용되며 할당연산자라고 불린다. 변수에 값을 저장하는 것을 할당이라고 한다.

정수값을 저장하기 위한 int 형 변수의 정의는 먼저 int 를 적고 그 다음에 변수 이름, 그리고 마지막에 세미콜론을 적으면 된다.

변수에 값을 저장하는 것을 할당이라고 하며, 등호 '='를 이용한다. 등호 '=' 를 할당연산자라고 한다. 할당은 등호의 왼편에 변수 이름을 쓰고, 오른 쪽에 저장할 값을 적는다. 즉,

변수 이름 = 상수값

의 형태이다. 만약 왼쪽에 변수 이름 대신 상수값을 쓰면 오류가 발생한다.

```
3 = x;
```

는 오류메시지를 발생한다. 변수 중, int 형 상수값을 저장하기 위한 변수를 int 형 변수라고 한다.

변수 정의와 초기화

프로그램2.1에서 변수 정의와 값 할당을 두 줄에 결쳐서 하고 있다. 즉,

```
int x;
x = 3;
```

이 때는 변수의 정의와 값할당을 한 줄로 줄여서

```
int x = 3;
```

와 같이 나타내기도 한다.

int 형 변수에 저장된 값 출력하기

프로그램 2.1에서는 변수를 정의하고 값을 할당하는 일을 하였다. 그러나 프로그램을 실행시켜 보면 아무런 실행 결과를 볼 수 없다. 그 이유는 사람이 볼 수 없는 메모리에 자리를 확보하고 값을 저장하는 일을 했기 때문이다. 변수에 어떤 값이 저장되어 있는지를 알아보려면 함수 printf 를 사용하여 콘솔창에 출력하여 보면 된다.

프로그램 2.2

```
#include <stdio.h>
void main( )
{
    int x;
    x = 1;
    printf("%d", x);
}
```

프로그램의 출력결과는 다음과 같다.

```
1Press any key to continue
```

프로그램 분석

■ printf("%d", x);

함수 printf 다음의 소괄호 부분 즉, 인수 부분은 겹따옴표 부분, 콤마, 그리고 변수로 되어 있다.

■ printf("%d", x);

인수의 겹따옴표 안에는 %d , 콤마 뒤에는 x 가 있다. 이 형식은 변수 x 에 저장된 내용를 %d 의 형태로 출력하라는 뜻이다. 여기서 %d 의 형태란 소수점이 없는 형태 즉, 정수형으로 출력하는 형태이다.

프로그램의 실행 순서

프로그램 2.2에서 main 함수몸체에는 여러 개의 명령줄이 있는데, 이들 명령줄은 열린 중괄호에서 시작하여 차례대로 실행되다가 닫힌 중괄호를 만나면 종료된다.

int 형 변수의 출력을 위한 함수 printf 의 사용법

함수 printf 를 이용하여 int 형 변수에 저장된 값을 콘솔창에 출력하려고 하면, 함수의 겹따옴표 안에 %d 를 쓰고, 겹따옴표 다음에 콤마, 그리고 출력하고자 하는 int 형 변수의 이름을 적으면 된다. 즉,

```
printf(      "%d ",          x );
              ↑              ↑
       int 형 출력형식    int 형 변수명
```

프로그램 2.2의 출력결과를 보면 줄바꿈이 필요한 것을 알 수 있는데 다음과 같이 함수 printf 의 인수에서 겹따옴표 부분에 적당히 공백과 줄바꾸기 기호 '\n' 을 추가하면 된다.

```
printf("\n    %d    \n\n", x);
```

한편, 프로그램 1.2에서 함수 printf 부분을 다음과 같이 고쳐 쓰면

```
printf(" x= %d \n", x);
```

출력 결과는 다음과 같다.

```
x = 1
```

즉, 출력형식을 나타내는 %d 를 제외한 겹따옴표 안의 문자들은 있는 그대로 출력된다.

함수 printf 에서 출력 자릿수 지정하기

만약 함수 printf 를 사용하여 출력하는 경우 출력되는 값의 자릿수를 지정할 수 있다. 만약 출력형식을 %20d 라고 한다면 출력되는 값은 모두 20자리를 차지하며 뒷맞춤을 하게 된다.

프로그램 2.3

```
#include <stdio.h>

void main( )
{
    int x;
    x = 3;
    printf("%20d\n", x);
}
```

출력결과는 다음과 같으며, 빈칸이 많이 삽입되어 있음을 볼 수 있다.

```
                   3
```

함수 printf 의 문자열 인수

함수 printf 의 첫번째 인수는 겹따옴표로 구성되어 있다. 겹따옴표 안은 출력형에 따라 문자열이 생성된다. 예를 들어,

```
int x;
x = 7;
printf("값 : %2d\n", x);
```

에서 함수 printf 에서 하는 일을 차례대로 설명하면 다음과 같다.

1. 변수 x 의 값을 %2d 형식에 맞추어 길이가 2인 문자열 " 7" 을 만든다.
2. 출력형식 "값 : %2d\n"에서 %2d 와 " 7"을 바꾸어 넣어 문자열 "값 : 7\n" 을 만든다.
3. 콘솔창에 만들어진 문자열을 내보낸다.

변수에 대한 출력형식은 변수에 저장되어 있는 값을 문자열로 만드는 형식을 지정하는 것이다.

int 형 변수에 저장할 수 있는 값의 범위

정수형 상수값을 저장하기 위한 int 형 변수는 컴퓨터의 메모리에서 4 바이트, 즉 32 비트를 사용하는 경우에는, 저장할 수 있는 값의 범위는 다음과 같다.

$$-2,147,483,648 \sim 2,147,483,647$$

대략적으로 int 형 변수에 저장할 수 있는 값의 범위는 -21억에서 +21억까지이다. 여기서 $2147483647 = 2^{31}-1$이다. 만약 이 값의 범위를 벗어난 값을 저장하려고 하면, 컴퓨터 구조의 특성으로 인하여, 예상치 못한 값이 저장된다. 다음 프로그램은 그 예이다.

프로그램 2.4

```
#include <stdio.h>

void main( )
{
    int x = 6147483647;
    printf("%d \n", x);
}
```

프로그램의 출력결과는 다음과 같다.

```
1852516351
```

출력결과를 보면 저장하려는 값과는 전혀 다른 값이 저장되어 있음을 확인할 수 있다. int 형 변수에 저장가능한 범위 이상의 int 형 상수값을 저장하려고 할 때 일어나는 이와 같은 현상을 **넘침현상** 혹은 **오버플로우**라고 한다. 따라서 int 형 변수에 값을 저장하려고 할 때는 저장하려는 값이 저장할 수 있는 값의 범위 내에 있는지 살펴보는 것이 좋다.

sizeof

C 언어에서는 int 형의 변수가 차지하는 바이트 수를 구하는 예약어 sizeof 를 가지고 있다. 다음은 예약어 sizeof 를 사용하여 int 형 변수가 차지하는 바이트 수를 구하는 예이다.

프로그램 2.5

```
#include <stdio.h>

void main( )
{
    int s = sizeof(int);
    printf("%d \n", s);
}
```

프로그램의 출력결과는 다음과 같다.

```
4
```

출력 결과를 보면 int 형 변수가 차지하는 기억장소는 4 바이트임을 나타내고 있다.

자동 형변환

정수형 상수값을 저장하기 위한 int 형 변수에 double 형 상수값, 예를 들어 77.23을 저장하려고 하면 어떻게 될까? int 형 변수에는 소수점 이하의 값은 저장할 수 없으므로 소수점 이하는 잘라 버린 int 형 상수값 77로 변환한 다음 저장하게 된다. 이러한 것을 자동 형변환이라고 한다. 다음은 그 예이다.

프로그램 2.6

```
#include <stdio.h>

void main( )
{
    int x;
    x = 77.23;
    printf("%d \n", x);
}
```

프로그램의 출력결과는 다음과 같다.

```
77
```

실습문제

1. 다음 프로그램은 변수 variance에 저장되어 있는 값을 출력하려고 한다. 잘못된 곳을 찾아서 고쳐 실행시켜 보아라.

```
void main( ) {
        int variance = 2
        printf("%d\n", mean);
}
```

2. 다음 프로그램에서 잘못된 곳을 찾아서 고쳐 실행시켜 보아라.

```
void main( ) {
        int mean;
        0 = mean;
}
```

3. 다음 프로그램에서 잘못된 곳을 찾아서 고쳐 실행시켜 보아라.

```
#include <stdio.h>
void main( ) {
        int silver;
        silver = -99;
```

```
        printf("silver = d%", x);
    }
```

4. 다음 프로그램의 출력 결과를 예측하여 보고 실행시켜 보아라.

```
#include <stdio.h>
void main( ) {
    int random = 999999999999999;
    printf("%16d\n", random);
}
```

5. 다음 프로그램에서 출력되는 값은?

```
#include <stdio.h>
void main( ) {
    int y = 1.414;
    printf("%7d\n", y);
}
```

6. 다음 프로그램에서 명령줄 "x=77.23;"을 "x=−0.7;" 으로 바꾸었을 때 출력되는 값은?

```
#include <stdio.h>
void main( ) {
    int x = 77.23;
    printf("%d\n", x);
}
```

3. double 형 변수

소수점이 있는 실수값 즉, double 형 상수값을 저장하기 위하여 double 형 변수를 사용한다.

double 형 변수의 정의와 double 형 상수값 할당

다음 프로그램에서는 소수점이 있는 실수값을 저장하기 위한 변수의 정의와 값을 저장하는 방법을 보여준다.

프로그램 3.1

```
void main( )
```

```
{
    double y;
    y = 3.14;
}
```

프로그램 분석

■ double y;

변수 y 를 정의한다.

■ double y;

단어 double 은 C 언어의 예약어이다. 따라 나오는 변수 y 는 double 형 상수값을 저장하는 형태의 기억장소라는 뜻이다.

■ y = 3.14;

double 형 변수 y 에 double 형 상수값 3.14를 저장하라는 명령문이다.

double 형 상수값을 저장하는 형태의 기억장소를 **double 형 변수**라고 한다.

변수 정의와 초기화

프로그램3.1에서 변수 정의와 값 할당을 두 줄에 걸쳐서 하고 있다. 즉,

```
double y;
y=3.14;
```

이 때는 변수의 정의와 값할당을 한 줄로 줄여서

```
double y=3.14;
```

와 같이 나타내기도 한다.

double 형 변수에 저장된 값 출력하기

프로그램 3.1에서 변수에 저장된 값을 콘솔창에 출력하는 명령줄을 추가해 본다.

printf("%lf\n", y);

프로그램 3.2

```
#include <stdio.h>

void main( )
{
    double y;
    y = 3.14;
    printf("%lf\n", y);
}
```

프로그램의 실행 결과는 다음과 같다.

```
3.140000
```

프로그램 분석

■ printf("%lf\n", y);

겹따옴표 안의 %lf(소문자 엘 에프)는, 콤마 뒤에 있는 변수 y 에 저장되어 있는 값을, double 형태 즉 소수점이 있는 형태로 출력하라는 뜻이다. 겹따옴표 안에는 줄바꾸기 기호 '\n'이나 공백을 적당히 삽입할 수 있다.

함수 printf 를 이용하여 double 형 변수에 저장된 값을 콘솔창에 출력하려고 하면, 함수의 겹따옴표 안에 %lf 를 쓰고, 겹따옴표 다음에 콤마, 그리고 출력하고자 하는 double 형 변수의 이름을 적으면 된다. 즉,

```
printf(        "%lf ",              y  );
                 ↑                  ↑
        double 형 출력형식      double 형 변수명
```

겹따옴표 안에는 줄바꾸기 기호 '\n' 혹은 빈 공백을 필요한 만큼 사용할 수 있다. 함수 printf 를 사용하여 double 형 변수에 저장되어 있는 값을 출력할 때는 반드시 출력형식을 %lf 로 하여야 한다. 만약 프로그램 3.2에서 다음과 같이 %d 의 출력형식

을 지정하면 원하지 않은 출력값을 얻는다.

프로그램 3.3

```
#include <stdio.h>

void main( )
{
      double y;
      y = 3.14;
      printf("%d\n", y);
}
```

프로그램의 실행결과는 다음과 같다.

```
1374389535
```

저장된 double 형 상수값 3.14와는 전혀 다른 값이 출력되었는 데, 이는 저장된 double 형 상수값을 int 형 상수값으로 해석하여 출력하였기 때문이다.

함수 printf 에서 출력 자릿수 지정하기

만약 함수 printf 를 사용하여 출력하는 경우 출력되는 값의 자릿수를 지정할 수 있다. 만약 출력형식을 %19.3lf 라고 한다면 출력되는 값은 모두 19자리를 차지하며 소수점 이하는 3자리를 차지한다는 의미이다. 출력되는 19자리는 소수점까지를 포함한다.

프로그램 3.4

```
#include <stdio.h>

void main( )
{
      double num;
      num = 1234.5;
      printf("num=%19.3lf\n", num);
}
```

출력결과는 다음과 같으며, 빈칸이 많이 삽입되어 있음을 볼 수 있다.

```
num=            1234.500
```

double 형 변수에 저장할 수 있는 값의 범위

컴퓨터에서는 double 형 상수값의 지수형 표현

$$\pm 0.d_1 d_2 d_3 \cdots \times 10^m$$

에 대하여 소수점 이하에 나타낼 수 있는 유효숫자의 자릿수는 대략15개이며, 지수 m 의 값의 범위는 –308 ~ +308 이다. 지수 m 의 값은 컴퓨터 시스템에 따라 달라질 수 있다.

유효자릿수 : 대략15개
지수 m 의 범위 : −308 ~ +308

저장하려는 유효자릿수가 너무 많은 경우는 저장할 수 있는 곳까지만 저장하고, 나머지는 잘라 버린다. 지수 값 m 이 너무 큰 값, 예를 들어 m=500이면 오류가 발생한다. 지수 m 의 값이 너무 커서 생기는 오류를 **오버플로우**라고 한다. 한편, 지수 m 의 값이 너무 적은 값, 예를 들어 m=−500인 경우에도 오류가 발생한다. 이러한 오류를 **언더플로우**라고 한다. 언더플로우의 경우에는 컴퓨터에 따라서 0으로 처리되기도 한다.

double 형 변수에 저장되는 형태

double 형 변수에 double 형 상수값을 저장할 때는 모두 표준 지수형 표현으로 저장된다. 즉,

$$\pm 0.d_1 d_2 d_3 \cdots \times 10^m$$

의 형태로 저장된다. 예를 들면 double 형 변수 y 에 대하여

y=123.;

이라고 쓰더라도 double 형 변수에 저장할 수 있는 형태인

y=0.123E03

의 형태로 저장된다.

double 형 변수의 바이트 수

double 형 변수는 기억장소에서 8 바이트를 차지한다. 이는 다음과 같이 sizeof 명령어를 사용하여 알 수 있다.

프로그램 3.5

```
#include <stdio.h>

void main( )
{
    int size;
    size = sizeof(double);
    printf("%d\n", size);
}
```

자동 형변환

double 형 변수에 int 형 상수값, 예를 들어 77을 저장하려고 하면 어떻게 될까? double 형 변수에는 지수부분과 가수부분이 있어야 하므로, 77을 77.0 즉, 0.77×10^2으로 변환한 다음 저장하게 된다. 즉, int 형 상수값은 double 상수값으로 형변환한 다음 저장하게 된다. 이와 같이 변수에 값을 할당할 때 자동으로 일어나는 변환을 자동형변환이라고 한다.

프로그램 3.6

```
#include <stdio.h>

void main( )
{
    double  y;
```

```
    y = 77;
    printf("%lf \n", y);
}
```

프로그램의 출력결과는 다음과 같다.

```
77.000000
```

실습문제

1. 다음에서 double 형 상수값을 있는대로 골라라.

   11.2　　0　　-100.E-9L　　1.　　33　　-987

2. 다음 프로그램에서 잘못된 곳을 찾아서 고쳐 보아라.

```
#include <stdio.h>
void main( ) {
    double y = -1.414E-999L;
}
```

3. 다음 프로그램에서 잘못된 곳을 찾아서 고쳐 실행시켜 보아라.

```
void main( ) {
    double fValue = 2.L
    printf("%lf\n", fValue);
}
```

4. 다음 프로그램에서 잘못된 곳을 찾아서 고쳐 실행시켜 보아라.

```
void main( ) {
    double tValue;
    0.7 = tValue;
}
```

5. 다음 프로그램에서 잘못된 곳을 찾아서 고쳐 실행시켜 보아라.

```
#include <stdio.h>
void main( ) {
    double reg;
    reg = 1.2;
    printf("reg = lf", reg);
}
```

6. 다음 프로그램의 출력결과를 예측하여 보아라. 왜 그런 결과가 나올까? 바로 잡아 보아라.

```
#include <stdio.h>
void main( ) {
    double reg;
    reg = 1.2;
    printf("reg = %d \n", reg);
}
```

7. 다음 프로그램의 출력결과를 예측하여 보아라. 왜 그런 결과가 나올까?

```
#include <stdio.h>
void main( ) {
    double median = 0.1234E999;
    printf("median = %lf\n", median);
}
```

8. 다음 프로그램의 출력결과를 예측하여 보아라. 왜 그런 결과가 나올까?

```
#include <stdio.h>
void main( ) {
    double quantile = 0.1234E-999;
    printf("quantile = %lf\n", quantile);
}
```

9. 다음 프로그램의 출력결과를 예측하여 보아라. 왜 그런 결과가 나올까?

```
#include <stdio.h>
void main( ) {
    double manyDigits = 0.12345678901234567890;
    printf("manyDigits = %30.20lf\n", manyDigits);
}
```

4. float 형 변수

소수점이 있는 실수형 상수값을 저장하는 데는 float 형 변수도 사용된다. double 형 변수와 float 형 변수의 차이점은 저장할 수 있는 값의 범위이다.

float 형 변수

float 형 변수는 예약어 float 를 이용하여 다음과 같이 정의된다.

float var;

float 형 변수에는 실수형 상수값이 저장되는 데, 저장할 수 있는 상수값의 유효숫자 자릿수와 지수의 범위가 double 형과는 다르다.

float 형 상수값

실수형 상수값을 지수형 표현

$\pm 0.d_1d_2d_3\ldots\times 10^m$

으로 쓸 때 float 형 변수에 저장할 수 있는 유효자릿수와 지수의 범위는

유효자릿수 : 대략 7개 $d_1, d_2, . . . , d_7$
지수 m 의 범위 : −38 ~ +38,

이다. 이와 같은 float 형 변수에 저장할 수 있는 실수형 상수값을 float 형 상수값이라고 한다. 실수형 상수값 3.5가 float 형 상수값임을 나타내기 위해서는

3.5F 혹은 3.5f

와 같이 접미사 F 혹은 f 를 붙여서 구체적으로 나타낸다. 접미사 F 혹은 f 를 생략하면 C 언어에서는 double 형 상수값으로 간주한다.

float 형 변수에 값을 저장할 때 유효자릿수가 7자리보다 많으면 7자릿수 이하는 잘려나가게 된다. 또한 지수 m 의 값이 38보다 크게 되면 오버플로우 현상이 발생하고, 지수 m 이 –38보다 적은 값이면 언더플로우 현상이 발생하거나 0으로 대치된다. 프로그램을 할 때는 이러한 현상이 생기지 않도록 조심하여야 한다.

float 형 상수값과 double 형 상수값의 비교

float 형 변수와 double 형 변수에 저장할 수 있는 값을 비교하면 다음 표와 같다. 여기서 double 형은 4바이트, float 형은 2 바이트의 메모리를 사용한다고 가정한다.

	유효 자릿수	지수 m 의 범위
double 형	15	–308 ~ +308
float 형	7	-38 ~ +38

float 형 출력형식

함수 printf 를 사용하여 float 형의 변수에 저장된 값을 출력할 때는 float 형 출력형식 '%f'를 사용한다. 다음은 float 형 변수를 사용하는 예제 프로그램이다.

프로그램 4.1

```
#include <stdio.h>

void main( )
{
    float num;
    num = 1234.5;
    printf("%f\n", num);
}
```

함수 printf 를 사용하여 float 형 변수에 저장된 값을 문자로 출력할 때 사용하는 형식은 다음과 같다.

```
printf(        "%f ",          num  );
                 ↑              ↑
          float 형 출력형식   float 형 변수명
```

함수 printf 에서 출력 자릿수 지정하기

만약 함수 printf 를 사용하여 출력하는 경우 출력되는 값의 자릿수를 지정할 수 있다. 만약 출력형식을 %19.3f 라고 한다면 출력되는 값은 모두 19자리를 차지하며 소수점 이하는 3자리를 차지한다는 의미이다. 출력되는 19자리는 소수점까지를 포함한다.

프로그램 4.2

```
#include <stdio.h>

void main( )
{
     float num;
     num = 1234.5;
     printf("num=%19.3f\n", num);
}
```

출력결과는 다음과 같으며, 빈칸이 많이 삽입되어 있음을 볼 수 있다.

```
num=           1234.500
```

함수 printf 를 사용하여 float 형 변수에 저장되어 있는 값을 출력하려고 하는 경우에는 float 출력형식 '%f'를 사용하여야 한다. 그렇지 않은 경우에는 예기치 못한 에러가 발생할 수 있다.

float 형 변수의 바이트 수

float 형 변수는 기억장소에서 4 바이트를 차지한다. 예약어 sizeof 를 사용하여 float 형 변수의 바이트 수를 알아 보는 프로그램은 다음과 같다.

프로그램 4.3

```
#include <stdio.h>

void main( )
{
     int size = sizeof(float);
     printf("%d\n", size);
}
```

자동 형변환

float 형 변수에 int 형 혹은 double 형 상수값 등을 저장하려고 하면 먼저 float 형 상수값으로 형변환한 다음 저장하게 된다. 즉, 자동형변환이 일어 나게 된다. 다음 프로그램은 double 형 상수값을 float 형 변수에 저장하려고 할 때 자동형 변환이 일어나는 예이다.

프로그램 4.4

```
#include <stdio.h>

void main( )
{
      float  y = 0.12345678901234567891L;
      printf("%30.20f \n", y);
}
```

프로그램의 출력결과는 다음과 같다.

```
0.12345679104328156000
```

출력결과를 보면 소수점 이하 7자리까지는 저장하려는 값이 저장되어 있으나 그 이후로는 저장하려는 값과는 전혀 상관없는 값이 출력됨을 볼 수 있다. 이는 float 형 변수에 저장될 때 소수 7자리까지만 저장되는 float 형 상수값으로 형변환되어 저장됨을 의미한다.

실습문제

1. 다음 프로그램의 출력결과를 예측하여 보아라. 왜 그런 결과가 나왔을까? 바로잡아 보아라.

```
#include <stdio.h>
void main( ) {
        float my;
        my = 1.2F;
        printf("my = %d \n", my);
}
```

2. 다음 프로그램의 출력결과를 예측하여 보아라. 왜 그런 결과가 나올까?

```
#include <stdio.h>
void main( ) {
        float median = 0.1234E50;
        printf("median = %f\n", median);
}
```

3. 다음 프로그램의 출력결과를 예측하여 보아라. 왜 그런 결과가 나올까?

```
#include <stdio.h>
void main( ) {
        float quantile = 0.1234E-50;
        printf("quantile = %f\n", quantile);
}
```

4. 다음 프로그램의 출력결과를 예측하여 보아라. 왜 그런 결과가 나올까? 소수점 이하 8자리 이후로 나오는 값을 자세히 관찰하여라.

```
#include <stdio.h>
void main( ) {
        float manyDigits = 0.12345678901234567890F;
        printf("manyDigits = %30.20f\n", manyDigits);
}
```

5. float 형 상수값을 나타내기 위하여 사용하는 접미사는?
6. float 형 변수가 차지하는 바이트 수는?
7. float 형 변수와 double 형 변수에 저장될 수 있는 값의 차이점을 설명하여라.

5. char 형 변수

문자를 나타내는 값을 저장하기 위해서는 char 형 변수를 사용한다.

char 형 변수의 정의와 char 형 값 할당

C 언어에서는 문자를 값으로 다루어 여러 가지 일을 할 수 있다. char 형 변수는 예약어 char 를 사용하여 다음과 같이 정의한다.

```
char cc;
```

다음 프로그램에서는 문자값을 저장하기 위한 변수의 정의와 값을 할당하는 방법을 보여준다.

프로그램 5.1

```
void main( )
{
    char s;
    s = 'a';
}
```

프로그램 분석

■ char s;

단어 char는 C 언어의 예약어이다. 따라 나오는 변수 s는 char 형 값을 저장하기 위한 변수이다. char 형 값이란 문자 'a', 'b', 'c', '1', ... 과 같은 것이다. C 언어에서는 변수와의 혼돈을 피하기 위하여 문자값을 홑따옴표 사이에 둔다.

프로그램 5.1에서 두 줄에 걸친 변수의 정의와 값할당문

```
char s;
s='a';
```

는 다음과 같이 변수 정의와 초기화를 동시에 할 수 있다.

```
char s='a';
```

문자 상수값

'a', 'b', 'c', '1', ...

을 char 형 상수값이라고 한다. 이러한 값을 저장하는 형태의 기억장소를 char 형 변수라고 한다.

char 형 변수에 저장된 값 출력하기

char 형 변수에 저장된 값을 콘솔창에 출력하기 위해서는 printf 함수의 인수 부분에서 문자출력을 위한 %c 기호를 사용한다.

프로그램 5.2

```
#include <stdio.h>

void main( )
{
    char s;
    s = 'a';
    printf("%c  \n", s);
}
```

프로그램의 출력결과를 보면 문자 a 가 출력됨을 볼 수 있다.

```
a
```

프로그램 분석

■ printf("%c \n", s);

char 형 변수 s 에 저장되어 있는 문자값을 출력하기 위하여 문자 형태로 출력하는 %c 기호를 사용한다.

함수 printf 를 사용하여 char 형 변수에 저장된 값을 문자로 출력할 때 사용하는 형식은 다음과 같다.

```
printf(        "%c ",          s );
                 ↑             ↑
          char 형 출력형식   char 형 변수명
```

출력형식에서 자릿수를 지정할 수 있다. char 형 출력형식 "%c"에서 "%5c" 와 같이 하면 5칸을 정하고 오른쪽 맞춤으로 저장되어 있는 문자를 출력한다.

char 형 변수에 저장되는 값

문자형 상수값을 나타내기 위하여 'a', '9', ... , 등과 같이 홑따옴표 안에 해당되는 문자를 적는 표현법을 사용하였다. 그러나 실제로 저장되는 값은 이들에 대응되는 정수형 숫자가 저장된다. 문자형 상수값에 대응하는 정수값은 0, 1, 2, ... 127이다.

다음은 홑따옴표를 사용한 문자형 상수값과 이에 대응되는 정수형 상수값의 예이다.

표 5.1 문자 상수값과 대응되는 정수값

문자상수값	‘a’	‘b’	‘c’	…	‘z’
대응정수값	97	98	99		122
문자상수값	‘A’	‘B’	‘C’	…	‘Z’
대응정수값	65	66	67		90
문자상수값	‘&’	‘*’	‘+’		
대응정수값	38	42	43		

다음 프로그램은 char 형 변수에 int 형 상수값을 저장하고 이에 해당하는 문자를 출력하는 예이다.

프로그램 5.3

```
#include <stdio.h>

void main( )
{
    char a = 90;
    printf("%c\n", a);
}
```

출력결과는 다음과 같다.

```
Z
```

함수 printf 를 사용하여 char 형 변수에 저장된 값을 int 형 숫자로 출력할 때 사용하는 형식은 다음과 같다.

```
printf(      "%d",          s );
              ↑             ↑
       int 형 출력형식   char 형 변수명
```

다음 프로그램은 char 형 변수에 저장된 값을 int 형 출력형식 “%d”를 이용하여 출력하는 예제 프로그램이다.

프로그램 5.4

```
#include <stdio.h>

void main( )
{
    char a = ‘z’;
    printf(“%d\n”, a);
}
```

출력결과는 다음과 같다.

```
90
```

탈출문자

백슬래시 \ 와 함께 써서 나타내는 문자 상수값이 있다. 이러한 문자를 탈출문자라고 하는 데, 줄바꾸기 기호 ‘\n’은 탈출문자의 예이다. 탈출문자로는 컴퓨터의 내장스피커에 경고음을 울리게 하는 ‘\a’, 출력창에서 한 칸 뒤로 가게하는 ‘\b’ 등이 있다.

표 5.2 탈출 문자 상수값과 대응되는 정수값

문자상수값	대응정수값	하는 일
‘\a’	7	경고음 발생
‘\n’	10	줄바꾸기, 개행
‘\t’	9	수평 탭
‘\\’	92	백슬래시 \ 출력
‘\’ ’	39	홑따옴표 ‘ 출력
‘\” ’	34	겹따옴표 “ 출력
‘\0’	0	NULL 문자
‘\r’	13	행의 처음으로 이동
‘\b’	8	커서를 한 칸 뒤로 이동
‘\f’	12	프린터를 한 페이지 전진
‘\?’	63	물음표 ? 출력

표 5.2는 백슬래시와 함께 써서 표현하는 탈출문자의 예이다. 다음 프로그램은 탈출문자를 사용하는 예제이다.

프로그램 5.5

```
#include <stdio.h>

void main( )
{
    printf("\n  \\  \n \t \n  \'  \"   \a \n");
}
```

출력결과는 다음과 같다. 출력결과에서 백슬래쉬 \ 는 ₩로 출력되었다. 이는 한글을 사용하기 때문이다.

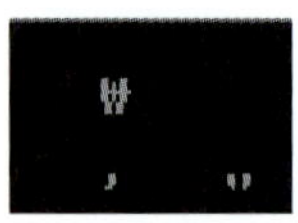

char 형 변수의 바이트 수

sizeof 를 이용하여 char 형 변수가 차지하는 바이트 수를 구해 보면 1이 된다.

프로그램 5.6

```
#include <stdio.h>

void main( )
{
    int size;
    size=sizeof(char);
    printf("%d  \n",size);
}
```

char 형 변수에 저장되는 정수값의 범위

char 형 변수는 1 바이트를 차지하여 저장할 수 있는 값은 –128~+127까지이다. 이중 0~127은 대응되는 문자가 있으나 –128~–1 까지는 대응되는 문자가 없다. 한편, char 형 변수에 저장할 수 있는 값의 범위를 넘어서는 값을 저장하려고 하는 경우에는 원하지 않는 값이 저장될 수 있다. char 형 변수는 –128~127사이의 정수의 연산에 사용될 수 있다.

프로그램 5.7

```
#include <stdio.h>

void main( )
{
    char s=500;
    printf(“%d  \n”, s);
}
```

출력결과는 다음과 같다.

```
-12
```

출력된 값은 –12이며 이는 저장하려는 값 500이 아니다.

실습문제

1. 다음 프로그램에서 잘못된 부분을 찾아서 고쳐라.

```
#include <stdio.h>
void main( ) {
    char y= “a”;
    printf(“%c\n”, y);
}
```

2. 다음 프로그램에서 출력되는 문자는?

```
#include <stdio.h>
void main( ) {
    char a = 63;
    printf(“%c\n”, a);
}
```

3. 다음 프로그램을 실행시키면 콘솔창에 출력되는 문자는 몇 개인가? 줄바꾸기나 공백은 문자로 보지 말아라.

```
#include <stdio.h>
void main( ) {
```

```
        printf("\na\nb\nc\"\n");
    }
```

4. 다음 프로그램에서 출력되는 값은 얼마일까? 그 값이 나오는 이유를 설명하라.

```
#include <stdio.h>
void main() {
    char y= -300;
    printf("%d\n", y);
}
```

5. 다음 표에서 문자상수값에 대응되는 정수값을 적고, 함수 printf 안의 문자열 내에서 하는 일을 적어라.

탈출 문자 상수값과 대응되는 정수값

문자상수값	대응정수값	하는 일
'\t'		
'\b'		
'\n'		
'\\'		
'\''		
'\0'		
'\?'		

6. unsigned, signed, short, long

변수의 형을 나타내는 int, char, double 앞에 unsigned, signed, short, long 과 같은 접두어를 붙여 기존의 변수의 특성을 바꿀 수 있다.

unsigned int 형 변수

int 형 변수를 변수를 정의할 때 unsigned 를 앞에 붙여

```
unsigned int m;
```

과 같이 정의하면, 변수 m 에는 양의 정수값이 저장됨을 나타내게 된다.

프로그램 6.1

```
#include <stdio.h>

void main( )
{
      unsigned int posi;
      posi = 7;
      printf("%u\n", posi) ;
}
```

프로그램 분석

■ unsigend int posi;
양의 정수형 변수 posi 를 정의한다.

■ printf("%u\n", posi) ;
함수 printf 에서 출력형식 %u 를 사용하였다. 출력형식 %u 는 대응되는 변수에 저장된 값을 양의 정수 형식으로 출력하라는 뜻이다.

함수 printf 를 사용하여 unsigned int 형 변수에 저장된 값을 출력할 때는 '%u'를 사용한다.

```
printf(        "%u ",              posi  );
                 ↑                   ↑
         unsigned 출력형식      unsigned 형 변수명
```

변수형 int 와 unsigned int 형의 차이는 저장할 수 있는 값의 범위이다. 즉,

변수형	저장할 수 있는 값의 범위
int	−2,147,483,648 ~ 2,147,483,647
unsigned int	0 ~ 4,294,967,295

음수값이 절대로 나오지 않는 경우, 예를 들어 '도시의 인구'를 다루는 문제라면 unsigned int 형을 사용하는 것이 int 형을 사용하는 것보다 합리적일 수 있다.

한편, unsigned int 형을 정의할 때는 int 를 생략하고 정의할 수 있다. 즉, 두 개의 명령문

```
unsigned  m;
unsigned int m;
```

은 같은 정의를 나타낸다.

signed int 형 변수

int 형 변수를 변수를 정의할 때 signed 를 앞에 붙인 것과 붙이지 않은 것은 같은 정의를 나타낸다. 즉,

```
signed int m;
int m;
```

와 같은 것이며, 이 경우에 다음과 같이 signed 만 쓸 수도 있다.

```
signed m;
```

함수 printf 를 사용하여 signed int 형 변수에 저장된 값을 출력할 때는 '%d'를 사용한다.

```
printf(          "%d" ,              m );
                  ↑                  ↑
             int 출력형식       signed 형 변수명
```

short int 형 변수

int 형 변수를 변수를 정의할 때 short 를 앞에 붙여

```
short int m;
```

를 정의할 수 있다. short int 형 변수에 저장할 수 있는 값의 범위는 int 형 변수와 같을 수도 있고, 적을 수도 있다. 만약 short int 형이 4 바이트를 차지하는 변수라면, int 형 변수와 같은 것이고, 2 바이트라면 저장할 수 있는 범위는

−32,768 ~ 32,767

이다. 자기가 사용하는 컴퓨터의 short int 형 변수가 차지하는 바이트 수는 다음의 명령문을 사용하여 확인할 수 있다.

```
printf("%d\n", sizeof(short int));
```

한편, short int 변수형을 정의할 때는 short 만 사용하기도 한다.

```
short m;
```

함수 printf 를 사용하여 short int 형 변수에 저장된 값을 출력할 때는 '%d'를 사용한다.

```
printf(        "%d ",            m );
                 ↑                ↑
            int 출력형식      short 형 변수명
```

long int 형 변수

int 형 변수를 변수를 정의할 때 long 를 앞에 붙여

```
long int m;
```

를 정의할 수 있다. long int 형 변수에 저장할 수 있는 값의 범위는 int 형 변수와 같을 수도 있고, 클 수도 있다. 만약 long int 형이 4 바이트를 차지하는 변수라면, int 형 변수와 같은 것이고, 8 바이트라면 int 형에 변수에 저장할 수 있는 값보다 크다.

자기가 사용하는 컴퓨터의 long int 형 변수가 차지하는 바이트 수는 다음의 명령

문을 사용하여 확인할 수 있다.

```
printf("%d\n", sizeof(long int));
```

한편, long int 변수형을 정의할 때는 long 만 사용하기도 한다.

```
long m;
```

함수 printf 를 사용하여 long int 형 변수에 저장된 값을 출력할 때는 '%d'를 사용한다.

```
printf(        "%d ",          m );
                 ↑             ↑
           int 출력형식    long 형 변수명
```

unsigned char 형 변수 혹은 signed char 형 변수

char 형 변수를 변수를 정의할 때 앞에 unsigned 혹은 signed 를 붙여 값의 범위를 양수로 한정하거나 양수와 음수를 모두 쓰게 할 수 있다. 다음은 값의 범위이다.

변수형	저장할 수 있는 값의 범위
signed char	−128 ~ 127
unsigned char	0 ~ 255

컴퓨터에 따라서 char 형은 unsigned char 형과 같거나 아니면 signed char 형과 같을 수 있다.

함수 printf 를 사용하여 unsingend char 형 변수에 저장된 값을 출력할 때는 '%c' 나 '%u'를 사용한다.

```
printf(        "%c ",            a );
                 ↑               ↑
          char 출력형식   unsigned  char 형 변수명
```

혹은

```
printf(      "%u ",          a );
               ↑             ↑
      unsigned 출력형식    unsigned char 형 변수명
```

long double 형 변수

double 형 변수를 변수를 정의할 때 앞에 long 을 붙여 사용하는 경우가 있다. double 형과 같이 8 바이트를 차지하는 경우에는 double 형과 같고, double 형보다 많은 바이트 수를 차지하는 경우에는 유효숫자와 지수의 범위가 크게 된다.
함수 printf 를 사용하여 long double 형 변수에 저장된 값을 출력할 때는 '%lf'를 사용한다.

```
printf(      "%lf ",         x );
               ↑             ↑
      double 출력형식    long double 형 변수명
```

실습문제

1. 다음 프로그램에서 잘못된 부분을 지적하고, 이를 수정하여 실행시켜 보아라.

```
#include <stdio.h>
void main( ) {
    unsigned int pi = 7;
    printf("%d\n", pi) ;
}
```

2. 다음 프로그램에서 잘못된 부분을 지적하고, 이를 수정하여 실행시켜 보아라.

```
#include <stdio.h>
void main( ) {
    signed gor=-99;
    printf("%u\n", gor) ;
}
```

3. char 형 변수에 값 250을 저장하여 출력하려고 다음과 같이 프로그램하였다. 실행시켜서 원하는 결과과 나오는지 확인하여 보아라. 원하는 결과가 나오지 않

았다면 그 이유를 설명하여라.

```
#include <stdio.h>
void main( ) {
     signed char cc = 250;
     printf("%d\n", cc) ;
}
```

4. 다음 프로그램에서 잘못된 부분을 지적하고, 이를 수정하여 실행시켜 보아라.

```
#include <stdio.h>
void main( ) {
     unsigned long int anova = 2786;
     printf("%lf\n", anova) ;
}
```

5. signed char 형 변수에 저장할 수 있는 값의 범위는?
6. short int 형 변수가 차지하는 바이트 수를 출력하는 프로그램을 작성하여라.
7. long int 형 변수가 차지하는 바이트 수를 출력하는 프로그램을 작성하여라.
8. long double 형 변수가 차지하는 바이트 수를 출력하는 프로그램을 작성하여 보아라.
9. 다음 괄호 안에 적당한 부등호를 넣어라.

   예) sizeof(char) (<) sizeof(int)

   sizeof(short int) (   ) sizeof(int) (   ) sizeof(long int)

   sizeof(float) (   ) sizeof(double) (   ) sizeof(long double)

7. 변수의 주소값과 주소형 변수

프로그램이 실행될 때, 정의된 변수는 메모리에 자리를 차지하게 된다. 메모리에는 주소가 매겨져 있으므로 차지한 메모리의 위치를 알아낼 수 있다. 메모리의 위치 즉, 주소값을 저장하는 변수를 주소형 변수라고 한다. C 언어의 최대 장점 중 하나는 메모리의 주소를 잘 활용할 수 있는 기능을 가지고 있다는 것이다.

변수의 주소 알아 보기

정의된 변수의 주소값은 연산자 &를 사용하여 구할 수 있다. 예컨대,

int x;

와 같이 int 형 변수 x 가 정의되어 있을 때, 변수 x 가 메모리에 차지하고 있는 주소값은

&x

와 같이 알아낼 수 있다. 변수의 주소를 구하기 위하여 사용되는 연산자 &를 주소연산자라고 부른다. 메모리 상의 x 의 위치를 다음과 같이 그림으로 나타내어 보자.

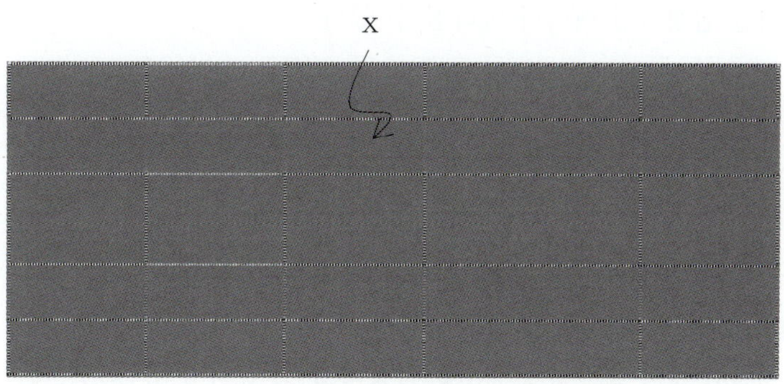

그림 7.1 메모리의 그림 예시

메모리에는 주소가 매겨져 있으므로, x 가 차지하고 있는 메모리에도 주소가 할당되어 있다. 이 주소를 &x 로 얻어내는 것이다.

주소값 출력

주소값은 함수 printf 를 이용하여 출력할 수 있는 데, 이 때는 출력형식 %p 를 사용하는 것이 일반적이다. 출력형식 %p 를 사용하면 16진수로 출력된다. 다음의 예를 보자.

프로그램 7.1

```
#include <stdio.h>
void main( )
{
    int x;
```

```
    x = 7;
    printf("%p\n", &x);
}
```

프로그램의 출력 결과는 다음과 같다.

```
0012FF7C
```

출력된 값은 변수 x 가 차지하고 있는 메모리의 주소값을 16진수로 나타낸 것이다. 이는 그림 7.1에서 변수 x 의 주소값이 0012FF7C 임을 나타낸다. 이 주소값은 프로그램을 실행시킬 때마다 달라질 수 있다.

프로그램 분석

■ int x;

정수형 변수 x 를 정의한다.

■ printf("%p\n", &x);

함수 printf 에서 출력형식 %p 를 사용하였다. 출력형식 %p 는 대응되는 주소값 &x 을 출력하라는 뜻이다.

일반적으로 int 형, double 형, float 형 등으로 정의된 변수에 대하여 변수명 앞에 & 를 붙이면 주소값을 구할 수 있다.

주소형 변수와 포인터

주소값을 저장하기 위해서는 **주소형 변수**가 필요하다. 주소형 변수의 선언은 다음과 같이 *를 사용한다.

```
int *m;
```

이렇게 선언된 변수 m 은 int 형 변수의 주소값을 저장하는 변수가 된다. 줄여서 int 주소형 변수라고 한다. 한편, 주소형 변수를 **포인터형 변수**라고 부르기도 한다. 그리고 주소값을 **포인터**라고 부르는 것이 일반적이다. 다음은 주소형 변수를 사용하는 예이다.

프로그램 7.2

```
#include <stdio.h>

void main( )
{
     int x;
     int *y;
     y = &x;
     printf("%p\n", y);
}
```

프로그램 분석

■ int *y;

int 주소형 변수 y 를 정의한다.

■ y = &x;

int 형 변수 x 가 차지하고 있는 메모리의 주소값을 주소형 변수 y 에 저장한다.

여러 가지 형의 변수에 대한 주소형 변수도 *를 사용하여 선언하면 된다. 예컨대,

```
double *y;
float *a;
```

주소형 변수를 이용한 값 할당

주소형 변수를 이용하여 변수에 값을 할당할 수 있다. 약간 복잡한 과정을 거치게 된다. 다음 예제 프로그램을 보자.

프로그램 7.3

```
#include <stdio.h>

void main( )
{
     int x;
     int *y;
     y = &x;
     *y = 777;
```

```
    printf("%u\n", x);
}
```

다음은 프로그램의 실행 결과이다.

```
777
```

프로그램 분석

■ int x, *y;

변수 x 는 int 형, 변수 y 는 int 주소형으로 정의한다. 이와 같이 한 줄에 보통의 형과 주소형을 한꺼번에 정의할 수 있다.

■ y = &x;

주소연산자를 이용하여 변수 x 의 주소값을 주소형 변수 y 에 저장한다.

■ *y = 777;

여기서 표현 *y 는 주소형 변수 y 에 저장된 주소값에 대응되는 메모리이다. 앞서 y=&x; 문에 의하여 변수 x 의 주소를 저장하였으므로 *y 는 실제로 x 가 된다. 즉 변수 x 에 777을 할당하는 것이다.

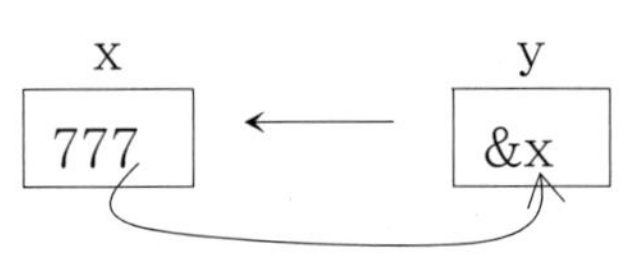

프로그램 7.3과 같이 주소형 변수를 이용하여 값을 할당하는 방법은 복잡해 보인다. 그러나 주소형 변수를 사용하면 사용하는 메모리의 절약, 실행 속도의 향상과 같은 많은 이익을 볼 수 있다. 따라서 C 언어에서는 주소형 변수를 잘 다루는 것이 매우 중요하다.

앞의 프로그램에서 주소형 변수가 가르키는 기억장소에 값을 할당할 때 *를 사용하였는 데, 이 때 연산자 *를 간접지정연산자라고 부른다.

주소형 변수의 바이트 수

주소형 변수는 그 형에 상관없이 메모리에서 4 바이트를 차지한다. 물론 사용하는 컴퓨터의 환경에 따라서 주소형 변수의 바이트 수는 달라질 수 있다. 주소형 변수가 차지하는 메모리 바이트 수는 다음과 같이 하여 확인할 수 있다.

```
printf("%d   %d   %d\n", sizeof(int *), sizeof(char *), sizeof(double *));
```

주소형 변수에 대한 형 확인

비주얼 C++에서는 주소형 변수에 주소값이 아닌 값을 할당하는 경우에 컴파일 단계에서 오류메시지가 발생된다. 예를 들어

```
int *cc=9;
```

와 같이 작성한 경우에는

```
cannot convert from 'const int' to 'int *'
```

와 같이 컴파일 오류가 발생한다. 이는 int 형 상수값 9를 주소형 변수에 저장하기 때문에 이를 용납할 수 없다는 의미이다. 즉, 주소형 변수에는 주소값이 저장되어야 함을 강조한 것이다.

다중 주소형 변수

주소형 변수 또한 메모리에 자리를 차지하고 있다. 주소형 변수의 주소를 **이중주소값**이라고 하며, 이중주소값을 저장하는 변수를 **이중주소형변수**라고 한다. 이중주소값을 이중포인터, 이중주소형변수를 이중포인터변수라고 부르기도 한다. 이중주소형변수는 두 개의 별표를 사용하여 정의한다. 즉,

```
double **ppa;
```

와 같이 정의한 경우에, 변수 ppa 는 주소형 변수의 주소를 저장하는 변수가 된다. 즉, paa 는 이중포인터변수로 정의된다.

마찬가지로 C 언어에서는 다중주소형변수를 정의하여 사용한다. 주소형변수에 관한 내용은 별도의 장에서 자세히 다룬다. 다음은 이중주소형변수를 사용하는 예제이다.

프로그램 7.4

```
#include <stdio.h>

void main( )
{
	double **ppa, *pb, a=7.7;
	double *pt, t;
	pb=&a;
	ppa=&pb;
	pt = *ppa;
	t = *pt;
	printf("%4.2lf\n", t);
}
```

프로그램의 실행결과는 다음과 같이 변수 a 에 저장된 값이 출력된다.

```
7.7
```

프로그램 분석

■ double **ppa , *pb

변수 paa 는 이중주소형, pb 는 주소형으로 정의된다.

■ pb = &a;

변수 pb 에 변수 a 의 주소를 저장한다. 따라서 변수 pb 는 변수 a 를 가르킨다.

■ ppa = &pb;

변수 ppa 에 변수 pb 의 주소를 저장한다. y 에 저장되어 있는 값을 출력한다. 출력의 결과를 보면 y 에는 쓰레기 값이 저장되어 있음을 알 수 있다.

■ pt = *ppa;

주소형 변수 pt 에 이중주소형 ppa 가 가르키는 변수에 저장된 값을 가져와서 저장한다. 즉, 변수 pb 의 값을 가져와 저장한다.

■ t = *pb;

변수 t 에 주소형 pb 가 가르키는 변수에 저장된 값을 가져와서 저장한다. 즉, 변수 a 의 값을 가져와 저장한다.

■ printf("%lf\n", t);

t 의 값을 출력한다.

주소형 변수를 사용할 때 주의할 점

C 언어에서는 보통의 변수와 주소형 변수는 엄격히 구별되어 사용된다. 주소값과 보통의 상수값을 엄격히 구별해서 사용해야 한다. 그 이유 중의 하나는 임의의 상수값에 대응되는 메모리가 접근할 수 없는 메모리일 수 있기 때문이다. 이러한 메모리에 접근하려고 하면, 메모리 불법사용 오류를 발생시킨다. 실행되고 있는 프로그램은 사용할 수 있는 메모리 부분이 한정되어 있다. 메모리 불법 사용에 대한 오류 메시지는 다음과 같다.

myProj.exe에 문제가 있어서 프로그램을 종료해야 합니다. 불편을 끼쳐드려서 죄송합니다.

이와 같은 오류 메시지의 경우는 대부분 주소형 변수의 사용이 잘못되어 나타난 것임을 고려하면 오류의 수정이 쉬워진다.

흔히 하는 실수

주소형 변수를 사용할 때, 해당 프로그램에서 사용할 수 없는 주소를 사용하는 오류를 흔히 범한다. 앞의 프로그램을 다음과 같이 변수 x 를 정의하지 않고 사용하는 다음 프로그램을 보자.

프로그램 7.5

```
#include <stdio.h>

void main( )
{
    int *y;
    printf("y 의 주소 : %p\n",y);
    getchar();
```

```
	*y = 777;
	printf("%u\n", *y);
}
```

이 프로그램을 실행시켜 보면 먼저 다음과 같이 변수 y 에 저장되어 있는 주소값

```
y 의 주소 : CCCCCCCC
```

을 출력해 준다. 변수 y 에 저장되어 있는 주소값 CCCCCCCC 는 쓰레기값임을 알 수 있다. 아무키나 누르면 다음과 같은 오류 메시지가 발생한다.

문제가 있어서 프로그램을 종료해야 합니다.

이는 메모리불법사용 오류에 대한 메시지다.

프로그램 분석

■ int *y;
변수 y 는 int 주소형으로 정의한다.

■ printf("y 의 주소 : %p\n",y);
변수 y 에 저장되어 있는 값을 출력한다. 출력의 결과를 보면 y 에는 쓰레기 값이 저장되어 있음을 알 수 있다.

■ *y = 777;
변수 y 에 저장된 주소가 가르키는 메모리에 777을 저장하라는 뜻이다. y 에 저장된 주소가 CCCCCCCC 이고 이는 이 프로그램이 접근할 수 없는 주소이므로 메모리 불법사용 오류 메시지가 발생하게 된다.

한편으로는 다음과 같은 실수도 주소형 변수의 사용에서 흔히 하는 실수이다.

프로그램 7.6

```
#include <stdio.h>
void main( )
```

```
{
    int *y;
    y = 0;
    printf("%d\n", *y);
}
```

이는 주소형 변수 y 에 값 0을 저장하고, printf 문에서 y 에 저장된 주소가 가르키는 기억장소에 저장된 값을 출력하라는 것인 데, 주소형 변수 y 에 저장된 주소값은 0 이고 주소가 0인 메모리는 접근할 수 없는 메모리이기 때문에 오류메시지가 발생한다.

실습문제

1. 다음 프로그램의 출력 결과를 예측한 후 실행시켜 보아라. 왜 그런 결과를 얻었는지 이유를 설명하여 보아라.

```
#include <stdio.h>
void main( ) {
    int *cc;
    printf("%cn", *cc) ;
}
```

2. 다음 프로그램의 출력 결과를 예측한 후 실행시켜 보아라. 왜 그런 결과를 얻었는지 이유를 설명하여 보아라.

```
#include <stdio.h>
void main( ) {
    unsigned int *pi, x= 7;
    pi = &x;
    printf("%d\n", *pi) ;
}
```

3. 다음 프로그램에서 잘못된 부분을 지적하고, 이를 수정하여 실행시켜 보아라.

```
#include <stdio.h>
void main( ) {
    double *gor, tu;
    tu = gor;
    printf("%lf\n", tu) ;
}
```

4. 다음 프로그램의 출력 결과를 예측한 후 실행시켜 보아라. 왜 그런 결과를 얻었는지 이유를 설명하여 보아라.

```
#include <stdio.h>
void main( ) {
    float *pa, *pb, x=7.;
    pa = &x;
    pb = pa;
    printf("%f\n", *pb) ;
}
```

5. 다음 프로그램의 출력 결과를 예측한 후 실행시켜 보아라. 왜 그런 결과를 얻었는지 이유를 설명하여 보아라.

```
#include <stdio.h>
void main( ) {
    float *pa, x;
    pa = &x;
    *pa = 3.;
    *pa = *pa + 4.;
    printf("%f\n", x) ;
}
```

6. 다음 프로그램의 출력 결과를 예측한 후 실행시켜 보아라. 왜 그런 결과를 얻었는지 이유를 설명하여 보아라.

```
#include <stdio.h>
void main( ) {
    float *pa, *pb, x;
    pa = &x;
    pb = pa;
    *pa = 3.;
    *pb = *pb + 4.;
    printf("%f\n", x) ;
}
```

7. 다음 프로그램의 출력 결과를 예측한 후 실행시켜 보아라. 왜 그런 결과를 얻었는지 이유를 설명하여 보아라.

```
#include <stdio.h>
void main( ) {
    long *pa, *pb, x=3;
    pa = &x;
```

```
    pb = pa;
    *pb = *pb + *pa;
    printf("%d\n", x) ;
}
```

8. 다음 프로그램의 출력 결과를 예측한 후 실행시켜 보아라. 왜 그런 결과를 얻었는지 이유를 설명하여 보아라.

```
#include <stdio.h>
void main( ) {
    char *pa, *pb, *pt, x=1, y=2;
    pa = &x; pb = &y;
    pt = pb; pb=pa; pa=pt;
    printf("*pa=%u  *pb=%u\n",*pa, *pb) ;
}
```

9. 다음 프로그램의 출력 결과를 예측한 후 실행시켜 보아라. 왜 그런 결과를 얻었는지 이유를 설명하여 보아라.

```
#include <stdio.h>
void main( ) {
    long **ppa, *px, m=3;
    long *pt, t;
    px = &m;
    ppa = &px;
    pt = *ppa;
    t = *pt;
    printf("%d\n", t) ;
}
```

10. 다음 프로그램의 출력 결과를 예측한 후 실행시켜 보아라. 왜 그런 결과를 얻었는지 이유를 설명하여 보아라.

```
#include <stdio.h>
void main( ) {
    long **ppa, **ppb, *px, *py, m=3, n=5;
    long *pt, t;
    px = &m;
    py=&n;
    ppa = &px;
    ppb=&py;
    pt = *ppa;
    t = *pt;
```

```
        pt = *ppb;
        t += *pt;
        printf("%d\n", t) ;
}
```

제 3 장

변수와 입출력

1. 변수형과 함수 printf의 출력형식
2. 키보드로 값 읽기 - scanf
3. 문자 읽기와 쓰기
4. 변수 입출력 – cin, cout
5. 파일 입출력

1. 변수형과 함수 printf 의 출력형식

하나의 프로그램에서는 여러 개의 변수를 동시에 정의하여 사용할 수 있다.

여러 개의 변수를 동시에 정의하기

다음 프로그램은 두 개의 int 형의 변수를 정의하는 예이다.

프로그램 1.1

```
void main()
{
    int a;
    int b;
}
```

프로그램 1.1에서는 두 개의 int 형 변수를 정의하는 데, 예약어 int 를 두 번 사용하였다. 만약 세 개 또는 그 이상의 int 형 변수를 정의하려고 하는 경우에는 정의하려는 변수의 개수만큼의 명령줄에서 int 형 변수를 정의할 수 있다.

한편, 다음과 같이 예약어 int 를 한 번만 쓰고, 그 뒤에 콤마를 이용하여 변수명을 나열하여 두 개의 int 형 변수를 정의할 수도 있다.

프로그램 1.2

```
void main()
{
    int a , b;
}
```

콤마를 이용하여 여러 개의 변수를 동시에 정의할 때는 콤마를 계속 찍으면서 변수 이름을 적어주면 된다. 여기에서 사용되는 콤마를 콤마연산자라고 한다.

프로그램 1.2에서는 두 개의 변수를 정의와 초기화를 동시에 할 수 있다. 즉,

```
int a=3 , b=7;
```

과 같이 하여 변수를 정의하면서 초기화할 수 있다.

여러 개의 변수를 동시에 정의하는 것은 int 형 변수뿐만 아니라 double 형, char 형 등의 모든 형의 변수에 대하여도 같은 방법으로 사용된다.

여러 가지 형의 변수를 정의하여 사용할 수도 있다.

프로그램 1.3

```
void main()
{
    int a=3 , b=7;
    double x = 1.2,   y=7.8, z=0.999E10;
    char cc='a';
}
```

함수 printf 에서 여러 개의 변수를 출력하기

여러 개의 변수가 정의되어 있을 때 이를 함수 printf 를 이용하여 출력하는 첫 번째 방법은 함수 printf 를 여러 번 사용하는 것이다.

프로그램 1.4

```
#include <stdio.h>

void main()
{
    int a=3;
    double x=7.7;
    printf("%d   ", a);
    printf("%lf   ", x);
}
```

한편, 함수 printf 는 여러 개의 변수에 저장된 값을 출력할 수도 있다.

프로그램 1.5

```
#include <stdio.h>

void main()
{
    int a=3;
    double x=7.7;
```

```
    printf("%d   %lf   ", a, x);
}
```

프로그램 1.4에서는 두 개의 int 형의 변수를 정의하고, 이를 한 개의 printf 함수를 이용하여 출력하고 있다. 두 개의 int 형 변수를 출력하는 형식은 다음과 같다.

```
printf(     "%d    %lf ",     a,     x );
```

겹따옴표 안에 두 개의 int 출력형식을 적고, 콤마 다음에 두 개의 int 형 변수를 적으면 된다. 이 때, 출력형식과 대응되는 변수는 적힌 순서대로이다. 출력형식과 대응되는 변수의 형이 다르면 엉뚱한 값이 출력될 수 있으므로 주의하여야 한다.

다음 프로그램은 여러 형의 변수를 여러 개 정의하여 값을 할당하고 출력하는 예이다.

프로그램 1.6

```
#include <stdio.h>

void main()
{
    int j=2;
    double x=3.14, y=100.0;
    char myc = 'A';
    printf(" j=%d\n x= %4.2lf  y= %4.1lf\n myc= %c\n",
            j, x, y, myc);
}
```

프로그램 1.6의 출력결과는 다음과 같다.

```
j=2
x= 3.14  y= 100.0
myc= A
```

실습문제

1. 다음 프로그램을 실행시켜 보아라. 왜 그러한 출력이 나오는지를 설명하여라.

```
#include <stdio.h>
void main()  {
     int a=3;
     printf("%d   %d   %d\n", a, a, a);
}
```

2. 다음 프로그램을 실행시켜 보아라. 그리고 int 형 변수를 정의한 줄과 double 형 변수를 정의한 줄을 바꾸어서 실행시켜 보아라. 결과는 어떤가?

```
#include <stdio.h>
void main( ) {
        double  x=2., y=3.;
        int m=100, n=200;
        printf("%lf     %lf        %d      %d\n", x, y, m, n);
}
```

3. 다음 프로그램에서 잘못된 곳을 수정하여 실행시켜 보아라.

```
#include <stdio.h>
void main()
{
     int j=2;
     double x=3.14, y=100.0;
     char myc = 'A';
     printf("%c     %d     %d   %c\n", j, x, y, myc);
}
```

4. 다음 프로그램에서 잘못된 곳을 수정하여 실행시켜 보아라.

```
#include <stdio.h>
void main()
{
     unsigned j=45678901234;
     long double fvalue=987654321.;
     signed neg = -5;
     printf("%d     %d     %f  \n", j, neg, fvalue);
}
```

2. 키보드로 값 읽기 - scanf

할당 기호 =를 사용하면 변수에 값을 저장할 수 있는 데, 할당기호 = 를 사용하는 대신 키보드로 값을 읽어 변수에 값을 저장할 수도 있다. 키보드로 값을 입력하는 것은 함수 scanf 를 사용하면 된다.

int 형 변수에 입력받기

먼저 키보드로부터 값을 입력받아 int 형 변수에 저장하는 프로그램이다.

프로그램 2.1

```
#include <stdio.h>

void main( )
{
      int num;
      scanf(“%d”, &num);
      printf(“%d\n”, num);
}
```

프로그램을 실행시키면 콘솔 창에 껌벅이가 껌벅거리게 되는 데, 이 때 키보드를 이용하여 33을 입력한 후 엔터키를 치면 다음의 출력결과를 얻는다. 키보드로 입력하는 숫자는 꼭 33일 필요는 없다.

```
33
33
```

프로그램 분석

■ scanf(“%d”, &num)

scanf 는 키보드로부터 값을 읽어 변수에 저장하는 일을 하는 함수이다.

■ scanf(“%d”, &num)

함수 scanf 의 인수부분은 겹따옴표부분, 콤마, &변수로 구성된다. 여기서는 변수 num 의 주소값이 이용된다.

■ scanf(“%d”, &num);

겹따옴표 안에는 입력하는 형태를 적는다. 여기에서 %d 는 int 형 값으로 입력한다는 것을 나타낸다.

■ scanf(“%d”, &num);

콤마 다음에는 나오는 &num 은 키보드로 입력된 값을 변수 num 에 저장한다는 것을 의미한다.

■ &num

&num 은 변수 x 의 주소를 나타낸다. 만약 num 앞에 &를 생략하면 예기치 못한 오류가 발생하므로 주의하여야 한다.

함수 scanf 를 사용하여 키보드로 int 형 값을 읽어 int 형 변수에 저장하는 형식은 다음과 같다.

```
                              ↙ 주소연산자
scanf (      “%d ”,         &num  );
               ↑              ↑
         int 형 입력형식    int 형 변수명
```

함수 scanf 의 입력형식은 함수 printf 의 출력형식과 같다. 따라서 키보드에 값을 읽어 double 형 변수에 저장하려고 하는 경우에는 ‘%lf’를 사용하면 된다.

프로그램 2.2

```
#include <stdio.h>

void main( )
{
    double num;
    scanf("%lf", &num);
    printf("%lf\n", num);
}
```

키보드를 이용하여 두 개의 숫자를 입력하려고 하는 경우에는 함수 scanf 에 두 개의 변수를 나열하면 된다. 이 때 입력형식도 두 개를 적어야 한다. 다음 프로그램은 예이다.

프로그램 2.3

```
#include <stdio.h>

void main( )
{
     int x, y;
     scanf("%d  %d", &x, &y);
     printf("x=%d y=%d\n", x,y);
}
```

프로그램의 실행결과는 다음과 같다. 키보드로 입력한 값은 12 와 34이다.

```
12  34
x=12 y=34
```

프로그램 분석

■ scanf("%d %d", &x, &y);

키보드로부터 두 개의 값을 "%d %d" 형식 즉, int 형식으로 읽어, 두 개의 int 형 변수 x 와 y 에 저장한다. 변수 x 와 변수 y 의 이름 앞에 주소연산자 &를 사용하였다.

다음은 int 형, double 형, char 형 변수를 정의하여 키보드로부터 int 형의 값과 double 형의 값을 입력받는 프로그램이다.

프로그램 2.4

```
#include <stdio.h>

void main( )
{
     int i;  double x; char s;
     scanf( "%d   %lf   %c", &i, &x, &s);
     printf( "%d   %lf   %c\n", i, x, s);
}
```

프로그램 분석

■ scanf("%d   %lf   %c", &i, &x, &s);

키보드로부터 세 개의 값을 “%d %lf %c” 형식 즉, “int 형식 double 형식 char 형식”으로 읽어, 순서대로 대응되는 세 개의 변수 i 와 x, s 에 저장한다. 변수 i 와 변수 x, 변수 s 의 이름 앞에 각각 주소연산자 &를 사용하였다.

함수 scanf 를 이용하여 여러 개의 값을 읽어 여러 개의 변수에 저장하려고 할 때는 겹따옴표 안에 있는 읽는 형태와 변수의 형의 순서가 일치하도록 하여야 한다. 또한 변수명 앞에 기억장소의 주소를 나타내는 & 연산자 즉, 주소 연산자를 반드시 붙여야 한다. 그렇지 않은 경우에는 메모리 할당에 관한 오류를 발생할 수도 있으며, 윈도우 환경에서는 다음과 같은 표시와 함께 오류메시지 상자가 뜨게 된다.

실습문제

1. 다음 프로그램을 실행시켜 보아라. 왜 그런 결과를 얻었을까? 만약 오류가 있다면 수정하고 실행시켜 보아라.

```
#include <stdio.h>
void main( ) {
    int num;
scanf("%d", num);
printf("%d\n", num);
}
```

2. 다음 프로그램을 실행시켜 보아라. 왜 그런 결과를 얻었을까? 에러를 수정하고 실행시켜 보아라.

```
#include <stdio.h>
void main( ) {
    double num;
    scanf("%f", &num);
    printf("%lf\n", num);
}
```

3. 다음 프로그램을 실행시킬 때, 키보드로 입력하는 숫자를 한 줄에 두 개를 쳐 넣어 보아라. 그리고 한 줄에 숫자 하나씩 두 줄에 걸쳐 쳐 넣어 보아라. 결과는 어떤가?

```
#include <stdio.h>
void main( ) {
    int x, y;
    scanf("%d  %d", &x, &y);
    printf("x=%d y=%d\n", x,y);
}
```

4. 다음 프로그램을 실행시켜 보아라. 어떤 결과를 얻는가? 에러를 수정하고 실행시켜 보아라.

```
#include <stdio.h>
void main( ) {
    int i;  double x; char s;
    scanf( "%d   %d   %lf", &i, &x, &s);
    printf( "%d   %lf   %c\n", i, x, s);
}
```

5. 다음 프로그램을 실행시켜 보아라. 어떤 결과를 얻는가? 에러를 수정하고 실행시켜 보아라.

```
#include <stdio.h>
void main( ) {
    int i;  double x; char s;
    scanf( "%d   %d   ", &i, &x, &s);
    printf( "%d   %lf  \n", i, x);
}
```

3. 문자 읽기와 쓰기

함수 getchar()는 키보드로부터 하나의 문자를 읽는 일을, 함수 putchar()는 하나의 문자를 콘솔창에 출력하는 일을 한다. 다음은 하나의 문자를 키보드로부터 읽어 들여 콘솔창에 출력하는 일을 하는 프로그램이다.

프로그램 3.1

```
#include <stdio.h>

void main( )
{
    char c;
```

```
        c=getchar();
        putchar(c);
}
```

프로그램의 실행결과는 다음과 같다.

프로그램 분석

■ #include <stdio.h>
함수 putchar 와 getchar 를 사용하기 위하여 필요하다.

■ c=getchar();
키보드로부터 하나의 문자값을 읽어 변수 c 에 저장한다.

■ putchar(c);
변수 c 에 저장된 값을 복사해 와서 콘솔창에 문자형태로 출력한다.

프로그램을 실행시켜 키보드로 글자를 입력할 때는 글자를 입력한 후 enter 단추를 눌러야 한다. 출력결과에서 처음에 나온 a 는 입력된 것이고, 두 번째 나오는 a 는 함수 putchar 에 의한 것이다.

함수 getchar()는 키보드로 문자값을 읽어들이는 일을 하며, 함수 putchar 는 문자의 값을 콘솔창에 출력하는 일을 한다. 함수 putchar 를 사용할 때는 출력하고자 하는 문자형 변수의 값을 소괄호 안에 적어 주면 된다.

```
putchar ( c );
          ↑
          |
      문자형 변수
```

한편, 프로그램 3.1을 실행시킬 때 한 줄에 여러 개의 문자를 키보드로 입력하고 enter 단추를 누르면 함수 getchar 는 그 행의 제일 처음 문자만 받아들인다. 다음은 입력을 여러 문자로 한 경우이다.

키보드로 'asdf123'을 치고 enter 단추를 눌렀다. 출력되는 값은 행의 처음 문자 a 이다. 이와 같은 일이 생기는 것은 키보드 자체에 임시기억장소가 있어 이들을 임시로 저장해 두었다가 enter 키를 치면 이들을 모두 보내서 일을 처리하기 때문이다. 키보드의 임시기억장소를 키보드버퍼라고 한다.

함수 putchar 를 사용할 때는 홑따옴표 안에 문자를 적는 문자값 형태나 문자값에 대응되는 정수값 형태를 사용할 수 있다. 또한 탈출문자를 사용할 수도 있다. 다음은 예제 프로그램이다.

프로그램 3.2

```
#include <stdio.h>

void main( )
{
      getchar();
      putchar('A');
      putchar('\n');
      putchar(65);
      putchar('\n');
      putchar('\a');
      putchar('a');
      getchar();
      getchar();
}
```

프로그램 분석

■ putchar('\n');

줄바꾸기 문자 '\n'를 출력하는 일은 콘솔창에서 줄바꾸기를 한다.

■ putchar(65);

정수값 65에 대응되는 문자값 'A'를 출력한다.

■ putchar('\a');

경고음 문자 '\a'에 대응하여 컴퓨터의 스피커에서 경고음이 울린다.

한편, 함수 getchar 를 이용하여 키보드로 값을 읽어들일 때, int 형 변수에 값을 읽어들이고 이를 함수 putchar 를 이용하여 콘솔창에 출력할 수 있다. 다음은 예제 프로그램이다.

프로그램 3.3

```
#include <stdio.h>

void main( )
{
        int c;
        c=getchar();
        putchar(c);
}
```

물론 읽어들인 문자값은 함수 printf 를 사용하여 출력할 수도 있다.

실습문제

1. 다음 프로그램을 실행시켜 보아라. 잘못된 곳이 있으면 고쳐라.

```
#include <stdio.h>
void main( ) {
    char c;
    getchar(c);
    c=putchar();
}
```

2. 다음 프로그램에서 함수 printf 를 이용하여 입력된 값을 콘솔에 출력하도록 하는 명령줄을 추가하여 실행시켜 보아라.

```
#include <stdio.h>
void main( ) {
    char c;
    getchar(c);
    ...
}
```

4. 변수 입출력 – cin, cout

입출력에 관계되는 함수 printf 와 함수 scanf 를 사용하였다. 이 절에서는 C++의 객체 명령어인 cin 과 cout 의 간단한 사용법을 설명한다.

cout – 콘솔 출력

변수에 저장된 값을 출력하는 일은 함수 printf 를 사용하였다. 함수 printf 는 원래 C 언어에서 정의된 것이며, C++에서는 객체 명령어 cout 을 사용하여 변수의 값을 출력할 수 있다. 객체명령어 cout 를 사용할 때의 형식은 다음과 같다.

cout << 변수명 << 변수명 << · · · <<변수명 ;

객체명령어 cout 을 사용할 때는, 기호 << 를 **삽입연산자**라고 한다. 다음 프로그램은 cout 를 사용하여 변수의 저장되어 있는 값을 콘솔창으로 출력하는 예제 프로그램이다.

프로그램 4.1

```
#include <iostream.h>

void main( )
{
        int x=77;
        cout << x<<endl;
}
```

객체명령어 cout 를 사용하기 위해서는 헤더파일 iostream.h 를 포함시켜야 한다. 즉 다음 줄이 꼭 필요하다.

```
#include <iostream.h>
```

다음 프로그램은 여러 개의 변수를 정의하여 값을 할당한 다음 cout 를 이용하여 출력하는 예제 프로그램이다. 이 때는 필요한 문자열을 삽입연산자 다음에 둘 수 있다.

프로그램 4.2

```
#include <iostream.h>
void main( )
{
        int x=77;
        double y=0.1234;
        char c = 'a';
        float f=−3.1;
        cout << " x="<<x<<endl;
        cout << " y="<<y<< " c="<<c<< "  "<<f<<endl;
}
```

cin – 키보드 입력

키보드로부터 값을 읽어 변수에 저장하는 일은 cin 을 이용하여 할 수도 있다. 객체명령어 cin 의 사용 형식은 다음과 같다.

cin >> 변수명 >> 변수명 >> . . . >>변수명 ;

객체명령어 cin 을 사용할 때는, 기호 >> 를 **추출연산자**라고 한다. 다음 프로그램은 cin 을 사용하여 변수의 저장되어 있는 값을 콘솔창으로 출력하는 예제 프로그램이다.

프로그램 4.3

```
#include <iostream.h>
void main( )
{
        int x;
        cin >> x;
        cout << x<<endl;
}
```

객체명령어 cin 을 사용할 때는 반드시 헤더파일 iostream.h 를 포함시켜야 한다. 즉 다음 줄이 필요하다.

```
#include <iostream.h>
```

다음 프로그램은 여러 개의 변수에 동시에 값을 입력할 수도 있다.

프로그램 4.4

```
#include <iostream.h>

void main( )
{
        int x;
        double y;
        cin >> x >> y;
        cout << "  x=" << x << "   y="<< y <<endl;
}
```

실습문제

1. 다음 프로그램을 실행시켜 보아라. 잘못된 곳이 있으면 고쳐라.

```
#include <iostream.h>
void main( ) {
        int x;
        cin << x;
        cout >> x >> endl;
}
```

2. 다음 프로그램에서 객체 명령어 cin 을 이용하여 입력된 값을 콘솔에 출력하도록 하는 cout 명령줄을 추가하여 실행시켜 보아라.

```
#include <iostream.h>
void main( ) {
      int x;
      double y;
      cin >> x >> y;
      …
}
```

3. 다음 프로그램에서 객체 명령어 cin 을 이용하여 입력된 값을 함수 printf 를 이용하여 출력하는 명령줄을 추가하여 실행시켜 보아라.

```
#include <iostream.h>
…
void main( ) {
    int x;
    double y;
    double z;
    cin >> x>> y;
    cin >> z;
    …
}
```

4. 다음 프로그램을 함수 scanf 와 함수 printf 를 이용하여 재작성하여라.

```
#include <iostream.h>
void main( ) {
        int x;
        cin<<x;
        cout>> x>>endl;
}
```

5. 다음 프로그램을 함수 scanf 와 함수 printf 를 이용하여 재작성하여라.

```
#include <iostream.h>
void main( ) {
        int x;
        double y;
        cin<<x<<y;
        cout>> x>>y>>endl;
}
```

5. 파일 입출력

메모리에 저장되어 있는 내용을 하드디스크나 플로피 디스켓의 파일로 저장할 수 있다. 한편, 파일에 저장되어 있는 값을 메모리에 불러올 수도 있다.

파일 주소형 변수의 선언

파일에 저장되어 있는 내용을 읽거나, 메모리에 저장되어 있는 값을 파일에 쓰기 위해서는 먼저 파일을 지정해 주어야 한다. 파일을 지정하기 위해서는 FILE 주소형의 변수를 먼저 선언해야 한다. 예를 들면,

```
FILE *fp;
```

와 같이 하면 FILE 주소형 변수를 정의하게 된다. 여기서 변수의 이름은 fp 이다.

새로운 파일 생성하고 쓰기 가능상태로 열기

만약 현재의 폴더에서 "aaa.txt"라는 이름의 파일을 생성한 후 이 파일에 쓰기가 가능하게 하려고 하면, 함수 fopen 에서 선택사항 "w"를 사용하면 된다.

다음은 파일을 하고, 쓰기 가능 상태로 열기 위한 함수 fopen 의 사용 예이다.

```
fp = fopen("aaa.txt", "w");
```

함수 fopen 은 두 개의 매개변수를 가지고 있다. 첫 번째 매개변수는 파일이름을 나타내는 문자열이다. 두 번째 매개변수는 파일에 관한 선택사항이다. 파일을 생성한 후 쓰기 가능상태로 하기 위해서 "w"를 이용한다.

작업을 위해 열어 둔 파일은 작업이 끝나면 닫아야 한다. 파일을 닫을 때는 함수 fclose 를 사용한다. 이 때는 파일을 열 때 얻어 두었던 파일 포인터를 인수로 사용한다. 즉,

```
fclose(fp);
```

만약 쓰려고 하는 폴더가 현재의 작업 폴더가 아니라면, 파일을 열 때는 '\\'을 이용하여 파일 경로를 지정해 주면 된다. 예를 들면,

```
fp = fopen("C:\\data\\aaa.txt", "w");
```

는 C 디스크의 하위 폴더 data 에 파일 aaa.txt 를 쓰기 위해 열라는 뜻이다. 기호 '\'은 한글 윈도우 자판에서는 '₩'로 표시되어 있다.

다음은 예제 프로그램이다.

프로그램 5.1

```
#include <stdio.h>

void main()
{
    FILE *fp;
    fp=fopen("aaa.txt", "w");
    fclose(fp);
}
```

이 프로그램을 실행시키기 전에 현재의 폴더를 열어 "aaa.txt" 파일이 없음을 확인하자. 만약 존재한다면 삭제하자. 그리고 나서 이 프로그램을 실행시킨 후 현재의 폴더를 열어 보면, "aaa.txt"라는 파일이 생성되어 있음을 확인할 수 있다. 파일 "aaa.txt"을 열어 보면 아무 것도 적혀 있지 않음을 알 수 있다.

프로그램 분석

■ #include <stdio.h>
함수 fopen 을 사용하기 위하여 필요하다.

■ FILE *fp;
변수 선언을 한다. 선언된 변수 fp 는 FILE 형 변수이다. 별표가 변수 이름 앞에 붙어 있음을 유의하자.

■ fp=fopen("aaa.txt", "w");
함수 fopen 의 첫 번째 매개변수는 겹따옴표 안에 파일 이름을 적는다. 여기서는 "aaa.txt"이다. 두 번째 매개변수도 겹따옴표 안에 적는다. 여기서는 파일생성 후 쓰기 가능 상태로 하기 위한 선택사항 "w"를 사용하고 있다.

■ fclose(fp);
함수 fclose 는 파일을 닫는 일을 한다. 매개변수는 열려 있는 파일에 대한 FILE 형 변수 fp 이다.

프로그램 5.1을 실행시킬 때, 만약 "aaa.txt"라는 파일이 이미 존재하고 있다면, 존재하는 "aaa.txt"를 삭제한 후 다시 "aaa.txt"를 생성하게 된다.

파일에 쓰기

파일이 쓰기 가능 상태로 열려 있는 경우에는 파일에 쓸 수가 있다. 파일에 쓰기 위해서는 함수 fprintf 를 사용한다. 함수 fprintf 는 파일에 쓴다는 것을 제외하면 함수 prinft 와 사용법이 동일하다. 다음은 예제 프로그램이다.

프로그램 5.2

```
#include <stdio.h>

void main()
{
      int x=2;
      FILE *fp;
      fp=fopen(“aaa.txt”, “w”);
      fprintf(fp, “%d\n”, x);
      fclose(fp);
}
```

이 프로그램을 실행하고, 파일 “aaa.txt”을 열어 보면 다음과 같은 내용이 저장되어 있음을 확인할 수 있다.

```
2
```

프로그램 분석

■ fprintf(fp, “%d\n”, x);

첫 번째 매개변수는 FILE 형 포인터 변수 fp 이다. 두 번째 매개변수는 출력형식이다. 여기서는 %d 를 사용하고 있다. 세 번째 매개변수는 출력할 값이다.

함수 printf 는 출력하는 곳이 콘솔창이며, 함수 fprintf 는 출력하는 곳이 파일이다. 이들 두 함수는 출력하는 곳만 제외하면 동일한 기능을 행한다.

콘솔에 출력하기 printf (“%d\n” , x)
파일에 출력하기 fprintf (fp, “%d\n” , x)

기존의 파일에서 읽어 오기

이미 존재하고 있는 파일에 적혀 있는 값을 읽기 위해서는 먼저 파일을 읽을 수 있는 상태로 열어야 한다. 함수 fopen 을 이용하여 파일을 열 때, 선택사항 "r"를 사용하면 된다. 기존의 파일 "aaa.txt"를 읽기가능상태로 여는 명령문은 다음과 같다.

```
fopen("aaa.txt", "r");
```

열려 있는 파일에서 값을 읽을 때는 함수 fscanf 를 사용하면 된다. 함수 fscanf 는 파일에서 읽는다는 것을 제외하면, 키보드로 입력하는 함수 scanf 와 동일하다.

먼저 파일 aaa.txt 에 다음과 같은 내용이 있다고 하자.

```
2
```

이를 읽어 오는 프로그램을 작성하면 다음과 같다.

프로그램 5.3

```
#include <stdio.h>

void main()
{
    int x;
    FILE *fp;
    fp=fopen("aaa.txt", "r");
    fscanf(fp, "%d", &x);
    printf("%d\n", x);
    fclose(fp);
}
```

프로그램의 콘솔창 출력 결과는 다음과 같다.

```
2
```

프로그램 분석

■ fp=fopen("aaa.txt", "r");

기존의 파일 "aaa.txt"를 "r" 상태로 연다. 즉 읽기가 가능한 상태로 연다.

■ fscanf(fp, "%d", &x);

FILE 형 변수 fp 에 연결된 파일에서 값을 읽어 온다. 두 번째 매개변수는 입력형식이며 세 번째 변수는 읽어 온 값을 저장할 변수 앞에 &를 붙인 것이다.

함수 scanf 는 키보드에서 값을 읽어 오는 반면, 함수 fscanf 는 파일에서 값을 읽어 온다. 이들 두 함수는 읽어 오는 곳만 제외하면 동일하다.

키보드에서 읽기	scanf ("%d", &x)
파일에서 읽어 오기	fscanf (fp, "%d", &x)

기존의 파일에 덧붙여 쓰기 상태로 열기

기존의 파일의 끝에 추가할 수도 있는 데, 이 때는 파일을 추가가능상태로 열면 된다. 함수 fopen 에서 선택사항은 "a"는 추가가능상태를 나타낸다. 다음은 추가가능상태로 열기 위한 함수 fopen 의 사용 예이다.

```
fopen("ccc.txt", "a");
```

파일 'ccc.txt"에 다음과 같은 내용이 쓰여 있다고 하자.

```
1 2 3
4 5 6
```

다음 프로그램은 이 파일의 끝에 값을 추가하여 쓰는 일을 한다.

프로그램 5.4

```
#include <stdio.h>

void main()
{
    FILE *fp;
    fp=fopen("ccc.txt", "a");
    fprintf(fp, "%d", 7);
```

```
    fclose(fp);
}
```

프로그램을 실행시킨 후 파일 "ccc.txt"를 열어 보면 마지막에 7이 추가되어 있음을 확인할 수 있다.

```
1 2 3
4 5 6
7
```

프로그램 분석

■ fp=fopen("ccc.txt", "a");

파일 "ccc.txt"를 "a" 상태로 연다. 즉 추가 가능상태로 연다.

여러 개의 파일 열기

여러 개의 파일을 동시에 열 수 있다. 다음은 예이다.

프로그램 5.5

```
#include <stdio.h>

void main( )
{
    FILE *fp1, *fp2, *fp3;

    fp1=fopen("ddd.txt", "w");
    fp2=fopen("eee.txt", "w");
    fprintf(fp1, "Hello, darling!\n");
    fprintf(fp2, "Hello, darling!\n");
    fclose(fp2);
    fclose(fp1);

    fp3=fopen("ddd.txt", "a");
    fprintf(fp3, "Wonderful day!\n");
    fclose(fp3);
}
```

실습문제

1. 다음 프로그램을 실행시켜 보아라. 어떤 오류가 발생하는가? 오류를 수정한 후 이를 확인하여 보아라.

```
#include <stdio.h>
void main( ) {
    FILE fp;
    fp=fopen("a.txt", "w");
    fprintf(fp, "Hello, darling!\n");
    fclose(fp);
}
```

2. 파일 "humor.txt"를 생성하고 함수 fprintf를 사용하여 다음과 같은 내용을 파일에 출력하는 프로그램을 작성하고 실행시켜 보아라.

사냥꾼 2명이 숲 속에서 사냥을 하다가 1명이 사고를 당해 정신을 잃었다. 당황한 동료는 휴대전화로 긴급구조를 요청했다.

사냥꾼 : 죽은 것 같다.
상담원 : 침착해라. 죽었는지를 확실히 하자.
(잠시 정적이 흐른 뒤, 한 발의 총성.)
사냥꾼 : 이제 됐다. 다음엔 어떻게 해야 하나?

3. 먼저 문서 편집 프로그램을 이용하여 파일 "rnum.txt"을 하나 만들고 거기에 다음과 같은 내용을 적어 넣어라.

```
23    45    67
```

이 파일을 읽기 가능상태로 연 다음 파일의 처음에 있는 값 23을 읽어 콘솔창에 출력하는 프로그램을 작성하고 실행시켜 보아라.

4. 먼저 문서 편집 프로그램을 이용하여 파일 "fadd.txt"을 하나 만들고 거기에 다음과 같은 내용을 적어 넣어라.

```
23    45
67    89
66    90
```

이 파일을 추가 가능상태로 연 다음 파일의 마지막에 100을 추가하는 프로그램을 작성하고 실행시켜 보아라.

5. 다음 프로그램에서 키보드로 읽은 값을 파일로 출력하도록 수정하여 실행시켜 보아라.

```
#include <stdio.h>
void main( ) {
    int i;  double x; char s;
    scanf( "%d    %lf    %c", &i, &x, &s);
    printf( "%d    %lf    %c\n", i, x, sc);
}
```

6. 다음 프로그램에서 값을 파일로 출력하도록 수정하여 실행시켜 보아라.

```
#include <stdio.h>
void main( ) {
    int j=2;
    double x=3.14, y=100.0;
    char myc = 'A';
    printf(" j=%d\n x= %4.2lf  y= %4.1lf\n myc= %c\n",
     j, x, y, myc);
}
```

제 4 장

산술연산과 수학함수

1. 할당과 산술연산
2. 산술연산에서의 형변환
3. 수학함수의 사용

1. 할당과 산술연산

C 프로그램에서는 계산을 하기 위해서는 먼저 변수 정의를 하고, 변수에 값을 저장 즉, 할당한 다음 이들을 이용하여 필요한 계산을 하게 된다.

할당

다음의 예제 프로그램은 하나의 변수에 저장된 값을 복사해 와서 다른 변수에 할당하는 예이다.

프로그램 1.1

```
#include <stdio.h>

void main( )
{
    int x, y;
    x = 1;
    y = x;
    printf( “x=%d, y=%d\n” , x, y);
}
```

프로그램의 실행 결과는 다음과 같다.

```
x=1,    y= 1
```

프로그램 분석

■ int x, y;

int 형 변수 x 와 y 를 정의한다. 즉, int 형 값을 저장할 수 있는 두 개의 기억 장소를 마련하고 이들 기억장소의 이름을 x 와 y 라고 한다.

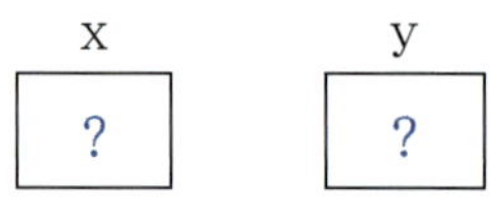

■ x = 1;

변수 x 에 값을 1을 할당한다.

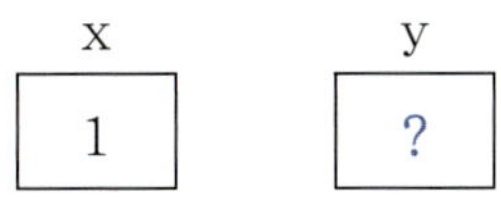

■ y = x;

변수 x 에 저장된 값을 복사하여 변수 y 에 저장하라는 명령어이다. 복사를 하기 때문에 x 의 내용은 변하지 않는다. 이 명령문을 수행하고 나면 기억장소 x 와 기억장소 y 에는 같은 값이 저장되어 있다.

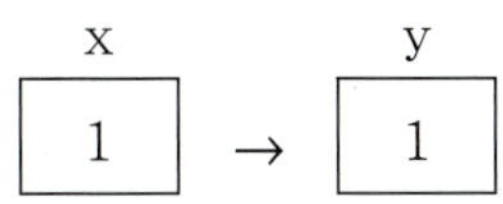

프로그램 1.1에서

x = y

와 같이 할당기호 '=' 앞 뒤에 변수가 나올 때는 "기호 =의 뒤에 나오는 변수 y 에 저장되어 있는 값을 복사하여 앞에 나오는 변수 x 에 저장하여라"는 의미임을 분명히 이해해 두자.

어떤 변수에 저장된 값을 다시 자기 자신에 저장할 수도 있다. 즉,

x = x;

의 형태에서 변수 x 에 저장되어 있는 값을 복사하여 와서 그 값을 다시 변수 x 에 저장하는 것이다.

사칙연산

수학에서 덧셈, 뺄셈, 곱셈, 나눗셈의 사칙연산은 중요하게 쓰이는 데, 이는 C 프로그래밍에서도 마찬가지이다. 사칙연산의 기호는

+	더하기
−	빼기
*	곱하기
/	나누기

이다. 사칙연산에서 연산의 우선 순위는 수학에서와 마찬가지로 곱셈 혹은 나눗셈이 먼저 수행된 다음 덧셈 혹은 뺄셈이 수행된다. 다음은 사칙연산기호를 이용한 프로그램 예이다.

프로그램 1.2

```
void main( )
{
      2+3;
}
```

프로그램 분석

■ 2+3;

연산식 2+3을 실행하여 5라는 값을 얻는다.

프로그램 1.2에서는 연산을 하였다. 연산될 결과를 이용하기 위해서는 먼저 변수에 할당한 후 이용하면 된다. 다음 프로그램을 보자.

프로그램 1.3

```
#include <stdio.h>

void main( )
{
    int val;
    val = 2+3;
    printf("2+3=%d \n", val);
}
```

프로그램 실행결과는 다음과 같다.

```
2+3=5
```

프로그램 분석

■ val=2+3;

등호의 오른쪽 연산식을 먼저 실행하여 값 5를 얻는다. 그런 다음 연산에서 얻은 결과 값 5를 변수 val 에 저장 즉, 할당한다.

프로그램 1.3의 main 함수는 다음과 같이 간단하게 작성할 수 있다.

```
void main( )
{
    printf("2+3 = %d \n", 2+3);
}
```

즉, 함수 printf 의 인수부분에 연산식을 사용하는 것이다.

사칙연산 기호는 하나의 연산식에서 여러 번 사용할 수 있다. 다음 프로그램은 이에 관한 예제이다.

프로그램 1.4

```
#include <stdio.h>

void main( )
{
    int eq;
    eq=2*3 + 14/7-5;
    printf( "2*3+14/7-5=%d\n" , eq);
}
```

한편 사칙연산은 변수를 이용하여 할 수도 있다. 즉 먼저 변수에 값을 할당한 다음 이들에 저장된 값들을 이용하는 것이다.

프로그램 1.5

```
#include <stdio.h>

void main( )
```

```
{
    double cel, faren;
    cel = 0.0;
    faren = 1.8 * cel +  32.0;
    printf("faren =%lf \n", faren);
}
```

프로그램의 실행결과는 다음과 같다.

```
faren =32
```

프로그램의 실행 결과를 보면 섭씨 0도는 화씨로 32도가 됨을 알 수 있다.

프로그램 분석

■ cel = 0.0;

double 형 변수 cel 에 0.0을 저장한다.

■ faren = 1.8 * cel + 32.0;

변수 cel 에 저장되어 있는 값을 복사하여 와서 1.8을 곱한 후 32.0을 더한 값을 변수 faren 에 저장한다. 사칙연산의 수식에서는 상수값과 변수를 함께 사용할 수 있다.

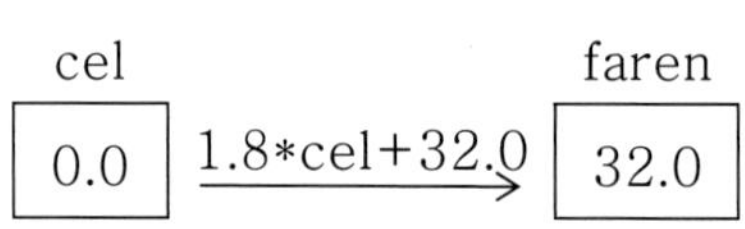

프로그램 1.5의 main 함수는 다음과 같이 간단하게 작성할 수도 있다.

```
void main( )
{
    double cel = 0.0;
    printf("faren = %lf \n", 1.8 * cel + 32.0);
}
```

즉, 함수 printf 의 인수 부분에서 연산식을 사용하였다.

나머지 연산자 %

계산을 하다가 보면 나머지를 구해야 하는 일이 생길 때가 종종 있다. 나머지를 구하는 연산자는 %이다. 만약

```
int x;
x = 5 % 3;
```

이라고 한다면 변수 x 에는 5 나누기 3의 나머지 2가 저장된다. 물론 변수를 이용한 나머지 연산도 가능하다. 다음은 예이다.

```
int x;
int a = 5, b=3;
x = a % b;
```

여기에서 a%b 의 의미는 변수 a 에 저장된 값과 변수 b 에 저장되어 있는 값을 복사하여 와서 나머지 연산을 시행하라는 의미이다.

나머지 연산은 정수형 값에서만 가능하다. 정수형 값이란 int 형, char 형을 의미한다. 물론 접두어 signed, unsigned, short, long 를 붙인 것을 모두 포함한다.

한편 double 이나 float 형과 같은 부동형 상수값이나 부동형 변수에 대하여는 나머지 연산자 %를 사용할 수 없다.

사칙연산과 나머지 연산의 우선 순위

사칙연산 +, −, *, / 와 나머지 연산 %의 우선 순위는 수학에서와 같다. 먼저 곱셈, 나눗셈, 나머지연산을 미리 한 다음, 덧셈과 뺄셈연산을 한다. 곱셈 나눗셈, 나머지 연산 중에는 우선 순위가 없다. 덧셈과 뺄셈 중에도 우선 순위는 없다.

```
1 순위 :  *   /   %
2 순위 :  +   −
```

연산에서 괄호 사용

수학에서는 괄호를 사용하여 연산의 우선 순위를 조절하였는 데, C 에서도 괄호를 사용하여 연산의 우선 순위를 조절할 수 있다. 즉, 괄호가 있는 경우 연산의 순서는 수학에서와 동일하다. 즉, 제일 안쪽 괄호 안부터 계산된다.

프로그램 1.6

```
#include <stdio.h>

void main( )
{
      double a=2.5, b=2.0, c;
      c = a*(b+2.0)/4.;
      printf( "c = %lf \n", c);
}
```

프로그램의 출력결과는 다음과 같다.

```
c = 2.5
```

프로그램 분석

■ c = a*(b+2.0)/4.;

괄호 안에 덧셈이 있으므로 제일 먼저 b+2.0을 계산한다.

자신에게 다시 저장하기

연산 후 변수 자신에 저장하기 위해 어떤 변수에 저장된 값을 이용하여 연산을 한 후 자기 자신에게 저장하는 형태는 프로그래밍에서 많이 사용된다. 다음 예제 프로그램을 보자.

프로그램 1.7

```
void main( )
{
      int x;
      x=3;
      x=x+7;
}
```

프로그램 분석

■ int x;

정수형 기억장소 x 를 할당하고 이름을 x 라고 한다.

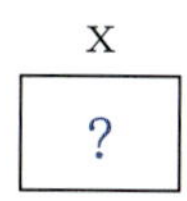

■ x=3;

기억장소 x 에 3을 저장한다.

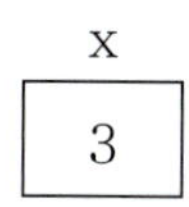

■ x=x+7;

먼저 등호의 오른쪽을 계산한다. 즉, 기억장소 x 에 저장된 값 3을 복사해와서 7을 더하여 10을 얻는다. 두 번째로 등호 오른쪽에서 구한 값 10을 등호 왼쪽의 변수에 저장한다. 이때 기존에 저장되어 있던 값은 지워진다.

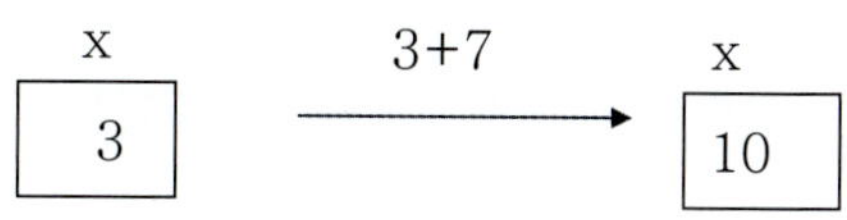

산술연산자의 축약

할당연산자와 사칙연산자를 동시에 사용하는 경우에 축약형으로 대치할 수 있는 경우가 있다. 예를 들면 변수 c 에 저장되어 있는 값에 2를 더한 값을 변수 c 에 다시 저장하라는 명령문

```
c = c + 2;
```

은 다음과 같이 줄여서 쓸 수 있다.

```
c += 2;
```

뺄셈과 곱셉, 나눗셈에서도 마찬가지로 쓸 수 있다. 즉, c -=2 혹은 c*=2 혹은 c/=2 와 같은 단축형의 사용이 가능하다. 이들을 나열하면

+= -= *= /=

덧셈과 뺄셈에서 1을 더하거나 빼는 경우에는 특별한 축약형을 사용한다.

```
c = c + 1;
```

와 같이 더하는 값이 1인 경우에는 더욱 간단히 줄여서

```
c++;
```

혹은

```
++c;
```

로 쓰기도 한다. 이와 같이 1을 증가시키는 연산자 ++를 증가연산자라고 부른다. 한편

```
c = c-1;
```

과 같은 경우에도

```
c--; 혹은 --c;
```

와 같은 단축형을 사용할 수 있다. 연산자 --를 감소연산자라고 부른다. 그러나 곱하기와 나누기에는 이러한 단축형이 없다.

실습문제

1. 다음 덧셈의 값을 구하는 프로그램을 작성하여라.

   1 + 2 + 3 + 4 + 5

2. 함수 scanf를 사용하여 화씨온도를 키보드로 입력하여 섭씨로 출력하는 프로그램을 작성하여 실행시켜 보아라.
3. 가로가 2, 세로가 5인 사각형의 면적을 구하고자 프로그램을 다음과 같이 작성하였다. 이 프로그램에서 가로와 세로의 값을 두 개의 double 형 변수에 저장한 후 면적을 구하도록 프로그램을 수정하여 실행시켜 보아라.

```
#include <stdio.h>
void main( ) {
    double area;
    area=2*5;
    printf("%lf\n , area);
}
```

4. 수 34567을 8975로 나누었을 때 나머지를 구하는 프로그램을 작성하고 실행시켜 보아라.
5. 두 개의 수를 키보드로 입력받아 이들의 평균을 콘솔창으로 출력하는 프로그램을 작성하여라.
6. 높이가 2, 아랫변의 길이가 5, 윗변의 길이가 3인 사다리꼴의 면적을 구하는 프로그램을 작성하고 실행시켜 보아라. 사다리꼴의 면적을 구하는 공식은

   (아랫변의 길이 + 윗변의 길이) × 높이 ÷ 2.

7. 두 개의 변수에 저장되어 있는 값을 맞바꾸려고 다음과 같은 프로그램을 작성하였다. 실행 결과를 예측하여 보고 왜 그런 결과가 나오는지를 설명하여라.

```
#include <stdio.h>
void main( ) {
    int x =100, y =200;
    printf ("before : x=%d, y=%d\n", x, y);
    y=x;
    x=y;
    printf ("after : x=%d, y=%d\n", x, y);
}
```

8. 두 개의 변수에 저장되어 있는 값을 맞바꾸기 위한 다음의 프로그램의 작동원리

를 설명하여라.

```
#include <stdio.h>
void main( ) {
    int temp;
    int x =100, y =200;
    printf ("before : x=%d, y=%d\n", x, y);
    temp = y;
    y=x;
    x=temp;
    printf ("after : x=%d, y=%d\n", x, y);
}
```

9. 다음 프로그램을 할당연산자의 축약형과 증가연산자, 감소연산자를 이용하여 다시 작성하여 실행시켜 보아라.

```
#include <stdio.h>
void main( ) {
    int a = 0, b = 1, c = 2;
    a = a + 1;
    b = b – 1;
    c = c + 5;
    printf("a= %d   b= %d   c=%d \n", a, b, c);
}
```

10. 다음 프로그램을 할당연산자의 축약형과 증가연산자, 감소연산자를 이용하여 다시 작성하여 실행시켜 보아라.

```
#include <stdio.h>
void main( ) {
    int x=2, y=4;
    x = x *5;
    y = y/2;
    printf("x=%d y=%\n", x, y);
}
```

11. 다음 프로그램의 실행결과를 예측한 후, 실행시켜 보아라. 괄호는 어떤 역할을 하고 있는가?

```
#include <stdio.h>
void main( ){
    int x = (((2+1)*3+2)*3+2)*3+2;
    printf( "%d\n", x ); }
```

12. 다음 프로그램의 실행결과를 예측한 후, 실행시켜 보아라. 괄호는 어떤 역할을 하고 있는가?

```
#include <stdio.h>
void main( ) {
    double x = 3.+2.*(3.+(2.*(3.+1.)));
    printf( "%lf\n", x );
}
```

2. 산술연산에서의 형변환

산술연산에서 피연산자의 형이 같지 않을 경우에는 피연산자의 형을 일치시키게 된다. 이와 같이 피연산자의 형을 일치시키는 과정을 형변환이라고 한다. 예를 들어 다음과 같은 덧셈

```
3 + 4.7 ;
```

은 다음과 같은 과정을 거쳐 결과를 얻는다.

형확인	3 과 4.7 이 같은 형인지 알아본다.
평가	숫자 3 은 int 형 값으로, 4.7 은 double 형 값으로 평가한다.
형변환	int 형 값 3 을 double 형 값 3.0 으로 변환한다.
연산실행	double 형 값 3.0 과 4.7 을 더하여 double 값 수 7.7 을 얻는다.

이와 같이 형변환을 하는 이유는 컴퓨터의 특성 때문에 그렇다. 형이 다르면 연산을 수행할 수 없으므로 먼저 같은 형의 자료로 형변환을 하게 된다. 이 때 자료가 가지는 정보의 손실이 적은 쪽으로 형변환을 한다. 연산의 결과는 만약 3+4.7에서 4.7을 int 형으로 형변환을 한다면, 실제로 3+4를 하게 되어 7을 얻게 되어 소수점 이하 0.7을 잃게 된다. 즉, 정보의 손실이 일어난다.

덧셈에서와 같은 자동 형변환은 뺄셈, 곱셈, 나눗셈 모두에게 적용된다. 다음 프로그램은 나눗셈에서 형변환의 예이다.

프로그램 2.1

```
#include <iostream.h>

void main( )
{
    double x ;
    x = 5 / 3 ;
    cout << " 5 / 3 = " << x << endl ;
}
```

프로그램의 실행결과는 다음과 같다. 결과가 이상하지 않은가?

```
5 / 3 = 1
```

프로그램 분석

■ x = 5 / 3 ;
먼저 int 값 5를 int 값 3으로 나눈다. 같은 형의 값이므로 형변환이 필요하지 않다. int 값 5를 int 값 3으로 나누면 int 값 1이 나온다. 그 이유는 연산의 결과는 연산을 한 형과 같게 되기 때문이다. 즉, int 형 나누기 int 형의 결과는 int 형이 된다.

프로그램 1.12에서 원하는 값이 1.666...이라면 나누기 하는 숫자 중 적어도 하나에 점을 찍으면 된다. 예를 들면,

x = 5. / 3 ;

그러나 컴퓨터로 하여금 형변환의 수고를 하지 않게 하려면 5./3. 과 같이 두 숫자 모두에게 점을 찍어 주면 된다.

다음은 하나의 명령문에 두 개의 연산이 있는 예이다.

프로그램 2.2

```
#include <iostream.h>

void main( )
{
```

```
    double x ;
    x = 5 / 3  +2.4 ;
    cout << " 5 / 3 + 2.4 = " << x << endl ;
}
```

프로그램의 실행결과는 다음과 같다.

```
5 / 3 + 2.4 = 3.4
```

프로그램 분석

■ x = 5 / 3 + 2.4 ;

먼저 5/3은 int 형 끼리의 연산이므로 결과는 int 값 1이 된다. 그 다음은 int 값 1 더하기 double 값 2.4의 연산을 하게 되는 데, 두 수의 형이 다르므로 int 값 1을 double 값 1.0으로 형변환한 다음 덧셈을 하여 double 값 3.4를 얻게 된다. 이를 그림으로 그려보면 다음과 같다.

```
5      /     3     +     2.4
int    /     int         double
       ↓                   ↓
       1           +     2.4
       int               double
       ↓                   ↓
      1.0          +     2.4
     double              double
```

■ x = 5 / 3 + 2.4 ;

산술연산 5/3+2.4의 결과값 3.4를 double 형 변수 x 에 저장한다.

변수를 이용한 산술연산에서도 같은 방식의 형변환이 일어난다. 예를 들어 형이 다른 변수형의 연산의 경우 먼저 변수의 형을 비교하고, 형이 다른 경우 형변환을 한 후 연산을 실행한다.

프로그램 2.3

```
#include <stdio.h>

void main( )
{
    int x =2;
    double z, y=1.5;
    z=x+y;
    printf("%lf\n", z);
}
```

프로그램의 실행결과는 다음과 같다.

```
3.500000
```

프로그램 분석

■ z=x+y;

덧셈의 피연산자인 변수 x 는 int 형, 변수 y 는 double 형이므로 연산을 위해 이들 값을 복사하여 올 때, 변수 x 에 저장된 값은 double 형 상수값으로 형변환하고, 변수 y 에 저장된 값은 그대로 가져와 덧셈을 한 후 double 형 변수 z 에 저장한다.

피연산자의 형이 일치하지 않는 경우에 자동적으로 일어나는 형변환을 **자동형변환**이라고 한다. 자동형변환이 일어날 때는 정보의 손실이 적은 쪽으로 변환이 일어난다. 예를 들어 덧셈의 경우를 보자.

표현		변환 후
int 형 + double 형	⟶	double 형 + double 형
int 형 + float 형	⟶	float 형 + float 형
float 형 + double 형	⟶	double 형 + double 형
char 형 + int 형	⟶	int 형 + int 형
char 형 + double 형	⟶	double 형 + double 형

명시적 형변환 – cast

연산을 할 때, 숫자를 직접 더하거나 빼는 경우에는 int 형이나 double 형은 소수점을 찍어 해결할 수 있다. 그러나 변수에 저장된 값을 가지고 연산하는 경우에는 원하는 형으로 강제 변환시켜야 할 경우가 생긴다. 다음은 이에 대한 예이다.

프로그램 2.4

```
#include <stdio.h>

void main( )
{
    double x ;
    int a=5, b=3;
    x = (double) a / (double) b;
    printf("%lf\n", x);
}
```

프로그램의 실행결과는 다음과 같다.

```
1.666667
```

프로그램 분석

■ x = (double) a / (double) b;

int 형 변수 a 에 저장된 값 5를 복사하여 와서 double 형 값으로 형변환한다. 마찬가지로 int 형 변수 b 에 저장된 값 3을 복사해 와서 double 형 값으로 형변환한다. 형변환된 값 5.0/3.0을 실행하여 double 형 결과값 1.666... 을 double 형 변수 x 에 저장한다.

프로그램 2.4에서와 같이 형변환하는 것을 cast 혹은 **명시적 형변환**이라고 한다. 프로그램 2.4에서 나눗셈의 피연산자 a 혹은 b 중에서 하나만 형변환을 시키면 예를 들어 보자.

x = (double) a / b ;

인 경우에는 int 형 변수 a 에 저장된 값을 double 값으로 형변환한 후, 형일치의 법칙에 따라 int 형 b 에 저장되어 있는 값도 복사해 와서 double 형으로 형변환하게 된다.

명시적 형변환은 double 형 뿐만 아니라 int 형, char 형, float 형 등에 대하여도 사용할 수 있다.

실습문제

1. 다음 프로그램에서 나눗셈을 하는 명령문을 'x=5./3;'으로 바꾼 후 실행시켜 보아라. 왜 그런 차이가 나는가?

```
#include <stdio.h>
void main( )
    double x ;
    x = 5 / 3 ;
    printf("%lf\n", x);
}
```

2. 밑변의 길이가 1, 높이가 3인 삼각형의 넓이를 구하려고 다음과 같은 프로그램을 작성하였다. 실행시켜 보고, 오류가 있으면 수정하여라.

```
#include <stdio.h>
void main( ) {
    double s =(1*3)/2;
    printf("%lf\n", s);
}
```

3. 다음 프로그램에서 명령문 'x=a/b;'을 'x=(double) a/ b;'로 바꾼 후 실행시켜 보아라. 두 프로그램의 차이를 설명하여라.

```
#include <stdio.h>
void main( ){
    double x ;
    int a=5, b=3;
    x = a/b;
    printf("%lf\n", x);
}
```

4. 밑변의 길이 a, 높이 b 를 입력받아 삼각형의 넓이를 구하려고 다음과 같은 프로그램을 작성하였다. 입력시 a 와 b 에 각각 1과 2를 입력하여 실행시켜 보아라.

오류가 있으면 수정하여라.

```
#include <stdio.h>
void main( ) {
    double s;
    int a, b, c=2;
    scanf("%d  %d", &a, &b);
    s = b/c*a;
    printf("면적 = %lf\n", s);
}
```

5. 다음 프로그램을 실행시켜 보아라. 왜 그런 결과를 얻었는가?

```
#include <stdio.h>
void main( ) {
    char c = 'd';
    int m = 355;
    c = c+m;
    printf("%d\n", c);
}
```

6. 다음 프로그램의 출력결과는 얼마가 될까? 실행시켜 보아라.

```
#include <stdio.h>
void main( ) {
    double  tvalue= ( 2 - 1 ) / 2 ;
    printf( "%lf\n" , tvalue );
}
```

7. 다음 프로그램은 삼각형의 면적을 구하는 것이다. 면적을 구하는 명령줄에서 명시적 형변환 즉, cast 를 이용하여 바로 잡아라.

```
#include <stdio.h>
void main( ) {
    int  h=1 , w=1, two=2;
    double  area ;
    area  = h * w / two;
    printf( "%lf\n" , area ) ;
}
```

3. 수학함수의 사용

C 언어는 과학적 혹은 공학적 계산을 하기에 적당한 언어이다. 이것은 여러 가지 수학함수가 만들어져 있어 이들을 이용할 수 있기 때문이다. C 에서 기본적으로 만들어 둔 수학함수의 일부를 나열해 본다. 수학함수의 목록은 부록을 참고하기 바란다.

이름	함수 원형
멱 함수 :	pow( )
제곱근 함수 :	sqrt( )
지수 함수 :	exp( )
로그 함수 :	log( ), log10( )
삼각 함수 :	sin( ), cos( ), tan( )
절대값 함수 :	abs( ), labs( ), fabs( )

멱 함수 pow

멱함수는 double 형 값을 받아들여 double 형 값으로 거듭제곱을 계산하여 준다. 다음은 멱함수의 사용법이다.

이름	함수 원형	수학적 표현	함수 사용 예	정의된 곳
멱 함수	pow( )	2^3	pow(2., 3.)	math.h

다음은 멱 함수를 사용하는 예제 프로그램이다.

프로그램 3.1

```
#include <stdio.h>
#include <math.h>

void main( )
{
    double x;
    x = pow(2., 3.);
    printf("%lf\n", x);
}
```

프로그램의 실행 결과는 다음과 같다.

```
8.000000
```

프로그램 분석

■ #include <math.h>

함수 pow( )를 사용하기 위해서 필요하다.

■ x = pow(2., 3.);

함수 pow( )를 이용하여 2^3을 계산하여, 그 결과를 변수 x 에 저장한다.

멱함수는 double 형 값을 받아들여, double 형 값을 계산하여 준다. 따라서

```
x = pow(2, 3);
```

과 같이 int 형 상수값을 쓰는 경우에는 int 형 값 2와 3을 double 형 값으로 변환한 다음 계산하게 된다.

프로그램 3.1의 main 함수는 다음과 같이 간단하게 작성할 수도 있다.

```
void main( )
{
    printf("%lf\n", pow(2., 3.));
}
```

즉, 함수 printf 의 인수부분에 함수 pow 를 사용하였다. 이러한 사용법은 수학함수들에 대하여 공통적이다.

다음은 변수를 사용한 pow 함수의 사용 예이다.

프로그램 3.2

```
#include <stdio.h>
#include <math.h>

void main( )
{
```

```
        double x, a=2., b=0.5;
        x = pow(a, b);
        printf("%lf\n", x);
}
```

프로그램 분석

■ x = pow(a, b);

변수 a 와 b 에 저장되어 있는 값을 복사하여 와서 pow(2., 0.5)를 계산한다. 실제로 계산되는 값은 $2^{0.5} = \sqrt{2}$ 이다.

제곱근 함수

제곱근 함수는 양의 double 형 값을 받아들여 double 형 값으로 제곱근을 계산하여 준다.

이름	함수 원형	수학적 표현	함수 사용 예	정의된 곳
제곱근 함수	sqrt( )	$\sqrt{2}$	sqrt(2.)	math.h

다음은 제곱근 함수를 사용하는 예제 프로그램이다.

프로그램 3.3

```
#include <stdio.h>
#include <math.h>

void main( )
{
        double x, a=2.0;
        x = sqrt(a);
        printf("%lf\n", x);
}
```

함수 sqrt 를 사용할 때 음수의 인수를 사용하면, 예를 들어 sqrt(−2.)과 같은 값을 계산하려고 하면 오류가 발생한다.

지수 함수

지수 함수는 double 형 값을 받아들여 double 형 값으로 e 의 몇 제곱을 계산하여 준다.

이름	함수 원형	수학적 표현	함수 사용 예	정의된 곳
지수 함수	exp( )	e^2	exp(2.)	math.h

다음은 지수 함수를 사용하는 예제 프로그램이다.

프로그램 3.4

```
#include <stdio.h>
#include <math.h>

void main( )
{
    double x;
    x = exp(2.);
    printf("%lf\n", x);
}
```

로그 함수

로그 함수는 double 형 값을 받아들여 double 형 값으로 로그값을 계산하여 준다. 로그 함수는 두 가지가 있다.

이름	함수 원형	수학적 표현	함수 사용 예	정의된 곳
로그 e 함수	log( )	$\log_e 2$	log(2.)	math.h
로그10 함수	log10( )	$\log_{10} 2$	log10(2.)	math.h

다음은 로그 함수를 사용하는 예제 프로그램이다.

프로그램 3.5

```
#include <stdio.h>
#include <math.h>

void main( )
```

```
{
    double x;
    x = log(2.7);
    printf("%lf\n", x);
}
```

로그함수를 이용하여 로그값을 계산할 때는 입력되는 값이 양의 값이어야 한다. 그렇지 않은 경우에는 오류를 발생한다.

삼각 함수

삼각 함수는 double 형 값을 받아들여 double 형 값으로 삼각함수 값을 계산하여 준다. 다음은 세 가지 삼각함수이다.

이름	함수 원형	수학적 표현	함수 사용 예	정의된 곳
사인 함수	sin( )	sin(1.6)	sin(1.6)	math.h
코사인 함수	cos( )	cos(1.6)	cos(1.6)	math.h
탄젠트 함수	tan( )	tan(0.6)	tan(0.6)	math.h

삼각함수에서 입력되어지는 값은 라디안 값이다. 다음은 삼각 함수를 사용하는 예제 프로그램이다.

프로그램 3.6

```
#include <stdio.h>
#include <math.h>

void main( )
{
    double x;
    x = sin(1.6);
    printf("%lf\n", x);
}
```

프로그램 실행결과는 다음과 같다.

```
0.999574
```

프로그램 분석

■ x = sin(1.6);

sin(1.6)을 계산한다. 여기서 1.6 ≈ π/2이므로 계산되어지는 값은 1과 가까운 값이다.

절대값 함수

주어진 수의 절대값을 구하는 함수는, 주어진 수가 int 형인지, long int 형인지, 혹은 double 형인지에 따라 세 가지로 구별되어 있다.

절대값 함수	함수 원형	수학적 표현	함수 사용 예	정의된 곳
int 형	abs( )	$\|-2\|$	abs(-3)	stdlib.h
long int 형	labs( )	$\|-12\|$	labs(-12)	stdlib.h
double 형	fabs( )	$\|-2.1\|$	fabs(-2.1)	math.h

여기서 주의할 것은 abs( )나 labs( )를 사용할 때는

```
#include <stdlib.h>
```

를 사용하여야 하고 fabs( )를 사용할 때는

```
#include <math.h>
```

를 사용하여야 한다는 것이다. 다음은 예제 프로그램이다.

프로그램 3.7

```
#include <stdio.h>
#include <stdlib.h>

void main( )
{
    int m, b=-2;
    m = abs(b);
    printf("%d\n", m);
}
```

수학함수의 사용 예

컴퓨터에서 팩토리알

$$n! = n(n-1)(n-2) \cdot \ldots \cdot 2 \cdot 1$$

을 구할 때 n이 커지면 정확한 값을 구할 수 없다. 이 때는 스털링의 공식을 이용하여 근사값을 구하여 사용할 수 있다.

스털링 공식 : $n! \approx n^n e^{-n} \sqrt{2\pi n} (1+\frac{1}{12n})$

다음은 52!의 근사값을 스털링의 공식을 이용하여 구하는 프로그램이다.

프로그램 3.8

```
#include <stdio.h>
#include <math.h>

void main( )
{
    double m, n=52.;
    m = pow(n, n)*exp(-n)*sqrt(2.*3.1415926*n)*(1.+1./(12.*n));
    printf("%e\n", m);
}
```

프로그램의 실행 결과는 다음과 같다.

```
8.065807e+067
```

매크로

상수값 π는 숫자로 3.1415926으로 근사값을 주었는데, 참값과 보다 가까운 값을 사용하기 위하여 흔히

3.141592653589793

를 사용하는 것이 일반적이다. 이 경우 다음과 같이 #define 문을 사용하여 대치문자열을 정의한다.

```
#define   PI    3.141592653589793
```

이와 같이 정의된 PI 를 문자열 3.141592653589793을 나타내는 매크로라고 한다. 즉, 매크로는 문자열의 이름이다. 컴파일 시 매크로 PI 가 정의된 이후에는 모두 3.141592653589793로 대치된다. 다음 프로그램은 매크로를 이용하여 52 ! 의 근사값을 구하는 예이다.

프로그램 3.9

```
#include <stdio.h>
#include <math.h>

#define PI  3.141592653589793

void main( )
{
     double m, n=52.;
     m = pow(n, n)*exp(-n)*sqrt(2.*PI*n)*(1.+1./(12.*n));
     printf("%e\n", m);
}
```

한편 스털링의 공식을 이용하여 5!을 구하여 보면 119.986이 나온다. 이는 5!의 참값 120과 매우 가까운 값임을 알 수 있다.

수학함수의 사용 예 – 조합의 수 구하기 $_nC_r$

n 개의 물건 중에서 r 를 선택해 내는 경우의 수 즉, 조합의 수는 다음 공식으로 주어진다.

$$_nC_r = \frac{n!}{r!(n-r)!}$$

이를 조합의 수라고 하는 데, 여기서는 $_5C_2$ 을 구하는 프로그램을 작성해 본다. 조합의 수를 구할 때는 팩토리알을 세 번 구해야 하므로, 스털링의 공식을 세 번 사용하면 된다. 다음은 이에 관한 프로그램이다.

프로그램 3.10

```
#include <stdio.h>
#include <math.h>

#define PI  3.141592653589793

void main( )
{
        double ncr, n=5, r=2, m;
        m=n-r;
        double nume, deno1, deno2;
        nume = pow(n, n)*exp(-n)*sqrt(2.*PI*n)*(1.+1./(12.*n));
        deno1 = pow(r, r)*exp(-r)*sqrt(2.*PI*r)*(1.+1./(12.*r));
        deno2 = pow(m, m)*exp(-m)*sqrt(2.*PI*m)*(1.+1./(12.*m));
        ncr = nume/(deno1*deno2);
        printf("%lf\n", ncr);
}
```

프로그램의 실행결과는 다음과 같다.

```
10.006825
```

계산된 결과는 참값 10과 아주 가까운 값임을 알 수 있다. 이 프로그램은 복잡해 보인다. 그러나 실제로 하는 일은 비슷한 종류의 일을 세 번 반복하고 있을 뿐이다.

수학함수의 사용 예 – 삼각형의 넓이

한편, 삼각형에서 두 변의 길이 a 와 b 가 주어지고, 그 사이 각이 r 라디안으로 주어졌을 때 삼각형의 넓이는

$$\frac{1}{2}ab\sin(r)$$

이다. 다음 프로그램에서는 직각삼각형의 넓이를 이 공식으로 구해 본다.

프로그램 3.11

```
#include <stdio.h>
#include <math.h>

#define PI 3.141592653589793

void main( )
{
    double area, a=2., b=3., r;
    r=PI/2.;
    area = 1./2. * a * b * sin(r);
    printf("%lf\n", area);
}
```

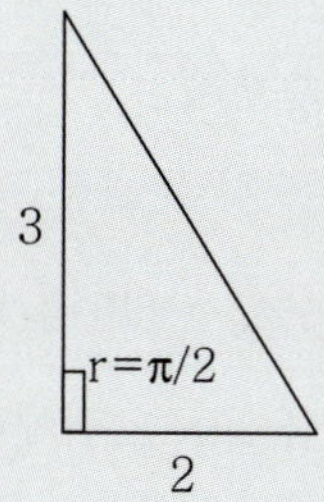

이 프로그램의 실행결과 출력되는 값은 3이다.

수학함수의 사용 예 – 인수로 사용되는 함수

함수는 다른 함수의 인수로 사용될 수도 있다. 통계학에서 많이 사용하는 표준정규분포함수는 다음과 같이 주어진다.

$$f(x) = \frac{1}{\sqrt{2\pi}} \exp\left(-\frac{x^2}{2}\right), \qquad -\infty < x < \infty$$

다음 프로그램은 인수에 함수를 사용하여, x=2.1에서의 함수 값을 구한다.

프로그램 3.12

```
#include <stdio.h>
#include <math.h>

#define PI 3.141592653589793

void main( )
{
    double fx, x=2.1;
    fx=1./sqrt(2.*PI)*exp(-pow(x,2.)/2.);
    printf("%lf\n", fx);
}
```

이 프로그램의 실행결과 출력되는 값은 0.043984이다.

실습문제

1. $\sqrt[3]{2}$ 를 구하는 프로그램을 작성하여 값을 구하여 보아라. 힌트: 함수 pow( )를 사용하여라.
2. 다음 함수 값을 구하여 출력하는 프로그램을 작성하여 실행시켜 보아라.

   sin(2.+3.) log(54./24) exp(1.+ 2.)

3. 다음 프로그램에서는 어떤 오류가 발생하는가? 발생이유를 적어라.

```
#include <stdio.h>
#include <math.h>
void main( ) { printf("%lf\n", sqrt(-2.)); }
```

4. log(−2.7)의 값을 구하는 프로그램을 작성하여 실행시켜 보아라. 어떤 결과가 나오는가?
5. 다음 수식의 값을 구하는 프로그램을 작성하여라.

   $e^{5.4}\,|323.|\,\sin(3.0)/2^3$

6. 반지름 r=1 인 원의 면적과 원둘레를 구하는 프로그램을 작성하고 실행시켜 보아라. 참고 : area = PI * r* r; circle = 2. * PI * r;

   printf(“area= %lf, circle=%lf\n” , area, circle);

7. e^{π}와 π^{e} 중 어느 것이 더 클까? 이를 알아보는 프로그램을 작성하고 실행시켜 보아라. 함수 pow 를 이용하여라. 이들 값을 계산하여 보면 각각 22.45와 23.14 중의 하나가 된다. 단, π값과 e 값을 위한 매크로 PI 와 EV 를 사용하여라.

```
#define PI  3.141592653589793
#define EV 2.718281828459045
```

8. 스털링의 공식을 이용하여 100!의 근사값을 구하는 프로그램을 작성하고 실행시켜 보아라.
9. 스털링의 공식을 이용하여 ${}_{50}C_{20}$의 근사값을 구하는 프로그램을 작성하고 실행시켜 보아라.
10. 확률에서 많이 사용하는 포아송 분포에서 확률은 다음 식으로 주어진다.

$$P(X=x)=\frac{r^x e^{-r}}{x!}, \quad x=0, 1, 2, \ldots$$

이 때, P(X=5)를 구하는 프로그램을 작성하고 실행시켜 보아라. 단, r=2. 다음을 참조하여라. xfact = x!(스털링공식); pr = pow(r,x)*exp(−r)/xfact;

11. 통계에서 많이 쓰이는 정규분포함수는 다음과 같다.

$$f(x)=\frac{1}{\sigma\sqrt{2\pi}}\exp\left(-\frac{(x-\mu)^2}{2\sigma^2}\right)$$

여기서 μ를 평균, σ를 표준편차라고 한다. 평균 μ=0, 표준편차 σ=1일 때, 함수값 $f(1.0)$을 구하는 프로그램을 작성하여 구하여 보아라.

12. 다음 프로그램을 실행시켜 보아라. 오류가 있으면 수정하여라. 왜 그런 오류가 생겼을까?

```
#include <stdio.h>
#include <math.h>
void main( ) { printf("%lf\n", abs(-1.7)); }
```

제 5 장

제어의 흐름 – 분기

1. 진리값
2. 비교연산자
3. 논리연산자
4. if-else 문
5. 다중 if-else 문
6. 다중 분기 switch 문
7. 조건부 연산자

1. 진리값

진리값은 참 혹은 거짓으로 나타나는 값이다. C 언어에서는 거짓값을 0으로, 참값을 0이 아닌 정수형 상수값으로 나타낸다.

진리값	대응정수값
거짓	0
참	0이 아닌 int 형 상수값

따라서 진리값을 다룰 때는 7이나 –5와 같은 값은 참인 값이 된다. 수학에서는 진리값을 T 혹은 F 로 표현하기도 하고 '참' 또는 '거짓'으로 표현하기도 한다.

2. 비교연산자

두 값을 비교하는 일이 필요한 때가 종종 있다. 예를 들어 "5가 500 보다 큰가?" 이와 같이 두 값을 비교하는 일은 비교연산자를 사용하면 된다. 먼저 다음 프로그램을 보자.

프로그램 2.1

```
#include <stdio.h>

void main( )
{
     int less, more ;
     less = 2 < 3 ;
     more = 3 < 2 ;
     printf("less = %d\n", less);
     printf("more = %d\n", more);
}
```

프로그램 실행결과는 다음과 같다.

```
less  = 1
more  = 0
```

프로그램 분석

■ less = 2 < 3 ;

먼저 2<3을 계산한다. 연산의 결과는 참이므로 1이 된다. 변수 less 에 1을 저장한다.

■ more = 3 < 2 ;

먼저 3<2를 계산한다. 계산값 0을 변수 more 에 할당한다.

비교연산의 결과 값은 0 또는 1이다. 연산결과가 거짓이면 0이 되고 참이면 1이 된다.

비교연산자의 종류

앞의 프로그램에서는 "크다" 와 "적다"의 두 가지 비교연산자를 사용하였는 데, 비교연산자에는 다음과 같은 것들이 있다.

연산자	의미
==	같다
>	크다
<	작다
>=	크거나 같다
<=	작거나 같다
!=	같지 않다

비교연산자는 두 개의 값을 비교하므로 이항연산자이다. 비교연산자는 사칙연산에서와 같이 하나의 연산식에서 몇 개를 사용할 수도 있다. 비교연산자들만 있을 때는 왼쪽부터 차례대로 연산이 이루어진다.

비교연산자의 실행순서 : 좌 → 우

다음 프로그램의 예를 보라.

프로그램 2.2

```
#include <stdio.h>
void main()
{
        int r;
        r = 2<3>= 4;
        printf("%d\n",r);
}
```

프로그램 분석

■ r = 2 < 3 >= 4 ;

등호 오른쪽의 연산식에는 비교연산자가 두 개 있다. 즉, ‘<’와 ‘>=’이다. 이런 경우에는 왼쪽의 연산자부터 실행한다. 따라서 2<3을 먼저 실행하여 값 1을 얻는다. 그 다음 이 결과를 이용하여 1>=4를 실행하면 0을 얻는다. 따라서 수식 2<3>=4의 연산결과는 0이다.

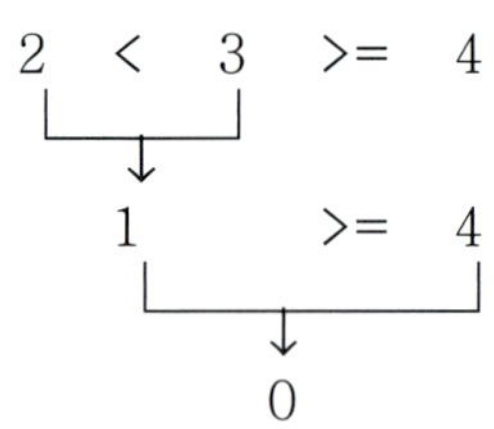

만약 연산 >= 부터 실행하려면 괄호를 써서 우선 순위를 조절할 수 있다.

r = 2<(3>=4) ;

비교연산자와 사칙연산자의 동시 사용

비교연산자와 사칙연산자, 나머지 연산자는 하나의 연산식에서 같이 사용할 수 있다. 이 때 연산의 우선 순위는, 사칙연산과 나머지 연산부터 먼저 실행하고 그 다음에 비교연산을 실행한다. 연산의 우선순위를 표로 나타내면 다음과 같다.

연산자 우선순위	결합방향
*　　/　　%	좌 → 우
+　　−	좌 → 우
<　　>　　<=　　>=	좌 → 우
==　　!=	좌 → 우

다음 프로그램은 우선 순위를 보여주는 예제 프로그램이다.

프로그램 2.3

```
#include <stdio.h>
void main()
{
        int val;
        val= 3 + 2 > 5 - 3 == 2;
        printf("val=%d\n",val);
}
```

출력결과는 다음과 같다.

```
val=0
```

프로그램 분석

■ val = 3 + 2 > 5 – 3 == 2 ;

연산 순서를 그려본다.

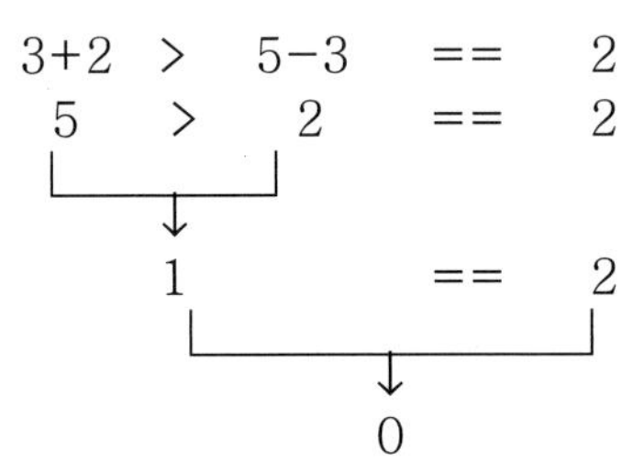

한편 비교연산자로 변수를 이용하여 시행할 수 있다.

```
int x=1, y=0, z=-1;
int result =  x >= y <= z;
```

와 같이 하면 result 에는 0이 저장된다.

실습문제

1. 다음 프로그램의 결과를 예측한 후 실행시켜 보아라.

```
#include <stdio.h>
void main( ) {
    int a=5, b=5, d;
    d = (a<=b) > -3;
    printf("진리값 = %d\n", d);
}
```

2. 다음 프로그램의 결과를 예측한 후 실행시켜 보아라.

```
#include <stdio.h>
void main( ) {
    int a=5, b=5, d;
    d =a != b;
    printf("진리값 = %d\n", d);
}
```

3. 다음 프로그램의 결과를 예측한 후 실행시켜 보아라.

```
#include <stdio.h>
void main( ) {
    int gic;
    gic =  4 >= 3 >= -2 !=1 ;
    printf("%d\n" , gic);
}
```

4. 다음 프로그램의 결과를 예측한 후 실행시켜 보아라.

```
#include <stdio.h>
void main( ) {
    int val;
    val = (5>=3) < (3!=4);
    printf("%d\n" , val);
}
```

5. 다음 프로그램의 결과를 예측한 후 실행시켜 보아라. 결과값이 그렇게 나온 이유를 설명하여라.

```
#include <stdio.h>
void main( ) {
        int result=7 * 3 - 2 >= 3 / 2 != 2;
        printf("%d\n", result);
}
```

6. 다음 프로그램의 결과를 예측한 후 실행시켜 보아라. 결과값이 그렇게 나온 이유를 설명하여라.

```
#include <stdio.h>
void main ( ) {
        int res = 1==2 <( 4-2>2*7+8);
        printf("%d\n", res);
}
```

7. 다음 프로그램의 결과를 예측한 후 실행시켜 보아라. 결과값이 그렇게 나온 이유를 설명하여라.

```
#include <stdio.h>
void main( ) {
        int x=3, y=0, z=-7;
        int res = x !=y > z < (z+y)*z;
        printf("%d\n", res);
}
```

3. 논리연산자

주어진 명제가 참이면 그 명제의 부정은 거짓이 된다. 또한 두 개 명제 중 하나는 참이고 다른 하나는 거짓이라면 두 명제의 곱은 거짓이 된다. 명제에 대한 이와 같은 논리연산은 흔히 사용된다. 논리연산자는 다음과 같은 것들이 있다.

논리연산자	수학 기호
!	NOT
&&	AND
||	OR

논리연산자 중 &&와 ||는 두 개의 항에 대한 논리연산이므로 이항연산자이고 !는 하나의 항에 대한 연산이므로 단항연산자이다. 먼저 단항 연산자인 !의 사용 예를 본다.

프로그램 3.1

```
#include <stdio.h>
void main( )
{
     int uni = !7;
     printf(“%d\n”,uni);
}
```

실행결과는 다음과 같다.

```
0
```

프로그램 분석

■ uni =!7 ;

먼저 등호의 오른쪽에 있는 연산식을 실행한다. !7에서 7은 참인 값으로 해석된다. 그리고 !(참값)의 연산을 실행하면 “참이 아닌 것”은 거짓이라는 연산 결과를 얻고 이에 해당하는 값 0을 얻는다.

다음은 이항연산자의 사용 예이다.

프로그램 3.2

```
#include <stdio.h>

void main( )
{
     int logic;
     logic = 0 && 1;
     printf( “%d\n”, logic);
}
```

실행 결과는 다음과 같다.

```
0
```

프로그램 분석

■ logic = 0 && 1;

0과 1을 논리곱 연산을 하여 그 결과를 logic 에 저장하여라. 진리값으로서의 0은 거짓, 1은 참이므로 연산결과는 거짓, 즉 0이 된다. 따라서 logic 에는 값 0이 저장된다.

논리연산자 우선 순위

하나의 연산식에서 논리연산자를 여러 개 사용할 수 있다. 이 때는 먼저 단항 연산자인 !부터 실행하고, 그 다음에 이항연산자인 &&, ||와의 순으로 실행한다. 논리연산자의 우선 순위를 적어보면

논리연산자	결합방향
!	왼쪽 ← 오른쪽
&&	왼쪽 → 오른쪽
||	왼쪽 → 오른쪽

프로그램 3.3

```
#include <stdio.h>

void main()
{
        int tf;
        tf =  0 || 1 && !1;
        printf("%\n",tf);
}
```

프로그램 분석

■ tf = 0 || 1 && !1;

등호의 오른쪽에 있는 연산식부터 실행한다. 연산식의 논리연산자 중에서 단항연산

자인 !1을 미리 시행하면 0이 된다. 즉,

```
0 || 1 && 0;
```

이 되고 이항연산자 ||와 &&를 왼쪽부터 실행한다. 즉, 0 || 1 을 실행하면

```
1 && 0;
```

가 되고 이의 연산은 0이 된다.

연산식에서 논리연산자가 여러 개 있을 때는 소괄호를 사용하여 연산의 우선 순위를 조정할 수 있다. 프로그램 3.3에서

```
tf = ( 0 || 1) && !1;
```

라고 하면 괄호 안의 연산자 ||부터 먼저 실행한다. 즉, 0 || 1부터 먼저 구한다.
논리연산자를 사용할 때도 변수를 사용할 수 있다.

```
int  x=1,  y=-1, z=0, t;
t = x || z && y;
```

와 같이 쓰면 변수 t 에는 1이 저장된다.

논리연산자와 비교연산자의 우선 순위

논리연산자는 비교연산자와 어울려 사용되는 경우가 흔하다. 연산에서는 단항연산부터 한 다음 이항연산을 한다. 따라서 단항연산자인 ! 부터 미리 한다. 이항연산에서는 비교연산부터 미리하고, 논리연산을 하게 된다. 즉 이항연산에서는 비교연산자가 논리연산자에 비해 우선 순위가 높다.

연산 우선 순위
!
<   >   <=   >=   ==   !=
&&
||

다음은 논리연산자와 비교연산자가 섞여 있는 예제 프로그램이다.

프로그램 3.4

```
#include <stdio.h>

void main( )
{
    int a =1, b =0, c=3, result;
    result = a > b || b == c;
    printf( "%d\n", result );
}
```

프로그램 분석

■ result = a>b || b==c;

비교연산자와 논리연산자가 있을 때는 비교연산을 먼저하고 그 다음에 논리연산을 한다. 비교연산을 먼저 수행하여 'a < b'의 값 1과 'b==c'의 값 0을 얻는다. 그 다음에는 1과 0 논리합연산 '0 || 1'을 하여 1을 얻는다. 이와 같은 연산식에서는 괄호를 붙여

result = (a > b) || (b == c);

와 같이 괄호를 쓰는 것이 좋다.

사칙 연산자, 논리연산자와 비교연산자의 우선 순위

사칙, 비교, 논리연산자의 연산 우선 순위를 정리하면 다음 표와 같다.

연산 우선 순위			
!			
*	/	%	
+	−		
<	<=	>	>=
==	!=		
&&			
||			

다음 프로그램은 연산자 우선 순위에 관한 예제이다.

프로그램 3.5

```
#include <stdio.h>
void main( )
{
        int result=2 + !3 || 3 <= 7;
        printf("%d\n",result);
}
```

프로그램의 실행 결과는 다음과 같다.

```
1
```

프로그램 분석

■ 2 + !3 || 3 <= 7 ;

연산되는 순서대로 적어보면 다음과 같다.

```
2 + 0 || 3 <= 7
    2 || 3 <= 7
    2 ||    1
         1
```

실습문제

1. 다음 프로그램의 결과를 예측하고 실행시켜 보아라.

```
#include <stdio.h>
void main( ) {
    int a =1, b =3, c=3, result;
    result = (a > b) || (b != c);
    printf( "%d\n", result);
}
```

2. 다음 프로그램의 결과를 예측하고 실행시켜 보아라.

```
#include <stdio.h>
void main( ) {
    int a =12, b =3, result;
    result = (a > b) && (!b);
    printf( "%d\n", result);
}
```

3. 다음 프로그램의 결과를 예측하고 실행시켜 보아라.

```
#include <stdio.h>
void main( ) {
    int v= !1 || 0 && 1;
    printf("%d\n" , v);
}
```

4. 다음 프로그램의 결과를 예측하고 실행시켜 보아라.

```
#include <stdio.h>
void main( ) {
    int x=7, y=0, z=-4;
    int  r= x && !y || z;
    printf("%d\n", r);
}
```

5. 다음 프로그램의 결과를 예측한 후 실행시켜 보아라. 왜 그런 결과가 나왔는지 설명하여라.

```
#include <stdio.h>
void main ( ) {
    int result;
    result=2 + 3 || 5 % 7 && 3+ !0;
    printf("%d\n", result);
}
```

6. 다음 프로그램의 결과를 예측한 후 실행시켜 보아라. 왜 그런 결과가 나왔는지 설명하여라.

```
#include <stdio.h>
void main( ) {
    int x=0, y=1, z=3, res;
    res= x+y||y-z&&!x/y;
    printf("%d\n", res); }
```

4. if – else 문

계산을 하다가 보면 조건에 따라서 하는 일이 달라야 하는 경우가 생긴다. 예를 들어 어떤 수가 짝수인지 홀수인지를 출력하려고 하는 경우, 주어진 수를 2로 나누어 나머지가 0이면 짝수라고 출력하고, 나머지가 1이면 홀수라고 해야 하는 경우가 있다. 이러한 경우에 C 언어에서 if–else 문을 사용하면 된다.

명령어는 "if–else" 는 주어진 조건에 맞는지의 여부를 조사하여 이에 따라 일을 처리하는 데 사용된다. "if–else"를 사용하는 형식은 다음과 같다.

```
if( 조건식 )
{
        명령줄들...
}
else
{
        명령줄들...
}
```

즉, if 다음에 소괄호, 그 다음에 중괄호로 둘러 쌓인 블록문이 나온다. 그리고 else 다음에 또 블록문이 나온다. 여기에서 사용되는 두 단어 if 와 else 는 C 언어의 예약어이다. if–else 문의 실행방법은 다음과 같다.

조건식의 계산 결과가

참 : 조건식 다음의 if–블록문을 수행한 후 if–else 문을 빠져 나간다.
거짓 : else 다음의 else–블록문을 수행한 후 if–else 문을 빠져 나간다.

"if–else 문을 빠져 나간다"고 하는 것은 else 다음에 있는 블록문 다음의 명령문으로 실행이 옮겨지는 것을 의미한다.

다음은 if–else 문을 사용하여 주어진 수가 홀수이면 홀수라고 출력하고 짝수이면 짝수라고 출력하는 프로그램이다.

프로그램 4.1

```
#include <stdio.h>

void main( )
{
    int ind, num;
    scanf("%d", &num);
    ind = num % 2;
    if ( ind == 0)
    {
        printf("%d 는 짝수\n", num);
    }
    else
    {
        printf("%d 는 홀수\n", num);
    }
    printf("if-else 문을 빠져 나옴\n");
}
```

프로그램 실행결과는 다음과 같다.

```
122
122 는 짝수
if-else 문을 빠져 나옴
```

프로그램 분석

■ if (ind == 0)

if 문은 조건식은 ind 에 저장된 값과 0이 같은지를 비교하는 것이다.

■ if (ind == 0)

```
{
    printf("%d 는 짝수\n", num);
}
else
{
    printf("%d 는 홀수\n", num);
}
```

연산 'ind==0'의 결과가 참이면 조건식 다음의 블록이 실행된다. 아니면 else 의 블록이 실행된다.

■ printf("if-else 문을 빠져 나옴\n");
이 명령줄은 if-else 문을 빠져 나온 후 실행된다.

프로그램 4.1에서 if-else 문의 블록문 안에는 하나의 명령줄만 있었다. 그러나 블록문 안에는 필요한 만큼의 명령줄을 추가할 수 있다. 블록문 안에 명령줄이 필요 없으면 이를 생략하여도 된다. 다음은 이에 관한 예제 프로그램이다.

프로그램 4.2

```
#include <stdio.h>

void main( )
{
    int num ;
    scanf("%d", &num);
    if ( (num % 2) == 0)
    {
        printf("%d 는 짝수 \n", num);
        printf("참 좋습니다! \n");
    }
    else
    {

    }
}
```

실행시켜 입력값을 36으로 하고 결과를 보면 if 다음에 나오는 중괄호로 쌓인 두 개의 명령문이 수행되었음을 알 수 있다.

```
36는 짝수
참 좋습니다!
```

프로그램 분석

■ if ((num % 2) == 0)

if 조건문 안에서는 나머지 연산과 비교연산 두 가지를 하도록 되어 있다. 먼저 괄호 안의 나누기 연산을 실행한 다음, 그 결과를 이용하여 비교연산을 한다. 조건식이 참이면 조건식 다음의 블록문을 거짓이면 else 다음의 블록문을 실행한다.

else 의 생략

프로그램 4.2에서 else 다음에 나오는 블록문 안에는 실행할 명령줄이 없다. 이러한 경우에는 else 문과 따라 나오는 블록문을 생략할 수 있다. 즉, 프로그램 4.2는 다음과 같이 쓸 수 있다.

프로그램 4.3

```
#include <stdio.h>

void main( )
{
     int num ;
     scanf("%d", &num);
     if ( (num % 2) == 0)
     {
          printf("%d 는 짝수 \n", num);
          printf("참 좋습니다! \n");
     }
}
```

블록문의 괄호 생략하기

if–else 문에는 중괄호로 둘러쌓인 블록문이 나오는 데, 만약 블록문 안에 명령줄이 하나만 있다면 블록문을 나타내는 중괄호를 생략할 수도 있다.

프로그램 4.4

```
#include <stdio.h>

void main( )
{
      int x, y;
      printf("x   y \n");
      scanf(" %d   %d", &x, &y);
      if ( x > y)
               printf("x 가 큼\n");
```

```
        else
                printf("y 가 큼\n");
}
```

흔히 하는 실수

비교를 위한 문장

```
if(a==1) ...;
```

의 괄호 안은 변수 a 에 저장되어 있는 값이 1과 같은지를 비교하는 것이다. 이 경우에 흔히 다음과 같은 실수를 범한다.

```
if(a=1) ...;
```

여기에서는 먼저 변수 a 에 값 1을 저장하게 되고, 그 다음에 a 에 저장된 값이 거짓인지 참인지를 확인하게 된다. 변수 a 에 1이 저장되어 있으므로 if( )문의 결과는 항상 참이 되어 의도하지 않은 결과를 가져오게 된다. 이와 같은 오류는 발견하기 어려운 것 중의 하나이다.

If 문을 이용한 두 변수에 기억된 값을 크기 순으로 정렬하기

두 개의 기억장소 즉, 변수에 저장되어 있는 값을 크기 순으로 나열하는 다음 프로그램을 보자.

프로그램 4.5

```
#include <stdio.h>

void main( )
{
    int x=7, y=3, temp;
    if ( x > y)
    {
        temp = x;
        x=y;
        y=temp;
    }
```

```
        printf( "x=%d\n", x);
        printf( "y=%d\n", y);
}
```

실행결과를 보면 if 다음에 나오는 중괄호로 쌓인 두 개의 명령문이 수행되었음을 알 수 있다.

```
x=3
y=7
```

프로그램 분석

■
```
if ( x > y)
{
    …
}
```

만약 변수 x 에 저장되어 있는 값이 변수 y 에 저장되어 있는 값보다 크면 if 문 다음의 블록문을 실행한다.

■
```
if ( x > y)
{
    temp = x;
    x=y;
    y=temp;
}
```

블록 안은 변수 x 와 변수 y 에 저장된 값을 맞바꾸는 일을 한다.

파일 열기 성공의 확인

함수 fopen 을 사용하여 파일 열기를 할 때, 해당 파일이 해당 폴더에 없는 경우에는 문제가 발생한다. 즉, 파일 열기를 할 수 없게 되며 파일이 열리지 못하였으므로 파일읽기 등의 일을 할 수 없게 된다. 따라서 함수 fopen 이 성공적으로 파일을 열었는지를 확인하는 일이 필요하다. 함수 fopen 이 해당 파일을 열지 못하는 경우에는 주소값 NULL, 즉 0이 반환된다. 한편, 파일이 열린 경우에는 파일에 대응되는 NULL 이 아닌 주소값이 반환된다.

함수 fopen()의 실행 결과	
파일 열기 성공 :	NULL, 즉, 0이 아닌 주소값
파일 열기 실패 :	NULL

예를 들어 파일 aaa,txt 은 다음과 같은 값이 저장되어 있다고 하자.

23 57 99

다음은 읽기 형식으로 이 파일을 열 때, 파일 열기가 실패하면 프로그램 실행을 종료하고 아니면 파일을 읽어 콘솔창으로 출력하는 프로그램이다.

프로그램 4.6

```
#include <stdio.h>

void main()
{
    int x;
    FILE *fp=fopen("aaa.txt", "r");
    if(fp != NULL) {
        fscanf(fp, "%d", &x);
        printf("%d\n", x);
        fclose(fp);
    }
}
```

실습문제

1. 키보드로 하나의 숫자를 입력하여 홀수이면 '홀수'라고 출력하는 프로그램을 작성하여라.
2. 키보드로 입력한 정수가 3의 배수이면 '3의 배수', 아니면 '3의 배수가 아님'이라고 출력하는 프로그램을 작성하여라.
3. 키보드로 입력한 문자가 'a'이면 'a 가 입력되었음', 아니면 'a 가 아님'이라고 출력하는 프로그램을 작성하여라.
4. 정수로 된 성적(0~99)을 키보드로 입력하여 90~94점이면 'A'라고 출력하는 프로그램을 작성하고 실행시켜 보아라. 참고. if(x>= 90 && x<=94).

5. 삼각형의 넓이를 구하려고 한다. 두 개의 수 즉, 밑변과 높이를 키보드로 입력하여 두 수 모두 양수이면 넓이를 구하고 아니면 '면적 못 구함'이라는 메시지를 출력하는 프로그램을 작성하여 실행하여라.

   참고 : if(a>0 && b>0) { s=a*b/2; printf("%f\n", s); }
   else printf(" 면적을 구할 수 없음.\n")

6. 원의 넓이를 구하려고 한다. 반지름을 키보드로 입력하여 양수이면 넓이를 구하고 아니면 '면적 못 구함'이라는 메시지를 출력하는 프로그램을 작성하여 실행하여라.

7. 나이를 키보드로 입력받아, 0~18이면 '미성년', 18보다 크면 '성년'이라고 출력하는 프로그램을 작성하여 실행하여라.

8. 프로그램 4.6에서 fopen("aaa.txt", "r")의 aaa.txt 를 aaa00.txt 로 고친 후 실행시켜 보아라. 어떤 결과가 나타나는가?

5. 다중 if – else 문

조건 분기문인 if–else 문은 조건식에 맞는지의 여부에 따라 분기한다. 만약 조건식이 몇가지 값에 따라 다른 일을 해야하는 경우에는 if–else 문을 확장한 다중 if–else 문을 사용하면 된다. 먼저 중첩된 if–else 문을 본다.

중첩된 if–else 문

분기문 if–else 의 if 블록 또는 else 블록 안에는 또 다른 if–else 문을 사용할 수 있다. 다음 프로그램을 보자.

프로그램 5.1

```
#include <stdio.h>

void main( )
{
    int age, weight;
    printf("나이  체중\n");
    scanf("%d %d", &age, &weight);

    if ( age >= 20)
    {
```

```
        printf( "성인\n");
        if(weight>70)
        {
            printf("과체중\n");
        }
        else
        {
            printf("정상체중\n");
        }
    }
    else
    {
        printf( "미성년\n");
    }
}
```

이 프로그램에서 if 블록문 안에 if-else 문이 중첩되어 있다. 이와 같은 if-else 문을 **중첩된** if-else 문이라고 한다. 예제 프로그램의 if-else 문의 구조를 나타내면 다음과 같다.

```
if(age >=20)
{
    if(weight >70)
    {
        …
    }
    else
    {
        …
    }
}
else
{
    …
}
```

중첩된 if-else 문을 사용하면 조건을 세 가지 이상의 영역으로 나누어 일을 수행하는 것이 가능하다. 사과를 무게에 따라 다음과 같이 상품, 중품, 하품으로 나눈다고 가정하자.

200g 이상 – 상품
150g ~ 200g – 중품
150g 이하 – 하품

사과의 무게를 입력받아 상품, 중품 혹은 하품으로 출력하기 위하여 중첩된 if-else 문을 사용하여 프로그램을 작성하면 다음과 같다.

프로그램 5.2

```
#include <stdio.h>

void main( )
{
    int weight;
    scanf("%d", &weight);
    if ( weight >= 200)
    {
        printf( "상품\n");
    }
    else
    {
        if ( weight < 200 && weight > 150)
        {
            printf( "중품\n");
        }
        else
        {
            printf( "하품\n");
        }
    }
}
```

사과의 무게를 세 개의 영역으로 나누기 위해 if-else 문의 else 블록문 안에 다시 if-else 문을 사용하였다. 즉,

```
if(weight >=200)
{
    ...
```

```
    }
    else
    {
        if(weight >150)
        {
            ...
        }
        else
        {
            ...
        }
    }
```

프로그램 5.2에서 나누어지는 조건의 구간을 그림으로 나타내어 보면 다음과 같다.

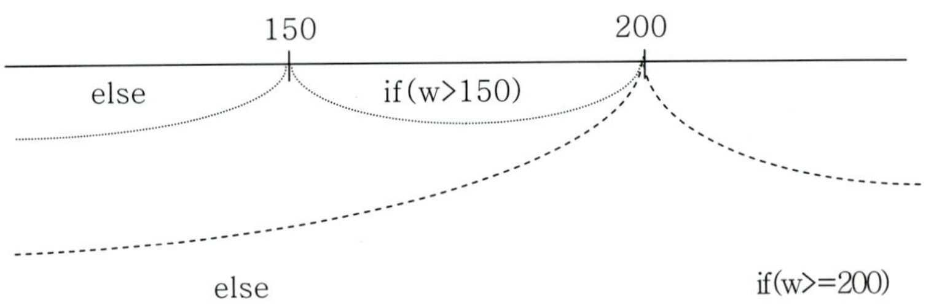

다중 if-else 문

프로그램 5.2에서는 세 개의 영역으로 나누기 위하여 중첩된 if-else 문을 사용하였는데 이러한 경우에는 다중 if-else 문을 쓰면 편리하다.
즉, 조건이 두 개 이상 나누어지는 경우에는 다중 if-else 문을 사용하면 코드작성이 간편해진다. 다음은 프로그램 5.2를 다중 if-else 문을 이용하여 다시 작성한 것이다.

프로그램 5.3

```
#include <stdio.h>

void main( )
{
    int weight;
    scanf("%d", &weight);
```

```
    if ( weight >= 200)
    {
        printf( "상품\n");
    }
    else if ( weight > 150)
    {
        printf( "중품\n");
    }
    else
    {
        printf( "하품\n");
    }
}
```

이 프로그램에서 다중 if–else 문의 구조는 다음과 같다.

```
if(weight >=200)
{
    …
}
else if(weight >150)
{
    …
}
else
{
    …
}
```

조건의 구간을 그림으로 나타내어 보면 다음과 같다.

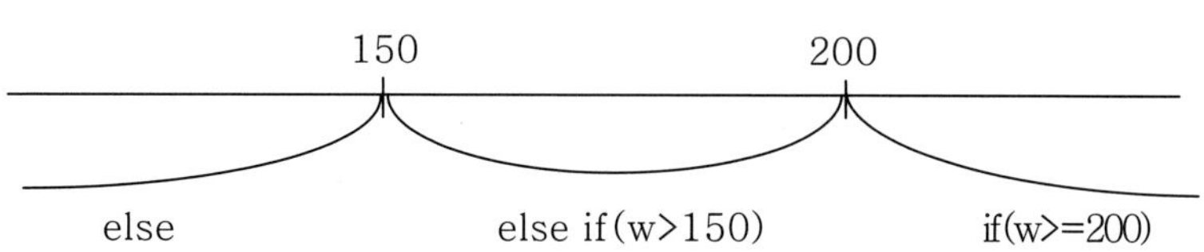

조건문이 두 개 이상의 영역으로 나누어진 조건에 대하여 일을 처리할 때는 중첩된 if–else 문보다는 다중 if–else 문을 사용하는 것이 간편하다.

다중 if-else 문에서는 “else if”를 여러 번 사용해서 조건 영역을 나눌 수 있다. 다음 프로그램은 조건영역을 다섯 개로 나누는 예이다. 이 프로그램에서는 성적을 입력하고 값에 따라 A, B, C, D, F 를 출력한다.

프로그램 5.4

```
#include <stdio.h>

void main( )
{
        int score;
        scanf(“ %d”, &score);
        if(score > 90)
              printf(“A\n”);
        else if(score > 80)
              printf(“B\n”);
        else if(score > 70)
              printf(“C\n”);
        else if(score > 60)
              printf(“D\n”);
        else
              printf(“F\n”);

}
```

실습문제

1. 다음의 중첩된 if-else 문을 다중 if-else 문으로 고쳐 작성하고 두 프로그램의 실행결과가 같은지 비교하여라. 참고, 먼저 조건식의 영역을 그림으로 나타내어 보아라.

```
#include <stdio.h>
#include <math.h>
void main() {
      double x, value;
      scanf(“%lf”, &x);
      if(x>0.) {
         if(x>100.)
              value = 100.;
         else
```

```
        value =x;
      }
    else {
      if(x<-100.)
          value = -100.;
      else
          value = exp(x);
    }
    printf("%lf\n", value);
}
```

2. 프로그램 5.4에서 if-else 문의 조건의 구간을 그림으로 나타내어라.
3. 자동차 엔진의 용량에 따라 소형, 중형, 대형으로 분류하고 다음 표에 따라 세금을 매기려고 한다.

엔진 용량	구분	세금
1000cc 미만	소형	1000*80
1000 ~ 1500cc 미만	중형	1000*90
1500cc 이상	대형	2000*100

엔진 용량을 키보드로 입력 받은 후 다중 if-else 문을 이용하여 차량의 구분과 세금을 출력하는 프로그램을 작성하여라.

4. 사과의 개수와 무게를 키보드로 입력받아 가격을 산출하는 프로그램을 작성하여라. 다중 if-else 문을 사용하여라. 무게에 따른 개당 가격은 다음 표와 같다.

굵기	표시	개당가격(원)
특대	500 이상	500
대	400~499	300
중	300~399	200
소	200~299	300
특소	199 이하	200

6. 다중 분기 switch 문

여러 개의 조건 중에 하나를 선택하는 명령문 중에 switch 문이 있다. 명령문 switch 는 다중 if–else 와 같은 분기 명령문이다.

다음은 하나의 영문자를 입력받아 'a'이면 apple, 'b'이면 banana 를 출력하고, 그 이외에는 '모름'이라고 출력하는 다중 if–else 문을 사용하는 프로그램이다.

프로그램 6.1

```
#include <stdio.h>

void main( )
{
    char s;
    scanf("%c", &s);

    if(s == 'a')
            printf( "apple\n");
    else if(s == 'b')
            printf( "banana\n");
    else
            printf( "모름\n");
}
```

이 프로그램은 다음과 같이 switch 문을 이용하여 간단하게 나타낼 수 있다.

프로그램 6.2

```
#include <stdio.h>

void main( )
{
    char s;
    scanf("%c", &s);

    switch (s)
    {
        case 'a' :
            printf( "apple\n");
            break;
        case 'b' :
            printf( "banana\n");
```

```
            break;
        default :
            printf( "모름\n");
    }
}
```

이 프로그램에서 switch 문의 조건문은 변수 이름만 들어간다. 즉,

```
switch(s)
```

변수 s 에 저장되어 있는 값이 'a'이면 처음의 case 부분

```
case 'a' :
    printf( "apple\n");
    break;
```

를 실행한다. 여기에서 break 문은 반드시 적어 주어야 한다. 변수 s 에 저장되어 있는 값이 'b'이면

```
case 'b' :
    printf( "banana\n");
    break;
```

를 실행한다. 만약 변수 s 에 저장되어 있는 값이 'a'도 아니고, 'b'도 아니면

```
default :
    printf( "모름\n");
```

부분을 실행한다. 여기에서는 break; 명령줄이 없어도 된다.

분기명령문 switch 문에서 break 명령줄은 블록을 빠져나가기 위해 사용된다. 만약 프로그램에서 다음과 같이 break 문을 모두 생략하면 세 가지 경우가 모두 실행되게 된다.

프로그램 6.3

```
#include <stdio.h>

void main( )
{
    char s;
    scanf("%c", &s);

    switch (s)
    {
        case 'a' :
            printf( "apple\n");
        case 'b' :
            printf( "banana\n");
        default :
            printf( "모름\n");
    }
}
```

이 프로그램을 실행시켜 키보드로 문자 'a'를 입력하면 출력 결과는 다음과 같다.

```
apple
banana
모름
```

이는 break 문을 생략하여 세부분이 모두 실행되었기 때문이다. 한편 문자 'b'를 키보드로 입력하면 case 'b': 에 해당하는 부분 이후가 모두 실행되어 다음의 출력결과를 얻는다.

```
banana
모름
```

문자 'a'나 'b'가 아닌 다른 문자를 입력하면 출력결과는 다음과 같다.

```
모름
```

분기명령문 switch 를 사용할 때는 case 다음의 break 문을 반드시 적어야 한다.

break 문의 의도적 생략

한편 switch 문에서 소문자 'a'와 대문자 'A'에 대하여 같은 일을 하게 하려면 다음과 같이 의도적으로 break 문을 생략할 수 있다. 즉,

```
case 'a':
case 'A':
printf("letter a or A\n");
break;
```

switch 문의 조건식에 사용되는 변수는 반드시 char 형 또는 int 형이어야 한다.

실습문제

1. 사과의 개수와 굵기 ('b', 'm', 's')를 키보드로 입력받아 가격을 계산하는 프로그램을 작성하고 실행시켜 보아라. switch 문을 사용하여라. 굵기에 따른 개당 가격은 다음과 같다.

굵기	표시	개당가격(원)
대	'b'	1000
중	'm'	800
소	's'	500

2. 남자와 여자에 대한 구분문자 ('m', 'f')를 키보드로 입력받아 'm'이 입력되었으면 '남자'라고 출력하고, 'f'가 입력되었으면 '여자'라고 출력하는 프로그램을 작성하여라. 'm' 이나 'f' 이외의 문자가 입력되면 '중성'이라고 출력하여라.
3. 햄버거, 치즈버거, 피시버거에 대한 구분문자 ('h', 'c', 'f')를 키보드로 입력받아 'h'이 입력되었으면 '햄버거', 'c'가 입력되었으면 '치즈버거', 그리고 'f'가 입력되면 '피시버거'라고 출력하는 프로그램을 작성하여라.

7. 조건부 연산자

if−else 조건문은 많이 쓰이는 명령문이다. C 언어에서는 if−else 조건문을 간단하게 나타내는 축약명령문을 가지고 있다. 먼저 if−else 를 이용하여 키보드로 숫자를 읽어 절대값을 계산하는 프로그램을 보자.

프로그램 7.1

```
#include <stdio.h>

void main( )
{
    int x, y;
    scanf("%d", &x);

    if(x>0)
        y = x;
    else
        y= −x;

    printf("%d  의 절대값은 %d\n", x, y);
}
```

프로그램 7.1에서는 절대값을 구하기 위하여

```
if(x>0)
    y = x;
else
    y= −x;
```

라는 if−else 문을 사용하고 있다. 이는 다음과 같이 줄여서 나타낼 수 있다.

```
y = (x>0) ? x : −x;
```

이 명령문의 의미는 다음과 같다.

x>0 가 참이면 y=x, 거짓이면 y=−x 로 하여라.

이와 같이 if-else 문을 대신하는 기호 ?와 :를 **조건부 연산자**라고 한다. 조건부 연산자는 두 개의 연산자 ?와 : 로 구성되며 연산항은 세 개가 된다. 즉, 연산자 ?는 삼항연산자이다.

다음은 조건부 연산자를 이용하여 두 수 중 큰 수를 구하는 프로그램이다.

프로그램 7.2

```
#include <stdio.h>

void main( )
{
    int x, y, max;
    scanf("%d %d", &x, &y);

    max = (x>y) ? x : y ;

    printf("%d 와 %d 중 큰 수= %d\n", x, y, max);
}
```

실습문제

1. 다음 프로그램의 출력결과는 어떻게 나올까?

```
#include <stdio.h>
void main( ) {
    int x;
    scanf("%d", &x);
    (x%2 ==0 ) ? printf("짝수\n") : printf("홀수\n");
}
```

2. 다음 프로그램을 실행하여 얻은 결과를 적어라. 왜 그와 같은 결과를 얻게 되었는지 설명하여라.

```
#include <stdio.h>
void main( ) {
    int x;
    x=(3>7)?(3==7) : (3<7);
    printf("%d\n", x);
}
```

3. 다음 프로그램을 조건부 연산자를 이용하여 재작성하여라.

```
# include <stdio.h>
void main( ){
```

```
    int donna;
    scanf("%d", &donna);
    if(donna>0)
      printf("positive\n");
    else
      printf("negative\n");
}
```

4. 다음 프로그램에서 조건부 연산자를 if-else 문을 이용하여 다시 작성하고 두 프로그램을 실행시켜 같은 결과를 가져 오는지 비교하여라.

```
#include <stdio.h>
void main( ) {
    int  tvalue, x, y;
    scanf("%d %d", &x, &y);
    (y==0)? (tvalue =999): (tvalue=x/y);
    printf("%d\n", tvalue);
}
```

제 6 장

제어의 흐름 – 반복

1. while 반복문
2. do-while 반복문
3. for 반복문
4. break, continue, goto 명령문
5. 난수 발생과 흉내내기
6. 적분법과 방정식의 해 구하기
7. 파일의 끝까지 읽기

이 장에서는 반복문에 대하여 공부한다. C 언어의 반복문은 while 문, for 문이 있다. 그리고 이들과 관련된 문제들을 다룬다.

1. while 반복문

콘솔창에 3번 반복하여 "Hello!"라고 출력하는 일을 프로그램하려면 어떻게 하면 될까? 이것은 다음과 같이 printf 문을 세 번 반복해서 쓰면 된다.

프로그램 1.1

```
#include <stdio.h>

void main( )
{
     printf("Hello!\n");
     printf("Hello!\n");
     printf("Hello!\n");
}
```

만약, 그럴 일은 별로 없겠지만, "Hello!"라는 문장을 콘솔창에 1000번 출력하려면 어떻게 하면 될까? 아마 프로그램 1.1에서와 같이 함수 printf 를 1000번 반복해서 쓰면 될 것이다. 이것은 가능한 일이긴 하지만 아주 불편하고 번거로운 일이다.

반복해서 하는 일의 경우 while 명령문을 사용하면 편리하다. 명령어 while 을 사용하는 반복수행문을 **while 반복문**이라고 하며 다음과 같은 구조로 되어 있다.

```
while ( 조건식 )
{
          명령문들...
}
```

while 반복문은 while 이라는 고유어로 시작하여 소괄호 사이에 조건식이 따라 나오며, 조건식의 뒤에 중괄호와 명령문으로 된 블록문이 나온다. while 문을 실행하게 되는 경우, 먼저 조건식의 값을 계산하고, 이 값이 참이면 따라오는 블록문 내부의 명령문들이 실행되고, 거짓이면 블록문 다음의 명령문이 실행된다.

블록문의 실행은 중괄호에서 시작하여 그 안의 명령줄들을 차례대로 실행하고, 닫는 중괄호가 나오면 다시 조건식의 값을 계산하여 블록문을 실행할지를 결정짓게 된다.

앞의 프로그램 1.1을 while 반복문을 써서 작성해 본다.

프로그램 1.2

```
#include <stdio.h>

void main( )
{
      int i=0;
      while(i<3)
      {
         printf("Hello!\n");
         i++;
      }
      printf("World!\n");
}
```

프로그램의 실행결과는 다음과 같다.

프로그램 1.2를 보면 먼저 변수 i 에 값 0을 저장한 후, while 문으로 들어간다. 변수 i 에 저장된 값은 while 문의 조건식 "i<3"이 참인지를 판단하는 데 쓰이며, 참인 경우에만 블록문을 실행하게 된다. 블록문 안에서는 i 의 값이 1씩 증가되도록하는 명령줄 "i++;" 을 수행하고 나면 블록의 마지막에 있는 }를 만나면 다시 조건식으로 실행이 옮겨지게 된다. 이와 같이 블록문의 반복실행을 위해 사용되는 변수를 **반복변수**라고 한다. 반복수행문 while 의 구조를 반복변수를 써서 다시 나타내면 다음과 같다.

```
반복변수 초기화;
while ( 반복변수에 관한 조건식 )
{
        명령문들...;
        반복변수의 값 변화;
}
```

그림 1.1에는 프로그램 1.2의 실행 순서를 나타내었다.

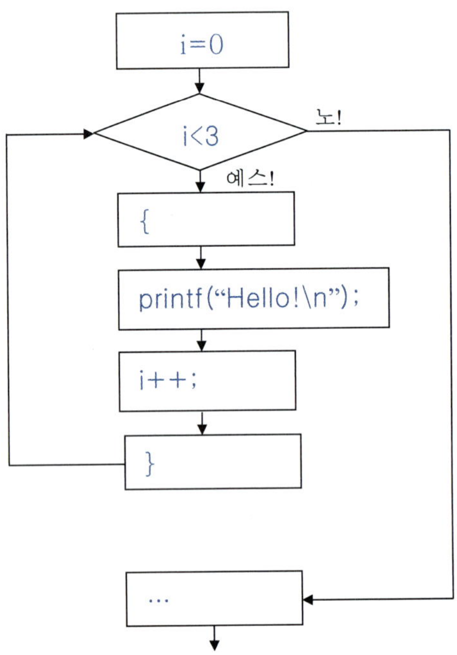

그림 1.1 프로그램 1.2 의 while 문 순서도

한편, while 문을 이용하면

$$1+2+3+\cdots+10$$

과 같은 합을 구하는 일을 간단히 할 수 있다. 프로그램 1.3을 보자.

프로그램 1.3

```
#include <stdio.h>

void main( )
{
    int i, sum = 0 ;
    i =1 ;
    while(i <= 10)
    {
        sum += i;
        i++;
    }
    printf (“1+...+10=%d\n”,sum);
}
```

프로그램의 출력결과는 다음과 같다.

```
1 + ... + 10 = 55
```

프로그램 분석

■ int i , sum = 0 ;

변수 i 와 sum 을 선언한다. 합계를 저장할 변수 sum 의 값은 0으로 초기화한다. 변수 i 는 다음에 나오는 while 문에서 반복변수로 사용된다.

■ i = 1;

while 문의 조건식에 사용될 변수 i 의 값을 1로 초기화한다.

■ while(i <= 10)

```
{
    ...
}
```

while 다음의 소괄호 안은 반복변수에 관한 조건식이 들어간다. 조건식 ‘(i<=10)’ 이 참이면 따라 나오는 블록문을 수행한다. 거짓이면 블록문 안의 명령문은 수행되지 않고 while 문을 빠져 나온다.

■ sum += i;

변수 sum 에 저장되어 있는 값과 변수 i 에 저장되어 있는 값을 더한 결과를 변수 sum 에 저장한다. 다음에 'i++;'문에 의해 i 의 값이 1, 2, 3, . . . , 10으로 변하므로, while 문에 의하여 sum 에는 1+ 2+ 3+...+10의 값이 저장되게 된다.

■ i++;

while 명령문 블록 내에서 반복변수 i 의 값을 증가시킨다. 증가된 값은 while 문의 조건식의 연산에 사용된다.

다음과 같은 합을 구하고자 하는 경우를 생각해 보자.

$$5 + 6 + 7 + 8 + 9 + 10$$

이 때는 다음과 같이 반복변수의 초기값을 조절하면 된다.

프로그램 1.4

```
#include <stdio.h>

void main( )
{
    int i, sum = 0 ;
    i =5 ;
    while( i <= 10 )
    {
        sum += i;
        i++;
    }
    printf("5+ ... + 10 = %d\n", sum);
}
```

프로그램 분석

■ i =5 ;

반복변수 i 의 초기값을 5로 한다. 따라서 따라 나오는 while 문에서는 5부터 합하게 된다.

한편, 수열의 합

$$3 + 5 + 7 + 9$$

을 구하고자 하는 경우는 다음과 같이 반복변수의 증가치를 조절하면 된다.

프로그램 1.5

```
#include <stdio.h>

void main( )
{
    int i =3, sum = 0 ;
    while( i < 10 )
    {
        sum += i;
        i += 2;
    }
    printf("3+5+7+9 = %d\n", sum);
}
```

프로그램 분석

■ i += 2;

반복변수 i 의 값을 2씩 증가시킨다. 변수 i 의 값은 3, 5, . . . 로 홀수가 된다.

앞의 프로그램에서는 반복변수의 값을 증가시켜 가면서 합을 구하였다. 그러나 반복변수의 값을 감소시켜 가면서 합을 구하여도 된다. 이 때는 반복변수의 초기값과 while 문의 조건식을 이에 맞게 조절하여야 한다. 다음은 10+9+8+ · · · +5 를 구하는 프로그램이다.

프로그램 1.6

```
#include <stdio.h>

void main( )
{
    int i, sum = 0 ;
    i =10 ;
```

```
    while( i > 4 )
    {
        sum += i;
        i--;
    }
    printf("10 + 9+... + 5 = %d\n", sum);
}
```

프로그램 분석

■ #include <stdio.h> ;

다음에 나오는 함수 printf()를 사용하기 위해 필요하다.

■ i =10 ;

반복변수 i 의 초기값을 10으로 한다.

■ while(i > 4)

while 문은 반복변수에 관한 조건식에 의해 i 의 값이 4보다 큰 경우에만 시행된다.

■ i--;

while 블록문에서 반복변수 i 의 값을 1씩 감소시킨다.

while 블록문의 괄호 생략

while 은 조건식과 블록문으로 구성되어 있다. 즉,

```
while(조건식)
{
    명령줄들...
}
```

만약 블록문 안에 명령줄이 하나만 있다면 블록문을 나타내는 중괄호를 생략할 수 있다. 즉,

```
while(조건식)
    명령줄;.
```

과 같이 쓸 수 있다. 구체적인 예는 다음과 같다.

```
int i=0;
while ( i < 5 )
    i++;
```

흔히 하는 실수

while 반복문을 사용할 때, 다음 프로그램에서와 같은 실수를 흔히 한다.

프로그램 1.7

```
void main( )
{
    int i=0;
    while( i < 4 );
    {
        i++;
    }
}
```

이 프로그램에서는 while 의 조건식 다음에 세미콜론이 있어, 위의 프로그램은 실제로 다음과 같은 것이 된다.

프로그램 1.8

```
void main( )
{
    int i=0;
    while( i < 4 )
    {
        ;
    }

    {
        i++;
    }
}
```

따라서 while 반복문에서 반복변수 i 의 값이 변화가 없으므로 항상 0이 되어 조건식 'i<4'의 값은 항상 참이 되어 while 반복문을 무한반복하게 된다. 즉 프로그램이 종료되지 않는다.

while 반복문의 사용 예

다음은 while 반복문을 사용하여 키보드로부터 숫자를 읽어들이고 화면에 출력하는 프로그램이다. 입력하는 숫자가 0이면 종료한다.

프로그램 1.9

```
#include <stdio.h>

void main( )
{
     int i=0;
     scanf("%d", &i);
     while( i  != 0 )
     {
          printf("입력된 숫자 : %d\n", i);
          scanf("%d", &i);
     }
}
```

프로그램의 실행결과는 다음과 같다. 여기서 숫자 0을 입력하면 프로그램이 종료된다.

```
345
입력된 숫자 : 345
100
입력된 숫자 : 100
0
```

다음은 팩토리알 5!을 구하는 프로그램이다.

프로그램 1.10

```
#include <stdio.h>

void main( )
```

```
{
    int fact = 1;
    int i=1;
    while( i  <= 5 )
    {
        fact = fact * i;
        i++;
    }
    printf("%d factorial = %d\n", 5, fact);
}
```

다음은 키보드로 입력된 숫자의 합을 구하는 프로그램이다. 먼저 입력한 숫자의 개수를 입력 받은 후, 그 개수만큼의 숫자를 입력 받아 합과 평균을 출력한다.

프로그램 1.11

```
#include <stdio.h>

void main( )
{
    int i=0;
    int n;
    int data, sum=0;
    scanf("%d", &n);
    while(i<n)
    {
        scanf("%d", &data);
        sum+=data;
        i++;
    }
    printf("합=%d\n", sum);
    printf("평균=%lf\n", sum/(double)n);
}
```

다음은 등비급수의 합 "2+4+8+16+ · · · +1024"를 구하는 프로그램이다. 여기에서는 반복변수를 곱하기를 이용하여 증가시키고 있다.

프로그램 1.12

```
#include <stdio.h>

void main( )
{
    int r=2, sum=0;
    while(r<=1024)
    {
        sum+=r;
        r *= 2;
    }
    printf("등비 급수의 합=%d\n", sum);
}
```

실습문제

1. while 명령어를 사용하여100에서부터 200까지의 합을 구하는 프로그램을 작성하여라.
2. 키보드로 하나의 양의 정수 n를 입력하여 팩토리알을 구하는 프로그램을 작성하여 보아라. 다음의 힌트를 참조하여라.

```
factorial =1;
while (i < n) {
        factorial *= i;
        i++;
}
```

3. while 명령어를 사용하여 $1^2+2^2+...+10^2$ 을 구하는 프로그램을 작성하여라. 제곱합을 구할 때는 'ssum += i*i;' 와 같은 명령문을 사용하면 된다.
4. 등비급수의 합 "3+9+27+81+243"을 구하는 프로그램을 작성하고 실행하여 보아라.
5. 키보드로 양의 수를 몇 개 입력하고 입력된 수들의 합을 구하는 프로그램을 작성하고 실행하여라. 단 숫자의 입력을 중단하고 싶으면 음의 수를 넣도록 한다.

힌트.

```
scanf("%d", &num);
while( num >0) {
        sum +=num;
```

```
        ...
        scanf("%d", &num);
    }
```

6. 키보드로 하나의 정수를 입력하여, 음수이면 "팩토리알 구할 수 없음"이라고 출력하고 0 혹은 양수이면 그 수의 팩토리알을 구하는 프로그램을 작성하여라.

```
scanf("%d", &n);
if(n<0) printf("팩토리알 구할 수 없음\n");
else {
    i=1;
    while(i<=n) {
        fact *=i;
        i++;
    }
}
```

7. 키보드로 정수를 하나 입력하여 음수이면, "오류"라고 출력하고 양수이면 그 개수만큼의 정수를 입력받아 합과 평균을 구하는 프로그램을 작성하여 실행시켜 보아라.

```
scanf("%d", &n);
if(n<0) printf("오류\n");
else {
    i=0;
    while(i<n) {
        scanf("%d", &val);
        sum +=val;
        i++;
    }
}
```

8. 함수 f(x)=x 를 0에서 1까지를 구분구적법으로 적분하는 프로그램을 작성하여라. 이 때 얻어지는 값은 근사값이다. 다음을 참조.

$$S = \frac{1}{n} \times \frac{1}{n} + \frac{1}{n} \times \frac{2}{n} + \ldots + \frac{1}{n} \times \frac{n}{n}$$

$$= \frac{1}{n} \times \left(\frac{1}{n} + \frac{2}{n} + \ldots + \frac{n}{n} \right)$$

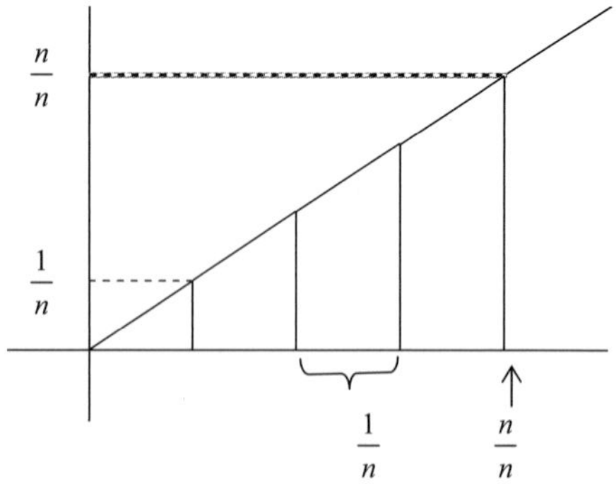


```
double i=1;
while(i<=n) {
    area += i/n; i++; }
area *=(1./n)
```

9. 함수 $f(x)=x^2$을 0에서 1까지 적분하는 프로그램을 작성하여라. 다음을 참고.

$$S = \frac{1}{n} \times \left(\left(\frac{1}{n}\right)^2 + \left(\frac{2}{n}\right)^2 + \ldots + \left(\frac{n}{n}\right)^2 \right)$$

```
double i=1; while(i<=n) {area += pow(i/n, 2.); i++;} area *=(1./n);
```

2. do-while 반복문

앞서의 while 반복문은 먼저 while 문의 조건식을 검사해서 참이면 따라 나오는 블록문을 수행한다. 따라서 while 에 따라 나오는 블록문은 한 번도 수행되지 않을 수 있다. do-while 반복문은 블록문을 한 번 수행하고 나서 조건식을 검사하는 구조이다.

```
반복변수 초기화;
do
{
    명령문들...;
    반복변수의 값 변화;
} while ( 반복변수에 관한 조건식 );
```

즉, do 다음에 나오는 블록문을 수행한 다음 while 다음의 소괄호 안의 조건식을 검사하여 참이면 블록문을 다시 수행하고 거짓이면 while 다음에 나오는 명령문을 수행한다. 다음은 예제이다.

프로그램 2.1

```
#include <stdio.h>

void main( )
{
    int i, sum = 0 ;
    i = 3 ;
    do
    {
        sum += i;
        i--;
    } while( i > 0 );
    printf("3 + 2 + 1 = %d\n", sum);;
}
```

프로그램 분석

■ i = 3;

반복변수 i 의 값을 3으로 초기화한다.

■ do

```
{
    ...
    i--;
} while (i>0);
```

명령어 do 다음에 블록문이 나온다. 블록문 내에서 반복변수 i 의 값을 1씩 감소시킨다. 블록문 다음의 while 조건식에서는 i 의 값이 양수인지를 검사한다.

반복문 while 과 반복문 do-while 의 기능은 거의 비슷하다. 어느 것을 사용할 것인지는 그 때의 상황과 프로그래머의 선호도에 따라 달라진다.

실습문제

1. do-while 문을 사용하여 1+2+3+...+50을 구하는 프로그램을 작성하고 실행

하여 보아라.

2. do-while 문을 사용하여 5!을 구하는 프로그램을 작성하고 실행하여 보아라.
3. do-while 문을 사용하여 $2^2+4^2+\ldots+10^2$ 을 구하는 프로그램을 작성하고 실행하여 보아라.
4. do-while 문을 사용하여 등비급수의 합 1+2+4+...+1024를 구하는 프로그램을 작성하고 실행하여 보아라.

3. for 반복문

반복 수행을 위해서는 for 반복문을 사용할 수도 있다. 반복문 for 의 경우는 앞서의 while 문과 그 구조가 유사하다. 반복문 for 의 구조는 다음과 같다.

```
for(반복변수 초기화; 반복 조건식; 반복변수값의 변화)
{
        명령문들...;
} ;
```

이 구조는 while 반복문의 세 가지 요소인 반복변수의 초기화, 반복조건식, 반복변수의 값 변화를 한꺼번에 서술하는 형식이다. 즉, for 문 다음에 나오는 소괄호 안에는 세 개의 명령줄이 있으며, 첫 번째 명령줄은 반복변수의 초기화, 두 번째 명령줄은 반복변수에 관한 조건식, 세 번째 명령줄은 반복변수의 값 변화에 각각 사용되고 있다. 예약어 for 다음에 나오는 소괄호 안을 **반복변수처리부분**이라고 한다. 그리고 따라 나오는 블록은 조건식이 참일 때 수행되는 명령줄들의 모임이며, **for 반복문의 몸체**라고 한다.

for 문과 while 문의 비교

다음 두 프로그램은 while 과 for 반복문의 비교를 위한 것이다.

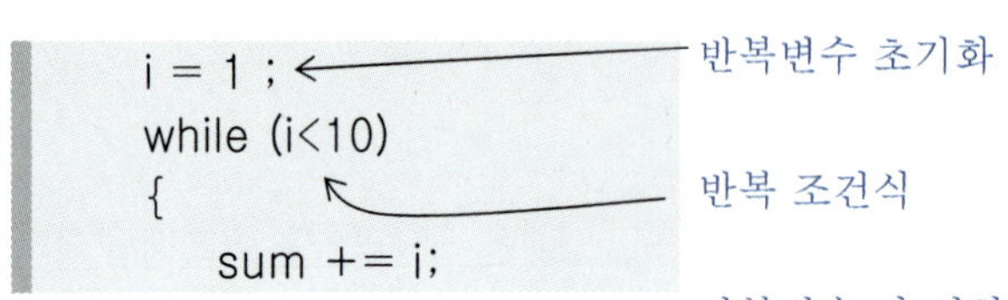

```
        i++;
    }
```

반복변수 초기화 반복 조건식 반복변수 값 변화

```
    for( i = 1; i<10; i++)
    {
        sum += i;
    }
```

for 문의 실행 순서

반복문 for 의 실행 순서를 그림으로 나타내어 보면 다음과 같다.

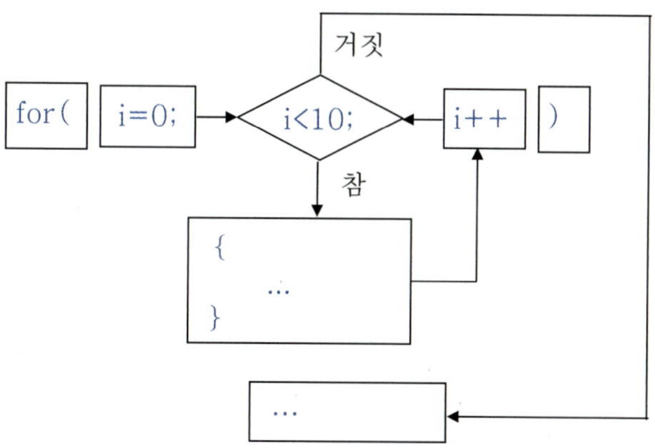

다음 프로그램에서는 1에서 100까지를 합하는 일을 for 문을 사용하여 구한다.

프로그램 3.1

```
#include <stdio.h>

void main( ) {
    int i, sum = 0 ;
    for ( i=1; i<=100; i++)
    {
        sum += i;
    }
    printf("%d\n", sum);
}
```

프로그램 분석

■ for (i=1; i<=100; i++)

for 문 다음의 조건식은 (; ;)와 같이 세 부분으로 나누어진다. 처음 부분은 **반복변수**의 값을 초기화시키는 부분이다. 두 번째 부분은 for 문 다음에 나오는 블록문의 수행여부를 결정짓는 조건식이다. 세 번째 부분은 반복변수의 값을 변화시키는 부분이다. 즉, for 문 다음에 나오는 소괄호 안은 다음과 같이 구성된다.

```
for (초기화 ; 조건식 ; 변화식)
```

■ for (i=1; ...)

여기서는 먼저 변수 i 의 값을 1로 초기화한다. 이 부분은 처음 한 번만 실행된다.

■ for (...; i<=100; ...)

그 다음은 i 에 저장된 값이 100보다 적거나 같은지 비교한다. 비교연산의 결과가 참이면 따라오는 블록문을 실행한다. 이 부분은 반복변수의 값이 변화하고 나서 매번 실행된다.

■ for (...; i++)

이 부분은 for 문에 대한 블록문이 수행되고 난 뒤에 매번 실행된다. 여기서는 i++ 이므로 값을 1 씩 증가시킨다.

몸체의 중괄호 생략

명령문 for 의 몸체 부분은 블록문 내에 하나의 명령줄만 있는 경우에는, 열기 중괄호와 닫기 중괄호를 생략할 수 있다. 즉, for 문 다음에 블록문을 사용하지 않아도 된다.

```
for ( i=1; i<=100; i++)
    sum += i;
```

그러나 for 문에 대하여 두 개 이상의 명령문을 실행해야 하는 경우는 반드시 블록문을 사용하여야 한다.

반복변수의 값 조절

한편, 수열의 합

$$1 + 3 + 5 + 7 + 9 + \dots + 99$$

을 구하고자 하는 경우는 다음과 같이 for 문에서 변화식을 조절하면 된다.

프로그램 3.2

```
#include <stdio.h>

void main( )
{
    int i, sum = 0 ;
    for ( i=1; i<=100; i+=2)
    {
        sum += i;
    }
    printf("%d\n", sum);
}
```

프로그램 분석

■ for (...; ...; i+=2)

조건식에서 반복변수 i 의 값을 2씩 증가시킨다. 변수 i 의 값은 1, 3, 5, .., 로 홀수가 된다.

한편, 반복변수의 값을 감소시켜가면서 합을 구할 수도 있다. 이 때는 반복변수의 초기값과 조건식을 적절히 고쳐야 한다. 다음 프로그램은 99+97+ · · · +3+1 을 구하는 프로그램이다.

프로그램 3.3

```
#include <stdio.h>

void main( )
{
    int i, sum = 0 ;
```

```
    for ( i=99; i>0; i-=2)
    {
        sum += i;
    }
printf("%d\n", sum);
}
```

프로그램 분석

■ for (i=99; i>0; i−=2)
반복변수 i 의 값을 99로 초기화한다. 조건식에서는 i 의 값이 0 보다 큰지를 계산한다. 반복식에서 i 의 값을 2씩 감소시킨다.

반복변수의 정의 방법

for 반복문에서 반복변수의 정의는 조건식 안에서도 할 수 있다. 예를 들어

```
int i;
for ( i=1; i<=100; i++) {
    sum += i;
}
```

와 같이 for 반복문 바깥에서 반복변수 i 를 정의하는 것이나

```
for (int i=1; i<=100; i++) {
    sum += i;
}
```

와 같이 조건식 안에서 반복변수를 정의하는 것은 동일하다.

for 반복문의 활용

for 반복문을 이용하여

$$1+2+3+\cdots+10$$
$$1^2+2^2+3^2+\cdots+10^2$$

을 동시에 구하는 프로그램을 작성해 본다. 즉 숫자의 합과 제곱합을 동시에 구하여 본다.

프로그램 3.4

```
#include <stdio.h>

void main( )
{
    double sum = 0, ss = 0;
    for (int i=1; i<=10;i++)
    {
        sum += i;
        ss += i*i;
    }
    printf(" 합= %lf\n 제곱합 =%lf\n", sum, ss);
}
```

프로그램 3.4에서 할당문

sum = 0, ss = 0;

은 하나의 명령줄에서 두 개의 변수에 값을 할당하였다. 이 때 콤마를 사용하였는 데, 이와 같은 콤마를 comma 연산자라고 한다. 위의 할당문을 comma 연산자를 사용하지 않으면 두 개의 명령줄이 필요하다. 즉,

sum = 0;
ss = 0;

다음은 키보드로 하나의 양의 정수를 입력받아 자료의 개수로 저장한 후, 자료의 개수만큼 키보드에서 정수를 입력받아 합과 평균을 구하는 프로그램이다.

프로그램 3.5

```
#include <stdio.h>
void main( )
{
    int i, n, data;
    double sum=0.;
    scanf("%d", &n);
    for(i=0; i<n; i++)
    {
        scanf("%d", &data);
        sum+= data;
    }
    printf("sum=%lf\n", sum);
    printf("mean=%lf\n", sum/(double)n);
}
```

반복변수 처리 부분의 사용법

반복변수의 처리부분은 초기화, 조건식, 값변화의 세 명령줄로 구성되어 있는 데, 각 명령줄에는 명령문이 없을 수도 있고, 여러 개 있을 수도 있다.

먼저 초기화 부분을 비워두는 경우이다.

프로그램 3.6

```
#include <stdio.h>

void main( )
{
    int i=1, sum = 0 ;
    for (    ; i<=100; i++)
    {
        sum += i;
    }
    printf("%d\n", sum);
}
```

한편, 반복변수 값변화 부분도 비워둘 수 있다. 이 경우는 while 반복문과 거의 같은 모양이 된다.

프로그램 3.7

```
#include <stdio.h>

void main( )
{
    int i=1, sum = 0 ;
    for (    ; i<=100;    )
    {
        sum += i;
        i++;
    }
    printf("%d\n", sum);
}
```

초기화부분, 조건식 부분 혹은 반복변수 값변화 부분에는 콤마 연산자를 사용하여 하나 이상의 명령문을 적을 수 있다. 다음은 값변화 부분에 세 개의 명령문을 적은 예이다. 이 프로그램은 1에서 10까지의 합과 제곱합을 구한다.

프로그램 3.8

```
#include <stdio.h>

void main( )
{
    double sum = 0, ss = 0;
    for (int i=0; i<=10; sum +=i, ss += i*i, i++) ;

    printf(" 합= %4.lf\n 제곱합 =%4.lf\n", sum, ss);
}
```

프로그램 3.8과 같은 작성 방법은 일반적으로 좋은 프로그래밍 방법은 아니다. 그러나 경우에 따라서는 이렇게 하면 프로그램이 간단하게 되는 경우도 있다.

중첩된 반복문의 표현법

for 반복문의 몸체 부분에 다시 for 반복문을 쓸 수도 있다. 즉,

```
for ( i=1; i<5; i++)
{
    for(j=i; j<6; j++)
```

```
        {
            sum = i+j;
        }
    }
```

내부의 for 반복문은 몸체에 하나의 명령줄만 있으므로 다음과 같이 쓸 수도 있다.

```
for ( i=1; i<5; i++)
{
    for(j=i; j<6; j++) sum = i+j;
}
```

이렇게 두고 보면 바깥 for 문의 몸체는 명령줄이 하나 뿐이므로 다시 블록을 나타내는 괄호를 생략하고

```
for ( i=1; i<5; i++)
    for(j=i; j<6; j++) sum = i+j;
```

와 같이 쓸 수도 있다. 이것은 줄바꾸기를 하여

```
for ( i=1; i<5; i++)
    for(j=i; j<6; j++)
        sum = i+j;
```

와 같이 쓰기도 한다. 이러한 표현은 while 문과 for 문을 중첩해서 쓸 때도 같은 방법으로 나타낼 수 있다.

```
for ( i=1; i<5; i++)
    while(j<6)
        sum = i+j;
```

실습문제

1. for 문을 이용하여 100+99+98+...+2+1 을 구하여라. 단, 반복변수의 값을 감소시켜 가면서 합을 구하도록 하여라.
2. for 명령어를 사용하여100에서부터 200까지 더하는 프로그램을 작성하여라.

3. for 명령어를 사용하여 다음의 값을 구하는 프로그램을 작성하여라.

   $7 + 14 + 21 + \cdots + 777$

4. 키보드로 하나의 양의 정수를 입력하여 팩토리알을 구하는 프로그램을 작성하여 보아라. 힌트 : for(i=1; i<=n; i++) factorial *= i;

5. 키보드로 10 개의 양수 또는 음수를 입력하고, 이 중 양의 수의 개수를 구하는 프로그램을 작성하고 실행하여라. for 명령어 사용.

6. for 명령어를 사용하여 1에서부터 10까지의 합, 제곱합, 세제곱합을 구하는 프로그램을 작성하여라. 세제곱합은 'sss += i*i*i;' 와 같은 명령문을 사용하면 된다.

7. for 명령어를 사용하여, 키보드로 정수를 하나 입력받아 음수 또는 0이면 "오류"라고 출력하고, 양수이면 자료의 개수로 저장한 후 정수를 자료의 개수만큼 입력받아 평균을 출력하여라.

8. for 반복문을 사용하여, 함수 f(x)=x 를 0에서 1까지를 구분구적법으로 적분하는 프로그램을 작성하여라. 다음을 참조.

$$S = \frac{1}{n}\times\frac{1}{n}+\frac{1}{n}\times\frac{2}{n}+\ldots+\frac{1}{n}\times\frac{n}{n}$$

$$= \frac{1}{n}\times\left(\frac{1}{n}+\frac{2}{n}+\ldots+\frac{n}{n}\right)$$

```
for(double i=1.; i<=n; i++)
    area += i/n;
area *=(1./n)
```

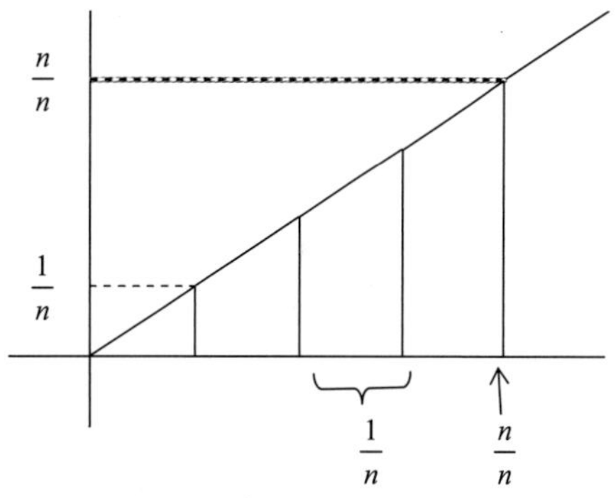

9. for 반복문을 사용하여, 함수 $f(x)=x^2$을 0에서 1까지 적분하는 프로그램을 작성하여라. 다음을 참고.

$$S = \frac{1}{n}\times\left(\left(\frac{1}{n}\right)^2+\left(\frac{2}{n}\right)^2+\ldots+\left(\frac{n}{n}\right)^2\right)$$

```
for(double i=1.; i<=n; i++) {area += pow(i/n, 2.);} area *=(1./n);
```

4. break, continue, goto 명령문

무한 반복문과 break 문

다음 예제 프로그램에서 while 반복문에서 조건식에 상수값 1을 두면 while 의 블록문은 무한 반복하게 되어 콘솔창에 계속 출력이 된다.

프로그램 4.1

```
#include <stdio.h>
void main( )
{
    while( 1 )
    {
        printf("Hello, World~\n");
    }
}
```

이는 조건식의 값이 1이고 이는 참이므로 블록문을 수행하게 된다. 블록문 수행이 끝나면 다시 조건식의 값을 계산하는 데, 상수값 1은 참을 나타내므로 다시 블록문을 수행하게 되어 무한 반복하게 된다. 다음은 프로그램 4.1에서, while 반복문에 break; 문을 삽입한 것이다.

프로그램 4.2

```
#include <stdio.h>
void main( )
{
    int m=0;
    while( 1 )
    {
        printf("Hello, World~\n");
        m++;
        break;
    }
    printf("The end\n");
}
```

위의 프로그램을 실행해 보면 한 번의 출력이 이루어지고 while 반복문을 종료하게 된다. 이는 블록문 안에서 break 명령줄을 만나면, while 반복문을 빠져 나와 그 다음 명령줄을 실행하기 때문이다. 조건식과 상관없이 반복문을 빠져나오는 명령어는 break 이다.

프로그램 4.2에서 만약 10번 반복하게 하고자 한다면 break 문을 다음과 같이 고치면 된다.

프로그램 4.3

```
#include <stdio.h>

void main( )
{
    int m=0;
    while( 1 )
    {
        printf("Hello, World~\n");
        m++;
        if(m>10) break;
    }
}
```

위의 프로그램은 m 의 값을 증가시켜가면서 명령줄

```
if(m>10) break;
```

에서 m 의 값이 10보다 크게 되면 break 명령어를 실행하는 데, 이는 while 반복문을 빠져 나오게 되는 것이다.

한편, for 문의 경우에도 다음과 같이 break 문을 사용할 수도 있다. 이 때 for 명령문의 반복변수 처리 부분의 각 명령줄은 비어 있다.

프로그램 4.4

```
#include <stdio.h>

void main( )
{
    int m=0;
    for ( ; ; )
```

```
    {
        printf("Hello, World~\n");
        m++;
        if(m>10) break;
    }
}
```

continue 명령어

continue 명령어는 반복문에서 블록 내부에 사용되며 이 명령어를 만나면 블록 내에서 continue 명령줄 다음의 명령줄은 실행하지 않고, while 의 조건식으로 가서 while 반복문을 실행하게 된다.

프로그램 4.5

```
#include <stdio.h>

void main( )
{
    int fact = 1;
    int i=1;
    while( i  < 4 )
    {
        printf("i=%d\n", i);
        i++;
        continue;
        fact = fact * i;
    }
    printf("fact = %d\n", fact);
}
```

위의 프로그램의 실행결과는 다음과 같다.

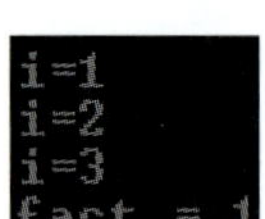

프로그램에서는 명령줄

```
fact = fact * i;
```

은 실행되지 않는 데, 이는 바로 앞의 continue 문에 의해 실행순서가 while 반복의 시작으로 옮겨 가기 때문이다.

한편, for 문이나 do-while 문에서도 continue 문은 같은 용도로 사용될 수 있다.

goto 명령어

다음 프로그램은 goto 명령어를 사용하여 실행순서를 라벨이 붙은 명령줄로 이동하게 하는 것이다.

프로그램 4.6

```
#include <stdio.h>

void main( )
{
    double size;
    while(1)
    {
        scanf("%lf", &size);
        if(size > 0.)
            goto A;
    }
    A: printf("size = %lf\n", size);
}
```

이 프로그램은 키보드로 값을 입력하여 음수이면 다시 키보드로 입력을 하고 양수이면 goto 문에 의해 실행을 라벨이 붙은 명령줄로 이동하는 것이다.

이와 같은 기능의 goto 명령어는 사용하지 않는 것이 좋다. goto 문을 사용하지 않고도 프로그램을 작성하는 방법이 있다. 프로그램 4.6은 다음과 같이 goto 명령어 없이 작성할 수 있다.

프로그램 4.7

```
#include <stdio.h>

void main( )
{
```

```
    double size;
    while(1)
    {
        scanf("%lf", &size);
        if(size > 0.)
            break;
    }
    printf("size = %lf\n", size); }
```

실습문제

1. 다음 프로그램을 while 반복문을 5번만 실행하도록 break 명령어를 사용하여 수정하여라.

```
#include <stdio.h>
void main( ) {
    int m=0;
    while(1) {
        printf("%d 번\n", m);
        m++;
    }
}
```

2. 다음 프로그램의 실행결과를 예측하고 실행시켜 보아라.

```
# include <stdio.h>
void main( ) {
    int i=0;
    double sum=0.;
    while(i<5) {
        i++;
        continue;
        sum+=i;
    }
    printf("%lf\n", sum);
}
```

5. 난수 발생과 흉내내기

공정한 동전을 던지면 앞면 또는 뒷면이 무작위로 나타난다. 무작위라고 하는 것은 던지기 전에 앞면이 나올지 뒷면이 나올지를 미리 정할 수 없다는 것이며, 또한 동전을 많이 던지면 앞면과 뒷면이 나타나는 비율이 비슷해진다는 뜻이다. 여기서는 실제로 동전을 던지지 않고 동전을 던지는 것과 비슷한 결과를 얻는 방법을 소개한다.

함수 rand()와 RAND_MAX

함수에는 rand()라는 함수가 있다. 이 함수는 0~RAND_MAX 사이의 정수가 무작위로 나오게 하는 함수이다. RAND_MAX 는 상수를 나타내는 매크로이며, 컴파일러에 따라 32767 혹은 2147483647 등의 값으로 정해져 있다.

```
#define   RAND_MAX   32767
#define   RAND_MAX   2147483647
```

다음 프로그램은 함수 rand()를 이용하여 난수를 출력하는 프로그램이다. 난수는 주어진 범위에서 무작위로 나타나는 수이다.

프로그램 5.1

```
#include <stdio.h>
#include <stdlib.h>

void main()
{
     for(int i=0; i<100; i++)
          printf("%d\n", rand());
}
```

프로그램 분석

■ #include <stdlib.h>

다음에 나오는 함수 rand()를 위하여 필요하다.

■ printf("%d\n", rand());

함수 rand()를 이용하여 0~RAND_MAX 사이의 양의 정수값을 발생 후, 출력한다.

프로그램 5.1의 출력 결과의 일부분은 다음과 같다.

```
41
18467
6334
26500
19169
15724
11478
29358
26962
24464
```

난수의 초기값 설정

프로그램 5.1을 반복해서 실행해 보면 항상 같은 난수열이 생성됨을 알 수 있다. 이는 함수 rand()의 난수를 생성하는 방법 때문이다. 난수를 발생할 때마다 다른 난수열을 얻으려고 하면 먼저 함수 srand()를 실행시키면 된다.

프로그램 5.2

```
#include <stdio.h>
#include <stdlib.h>
#include <time.h>

void main()
{
     srand(time(0));
     for(int i=0; i<10; i++)
          printf("%d\n",rand());
}
```

프로그램 분석

■ #include <time.h>

다음에 나오는 함수 time( )을 사용하기 위하여 필요하다.

■ time(0);

함수 time( )은 컴퓨터에 내장된 시간을 읽어 온다. 읽어 오는 값은 기준 시각인 1970년 1월1일 00:00:00부터 몇 초가 지났는지의 값이다. 기준 시각은 시스템에 따라 다를 수 있다.

■ srand(time(0));

난수 발생함수 rand( )의 초기값을 지정한다. 여기서는 초기값으로 시스템의 시간을 입력하였다. 시스템은 시간은 계속 변하기 때문에 함수 srand( )에 의해 정해지는 함수 rand( )의 초기값은 프로그램을 실행할 때마다 달라지게 된다.

동전 던지기 흉내내기

난수 구하는 함수를 이용하여 동전을 던질 때 나타나는 앞면, 뒷면의 관측치를 만들어 보자. 이 방법을 쓰면 실제로 동전을 던지지 않고도 동전을 던진 관측치를 얻을 수 있다.

프로그램 5.3

```
#include <stdio.h>
#include <stdlib.h>
#include <time.h>

void main()
{
     unsigned int x;
     srand(time(0));
     for(int i=0; i<10; i++)
     {
          x=rand()%2;
          if(x==0)
               printf(“ T”);
          else
               printf(“ H”);
     }
     printf(“\n”);
}
```

프로그램의 실행결과는 다음과 같다.

```
H H T T H T T T T T
```

물론 이 실행결과는 프로그램을 실행할 때마다 달라지게 된다. 여기에서 H 는 앞면을 T 는 뒷면을 의미한다.

프로그램 분석

■ x=rand()%2;

생성되는 난수를 2로 나눌 때의 나머지를 구하여 변수 x에 저장한다. 나머지는 0 또는 1이 나오게 된다.

■ if(x==0) printf(" T");

x에 저장된 값이 0이면 뒷면을 의미하는 문자 T를 출력한다.

프로그램 5.3과 같은 방법으로 실제로는 동전을 던지지 않으면서 동전을 던진 것과 같은 현상의 관측치를 얻는 방법을 흉내내기 혹은 시뮬레이션이라고 한다.

주사위 던지기 흉내내기

주사위를 던져서 나오는 값도 시뮬레이션으로 관측할 수 있다. 다음은 이에 관한 프로그램이다.

프로그램 5.4

```
#include <stdio.h>
#include <stdlib.h>
#include <time.h>

void main()
{
    unsigned int x;
    srand(time(0) );
    for(int i=0; i<10; i++)
    {
        x=rand()%6;
        x++;
        printf(" %u", x);
    }
    printf("\n");
}
```

프로그램의 실행결과는 다음과 같다. 물론 이 실행결과는 프로그램을 실행할 때마다 달라지게 된다.

```
1 2 4 1 6 1 5 4 4 2
```

프로그램 분석

■ x=rand()%6;

주사위를 던질 때 나오는 수는 모두 6개이므로 6으로 나머지를 구한다. 나머지는 0, 1, 2, 3, 4, 5가 나온다.

■ x++;

앞에서 나온 나머지에 1을 더하여 관측값을 1, 2, 3, 4, 5, 6으로 만든다.

실습문제

1. 자신이 사용하는 컴파일러에서는 RAND_MAX 가 어떤 값으로 정의되어 있는지를 알아 보아라. 참고. printf("%u\n", RAND_MAX);
2. 함수 rand 와 srand 를 이용하여 난수 1000개를 파일로 출력한 다음 어떤 형태를 띠고 있는지 관찰하여 보아라. 파일의 각 줄에 5개씩 출력하여라.
3. 공정한 동전을 1000번 던지는 시뮬레이션 프로그램에서 관측치를 파일로 출력하고, 관측된 뒷면의 개수와 비율을 구하는 프로그램을 작성하고 실행시켜 보아라. 뒷면의 관측비율이 0.5와 비슷한가? 참고. if(x==0) numTail++;
4. 정사면체를 10번 던져서 나오는 면을 관측하는 시뮬레이션 프로그램을 작성하고 실행시켜 보아라.
5. 공정한 주사위를 60,000번 던져서 1의 눈이 나오는 비율을 구하는 프로그램을 작성하고 실행시켜 보아라. 비율이 $\frac{1}{6}$=0.16666666과 비슷한가?

6. 적분법과 방정식의 해 구하기

컴퓨터를 이용하여 함수를 주어진 구간에서 적분하는 것과 방정식의 해를 구하는 일은 쉽게 구현할 수 있다. 컴퓨터에서는 적분값이나 해를 반복적 방법에 의한 근사값을 구한다. 또한 숫자를 하나씩 대입해가면서 값을 구하므로 **수치적 방법**이라고 한다. 먼저 수치적분법에 대하여 살펴본다.

수치 적분

함수 f(x)를 구간 [a, b]에서의 적분값

$$S = \int_a^b f(x)dx$$

를 구분구적법으로 구하는 공식 중의 하나는 사다리꼴 공식을 이용하는 것이다. 구간 [a, b]를 n 등분하여 그림과 같이 함수 f(x) 아래를 사다리꼴을 그린다. 그러면 적분값 S는 다음과 같이 근사할 수 있다.

$$S = \frac{h}{2} \times \{f(a) + f(a+nh)\} + h \times \{f(a+h) + f(a+2h) + ... + f(a+(n-1)h)\}$$

함수 $f(x)=x^2$의 구간 [0,1]에서의 적분값

$$S = \int_0^1 x^2 dx$$

을 구하기 위하여 구간 [0,1]을 3등분한 것을 그림으로 나타내어 본다.

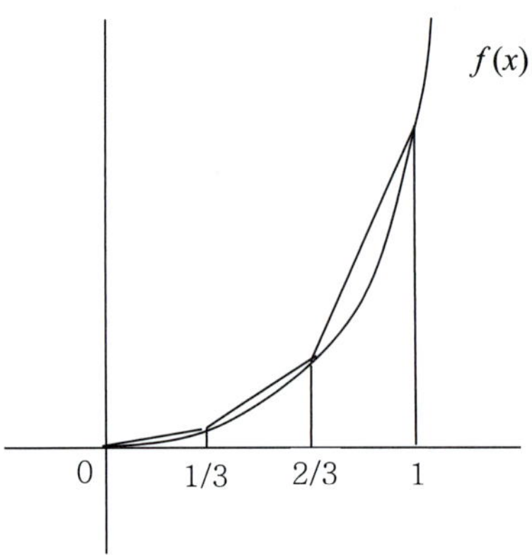

다음은 함수 $f(x) = x^2$을 구간 [0,1]에서 적분하는 프로그램이다.

프로그램 6.1

```
#include <stdio.h>

void main( )
{
	double a=0., b=1., sum;
	double n=1000.;
```

```
        double h=(b-a) / n;

        sum = (a*a+b*b)/2.;
        for(unsigned int i=1; i<n; i++)
                sum += (a+i*h)*(a+i*h);

        sum *=h;
        printf("integ = %17.15lf\n", sum);
}
```

프로그램의 실행결과는 다음과 같다. 실제의 적분값 1/3임을 고려하면 소수 6째자리까지 아주 정확한 값이 나옴을 알 수 있다.

```
integ = 0.333333500000000
```

프로그램 분석

■ sum = (a*a+b*b)/2;

함수 $f(x)=x^2$ 대하여 (f(a)+f(b))/2를 구하여 sum 에 저장한다.

■ sum += (a+i*h)*(a+i*h);

함수 $f(x)=x^2$ 대하여 f(a+ih)를 구하여 sum 에 더한다.

수치 방정식의 해

구간 [a,b]에서 연속인 함수 f(x)가 주어져 있을 때, 이 구간에서 방정식 f(x)=0의 해를 구하는 방법 중에 이분법이 있다. 이분법으로 방정식의 해를 찾는 절차는 다음과 같다.

이분법의 절차

단계 1 : 초기값 선택

f(a)*f(b)<0가 되는 a 와 b 를 정한다.

수렴조건인 양수 epsilon 을 정한다.

단계 2 : 해의 결정

만약 |a−b|<epsilon 이면 a 를 해로 정하고 종료한다.

아니면 단계 3으로 진행한다.

단계 3 : 구간 이분

구간 [a,b]의 가운데 점 c=(a+b)/2 를 구한다.

만약 f(a)*f(c)<=0이면 c 를 b 로 대치한다.
아니면 c 를 a 로 대치한다.
단계 2로 간다.

이분법과 같이 어떤 문제의 해를 찾는 일정한 절차를 **알고리즘**이라고 한다. 이분법 알고리즘의 단계 1에서 조건 f(a)*f(b)<0는 구간 [a,b]에 해가 적어도 하나 존재함을 보장하는 조건이다.

이분법 적용 예

예를 들어 함수 f(x)=x−1에 대하여 구간 [0,3]에서 방정식 f(x)=0의 해를 이분법으로 구하는 과정을 살펴보자.

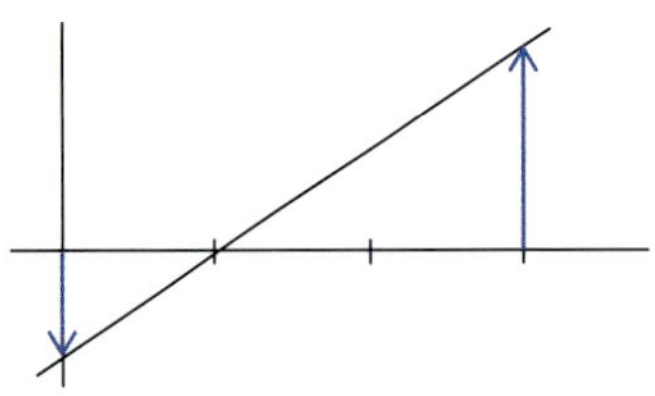

단계 1 : 초기값 선택
a=0, b=3으로 둔다. f(a)*f(b)=−2<0이다.
epsilon=0.001로 둔다.

단계 2 : a=0, b=3
|a−b|=3 > epsilon 이므로 단계 3으로 간다.

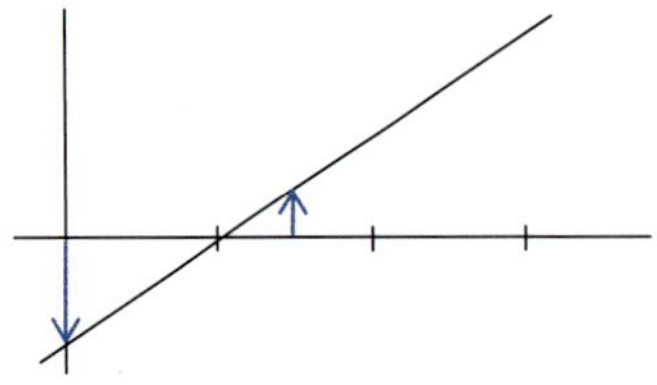

단계 3 : a=0, b=3
c=(a+b)/2. = 1.5이다.
f(a)*f(c)=−0.5<0이므로 b=1.5로 둔다.
단계 2로 간다.

단계 2 : a=0, b=1.5
|a−b|=1.5 > epsilon 이므로 단계 3으로 간다.

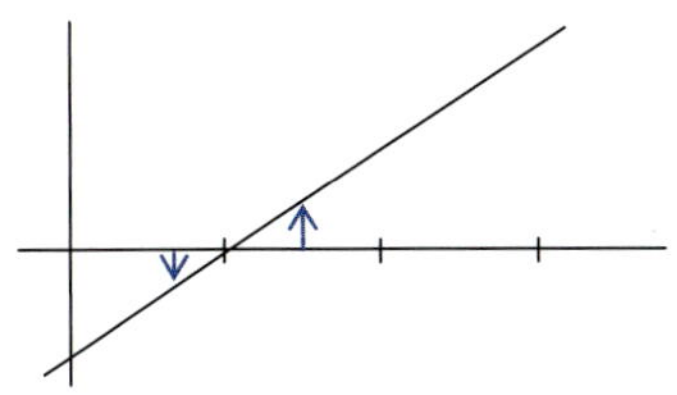

단계 3 : a=0, b=1.5
c=(a+b)/2. = 0.75이다.
f(a)*f(c)=0.25>0이므로 a=0.75로 둔다.
단계 2로 간다.

다음 프로그램은 이분법을 사용하여 방정식 x−1=0의 해를 구하는 프로그램이다.

프로그램 6.2

```
#include <stdio.h>
#include <math.h>

void main( )
{
        double a=0., b=3., c;
        while(fabs(a-b)>0.000001) {
                c=(a+b)/2.;
                if((a-1.)*(c-1.) <= 0.) b=c;
                else a=c;
        }
        printf("해 : %lf\n", a);
}
```

실습문제

1. 함수 f(x)=x 를 구간[0,1]에서 적분하는 프로그램을 작성하여 실행시켜라.
2. 함수 $f(x)=x^2+x$ 를 구간 [1,2]에서 적분하는 프로그램을 작성하여 실행시켜 보아라. 대수적으로 구한 값과 비교하여 보아라.
3. 함수 f(x)=sin(x)를 구간 [0,2π]에서 적분하는 프로그램을 작성하여 실행시켜 보아라. 대수적으로 구한 적분의 값은 0이다. 참고.

```
a=0., b=2*3.1415926, sum, n=1000., h=(b-a)/n;
sum=(sin(a)+sin(b))/2.;
for(unsigned int i=1; i<n; i++) sum += sin(a+i*h);
sum *=h;
```

4. 함수 $f(x)=x\exp(-x^2/2)$을 구간 [−3,3]에서 적분하는 프로그램을 작성하여 실행시켜 보아라. 대수적으로 구한 적분의 값은 0이다.

5. 함수 f(x)=sin(x)에 대하여 방정식 f(x)=0의 해를 구간 [−1,1]에서 구하는 프로그램을 작성하고 실행시켜 보아라.
6. 함수 $f(x)=e^x-5$에 대하여 방정식 f(x)=0의 해를 구간 [0,5]에서 구하는 프로그램을 작성하고 실행시켜 보아라.
7. 프로그램6.2에서 while 반복문을 10번 반복하고서도 해의 조건을 만족하지 못한 경우에 while 반복문을 빠져 나오고, "해를 찾지 못함"이라고 출력하도록 break 명령어를 사용하여 프로그램을 조정하여 실행 시켜 보아라. 이 조건을 위해서 반복횟수를 나타내는 변수를 하나 도입하여라.

7. 파일의 끝까지 읽기

가끔 파일을 읽으려고 할 때, 파일의 끝까지 읽어야 할 때가 있다. 예를 들어 현재의 작업 폴더에 파일 'nor.dat'에 다음과 같이 저장되어 있는 값을 모두 읽어 그 합을 구하여야 한다고 가정하자. 여기서는 세 줄의 데이터만 있으나 경우에 따라서는 네줄, 열 줄 등으로 줄의 수가 변할 수 있다고 하자.

```
22
33
44
```

이 파일을 끝까지 읽어서 합을 구하는 프로그램은 다음과 같다.

프로그램 7.1

```
#include <stdio.h>
void main( )
{
      FILE *fp=fopen("nor.dat", "r+");

      int x, sum = 0;
      while(fscanf(fp, "%d", &x) != -1) {
               sum += x;
               printf("  %2d\n", x);
      }
```

```
        printf("합:%2d\n", sum);
        fclose(fp);
}
```

프로그램 분석

■ FILE *fp=fopen("nor.dat", "r+");

파일 'nor.dat'을 읽기 상태로 연다. 만약 파일이 해당 폴더에 없으면 오류가 발생하므로 파일이 존재하는지를 꼭 확인해야 한다.

■ fscanf(fp, "%d", &x)

함수 fscanf 는 값을 읽으려고 할 때, 파일의 끝에서 값을 읽을 수 없으면 −1을 반환한다.

■ fscanf(fp, "%d", &x) != −1

함수 fscanf 가 파일의 끝에 도착하지 않았으면, −1이 반환되지 않았으므로 이 비교 연산식의 값은 참이 된다.

■ while(fscanf(fp, "%d", &x) != −1) { ... };

while 다음의 (...) 안의 조건식이 참인 경우 반복하여 { ... }를 실행하게 된다. 조건식은 파일의 끝이 아닐 때 참이다.

EOF

프로그램 7.1에서 while(fscanf(fp, "%d", &x) != −1) 은

while(fscanf(fp, "%d", &x) != EOF)

과 같이 쓸 수 있다. 이는 매크로 EOF 는 (−1)로 정의되어 있기 때문이다. 매크로 EOF 는 end of file 의 머리글자를 따서 만든 단어이다.

실습문제

1. 프로그램 7.1을 실행시켜 보아라.

제 7 장

함 수

1. 함수의 작성과 사용
2. return 문과 인수
3. 주소형 인수
4. 함수형 인수
5. 함수의 선언과 정의 방법
6. 재귀함수

덩치가 큰 프로그램을 여러 개의 작은 조각으로 나누어 작성하면, 프로그램의 변경이나 오류 수정 등이 편리해진다. C 언어에서 함수를 사용하면 조각 프로그램을 할 수 있다. 즉, 커다란 문제를 작은 조각으로 나누어 해결할 수 있다. 이와 같은 조각 프로그램 방식을 하향식 방식 혹은 top-down 방식이라고 한다.

하나의 프로그램은 반드시 하나의 main 함수를 포함하고 있어야 하며, main() 함수에서 프로그램의 실행이 시작된다. 한편, main 함수 안에서 printf 나 exp 와 같은 함수를 호출하여 사용할 수 있다. 한편으로는 함수를 작성하고 이 함수를 호출하여 사용할 수도 있다.

1. 함수의 작성과 사용

함수는 일정한 작업을 수행하도록 짜여진 프로그램이다. 함수의 예로는 main 함수가 있으며, 지금까지 다음과 같은 형식의 main 함수를 사용해 왔다.

```
void main( )
{
    ...
}
```

즉, 함수 main 은 'void main()' 으로 시작하여 중괄호로 둘러싸인 형태이다. 여기에서 void main( ) 부분은 함수머리, 중괄호와 그 사이의 부분은 함수몸체라고 불린다.

```
함수 머리  →   void main( )
          ┌    {
함수 본체 <        ...
          └    }
```

일반적으로 함수는 main 함수와 마찬가지로 함수머리와 함수몸체로 구성된다.

함수의 작성과 사용의 예

다음 예제 프로그램은 5^2을 구하는 프로그램이다.

프로그램 1.1

```
#include <stdio.h>

void main( )
{
    double s;
    s = 5.*5.;
    printf("%lf\n", s);
}
```

이 프로그램은 main 함수 안에 주어진 수를 제곱하는 부분이 있다. 제곱하는 부분을 따로 떼내어 하나의 함수로 작성하고 이를 사용하도록 다음과 같이 작성할 수 있다.

프로그램 1.2

```
#include <stdio.h>

double square(double x)
{
    double val;
    val = x*x;
    return val;
}

void main( )
{
    double s;
    s = square(5.0);
    printf("%lf\n", s);
}
```

프로그램 1.2에서는 함수 square()를 정의하였다. 함수 square()는 구성은 다음과 같이 함수머리와 함수몸체로 구성되어 있다.

```
함수 머리  →   double square(double x)
            ┌  {
            │      double val;
함수 본체   ┤      …
            │      return val;
            └  }
```

여기서 함수머리의 각 부분은 다음과 같이 이름을 가지고 있다.

```
함수 머리 → double   square   (  double    x  )
              ↑        ↑          ↑        ↑
            반환형   함수이름     인수형    인수
```

반환형은 double 이며, 함수의 이름은 square 이다. 또한 함수 이름 다음의 괄호 안에 변수의 형과 변수이름이 나오는 데, 이를 인수형과 인수라고 부른다.

한편 함수 몸체에 보면

```
return val;
```

이라는 명령줄이 있는 데, 이는 반환되는 값을 나타낸다. 함수 몸체에서 변수 val 은 double 형으로 정의 되어 있으며, 이는 반환형과 일치한다. 즉, 함수의 반환형과 반환되는 변수의 형은 같다.

```
double square(double x)
{
      double val;
      …
      return val;
}
```

함수에서 값을 받아들이는 데 사용되는 인수를 **입력변수**라고 하고, 값을 반환하는 데 사용되는 변수를 **반환변수**라고 한다. 앞의 함수 square 에서는 인수 x 는 입력변수로, 변수 val 은 반환변수로 사용되고 있다.

한편 main 에서 함수 square()를 사용하는 모양은 다음과 같다.

```
s = square(5.0);
```

함수의 또 다른 예를 보자. 다음 프로그램은 두 int 형 값을 합하는 일을 하는 함수의 예이다.

프로그램 1.3

```
#include <stdio.h>

int sum(int a, int b)
{
    int s;
    s = a+b;
    return s;
}

void main( )
{
    int a;
    a = sum(3, 5);
    printf("%d\n", a);
}
```

함수 sum 의 함수머리는 다음과 같다.

```
함수 머리  →  int      sum      ( int     a ,  int     b )
              ↑        ↑          ↑       ↑     ↑      ↑
            반환형   함수이름    인수형   인수  인수형  인수
```

즉, 반환형이 int 형이며, 함수 이름은 sum 이다. 두 개의 int 형 인수 a 와 b 가 있다. 함수 몸체를 보면

```
return s;
```

라는 줄이 있으며, 변수 s 가 int 형으로 선언되어 있다. 함수의 반환형은 변수 s 의

형과 일치한다.

한편 main()에서 함수 sum 을 호출하여 사용하는 방법은 다음과 같음을 알 수 있다. 이렇게 호출하면, 값 3과 5는 각각 함수 sum 의 인수 a 와 b 에 대응된다.

```
a = sum(3, 5);
```

함수의 정의

함수는 일반적으로 다음과 같은 형식으로 정의된다.

```
함수머리  →    반환형  함수이름 (인수형  인수,  인수형  인수, ...)
함수몸체  ⎧    {
          ⎨          ...
          ⎩    }
```

함수몸체는 중괄호로 둘러싸이며 함수가 하는 일들이 정의된다. 함수이름은 식별자이며, 함수이름을 짓는 법은 변수이름을 짓는 법과 같다. 한편 함수의 반환형은

double, int, char, double*, ...

등과 같이 모든 변수의 형과 주소형과 함께 void 형, void * 형도 사용될 수 있다.

return 문

함수에서 계산된 결과를 호출한 쪽으로 보내기 위해서는 return 문을 사용한다. 예약어 return 다음에 상수값이나 변수, 혹은 연산식 등이 오는데, 이들의 최종값을 호출한 쪽으로 되돌려 준다. 프로그램 1.2의 함수 square 에서는

```
return val;
```

에서는 변수 val 에 저장되어 있는 값을 복사하여 와서 그 값을 호출한 쪽으로 보내준다. 한편, return 문에서 사용되는 변수 val 은 반환변수이다.

함수의 호출의 방법

함수를 호출할 때는 인수 자리에 대응되는 형의 상수값이나 변수, 혹은 적당한 수식을 적어 주면 된다. 다음은 주어진 수의 세제곱을 계산하는 함수를 사용하는 예제 프로그램이다.

프로그램 1.4

```
#include <stdio.h>

double cube(double x)
{
    double s;
    s = x*x*x;
    return s;
}

void main( )
{
    double x=2.;
    double v1, v2, v3;
    v1 = cube(x);
    v2 = cube(2.);
    v3 = cube(1+1);
    printf("v1=%2.lf  v2=%2.lf  v3=%2.lf\n", v1, v2, v3);
}
```

프로그램의 실행 결과는 다음과 같이 함수 계산의 결과는 동일하다.

```
v1= 8  v2= 8  v3= 8
```

프로그램 분석

■ double cube(double x)

함수 반환형은 double, 함수 이름은 cube, 인수형은 double 인 함수를 선언한다.

■ double x=2.;

double 형 변수 x 에 값 2.0을 할당한다.

■ v1 = cube(x);

변수 x 에 저장된 값으로 함수 cube 를 호출하고, 계산 결과는 v1에 저장한다.

■ v2 = cube(2.);

값 2를 인수값으로 하여 함수 cube 를 호출하고, 계산 결과는 v2에 저장한다.

■ v3 = cube(1+1);

연산 결과 1+1을 이용하여 함수 cube 를 호출하고, 계산 결과는 v3에 저장한다.

■ %2.lf

출력형식은 lf 이며 정수자리 2개, 소수점과 소수점 이하 자리는 없다.

실제 프로그램에서는 함수호출에서 상수값에 의한 호출보다는 변수에 의한 호출을 사용하는 것이 편리한 경우가 많다.

함수 호출에서 인수 형의 일치

함수를 호출할 때는 정의된 인수의 형과 일치해야 한다. 그렇지 않은 경우에는 예상치 못한 오류가 발생할 수도 있다. 다음의 예를 보자.

프로그램 1.5

```
#include <stdio.h>

int twotimes ( int x)
{
    int y;
    y = x*2;
    return y;
}

void main( )
{
    double r, a = 0.9;
    r = twotimes(a);
    printf("%4.2lf\n", r);
}
```

실행결과는 다음과 같이, 0.9*2의 계산 결과가 0.0이라는 것이다.

```
0.00
```

프로그램 분석

■ int twotimes (int x)

함수의 인수형은 int 이다.

■ double r, a = 0.9;

변수 a 는 double 형이며, 0.9로 초기화되었다.

■ r = twotimes(a);

double 형 변수 a 에 저장되어 있는 값 0.9로 함수 twotimes 를 호출한다. 함수 twotimes 의 인수는 int 형이므로 0.9 대신 0을 인수에 저장한 후 함수 twotimes 가 실행된다. 함수 내에서 0*2의 계산이 일어나고 결과값이 0이 반환된다.

인수가 두 개 이상인 함수를 호출할 때도 인수의 순서와 인수형을 잘 맞추어야 한다. 다음을 보자.

프로그램 1.6

```
#include <stdio.h>

int printtwo ( int x, char c)
{
    printf("x=%d  c=%c\n", x, c);
    return 1;
}

void main( )
{
    int a = 3;
    char ch= 'm';
    printtwo(a, ch);
    printtwo(5, 'e');
}
```

프로그램 분석

■ int printtwo (int x, char c)

함수 printtwo 의 첫 번째 인수는 int 형이고, 두 번째 변수는 char 형이다.

■ int a = 3;
char ch= 'm';
printtwo(a, ch);

함수 print 를 호출한다. 첫 번째 인수 자리에는 int 형 변수 a 를, 두 번째 인수자리에는 char 형 변수 ch 를 적는다.

■ printtwo(5, 'e');

함수 print 를 호출한다. 첫 번째 인수 자리에는 int 형 상수값 5를, 두 번째 인수자리에는 char 형 상수값 'e'를 적는다.

함수를 호출할 때 대응되는 인수의 형과 일치되지 않는 경우에는 예기치 못한 오류가 발생할 수 있다. 이러한 종류의 오류는 대개의 경우 찾아내기가 어렵다. 또한 컴파일시 자동 형변환이 이루어질 수 없는 경우에는 오류메시지를 얻게 된다.

변수의 유효 범위

여러 개의 함수로 구성된 프로그램에서는 함수 몸체 안에서 정의된 변수는 그 함수 몸체 안에서만 유효하다. 다음 예제 프로그램을 보자.

프로그램 1.7

```
#include <stdio.h>

int sum(int n)
{
    int s=0;
    for(int i=1; i<n+1; i++)
        s += i;
    return s;
}

void main( )
{
    int s, n = 3;
    s = sum(n);
    printf("%d\n", s);
}
```

함수 sum 의 몸체 안과 함수 main 의 몸체 안에는 모두 변수 s 가 정의되어 있다. 그러나 이들은 각 함수의 몸체 안에서만 유효하므로 서로의 값에 영향을 끼치지 않는다. 이에 관한 자세한 내용은 별도의 장에서 다룬다.

함수 사용의 예 – 적분

함수 f(x)=x 를 구간 [a, b] 에서 적분하는 일을 함수를 사용하여 작성해 보자.

프로그램 1.8

```
#include <stdio.h>

double integ(double a, double b)
{
    double sum = 0., n=1000.;
    double h=(b-a) / n;
    sum = (a+b)/2.;
    for(double i=1.; i<n; i++)
        sum += a+i*h;
    sum *=h;
    return sum;
}

void main( )
{
    printf("integ = %lf\n", integ(0, 1));
}
```

함수 사용의 예 – 동전 던지기 흉내내기

다음 프로그램은 앞면이 나올 확률이 0.5인 동전 던지기를 흉내내는 함수 cointoss 를 사용하는 것이다.

프로그램 1.9

```
#include <stdio.h>
#include <stdlib.h>
#include <time.h>

char cointoss( )
{
    char r;
```

```
    double x;
    x=rand( )/(double) RAND_MAX;
    if(x<=0.5)
        r = 'T';
    else
        r = 'H';
    return r;
}

void main( ) {
    char result;
    srand(time(0));
    for(int i=0; i<10; i++) {
        result = cointoss( );
        printf("%c\n", result);
    }
}
```

만약 뒷면이 나올 확률이 0.4인 동전던지기를 흉내내고 싶다면, 함수 toincoss 안에서 if(x<=0.5) r = 'T'; 을 if(x<=0.4) r = 'T'; 로 바꾸면 된다. 그리고 동전의 앞면을 1, 동전의 뒷면을 0으로 표시하는 경우에는 'T'와 'H' 대신에 0과 1을 사용하면 된다.

실습문제

1. 다음 함수에서 잘못된 부분을 찾고 잘못된 이유를 설명하여라. 또한 이를 수정하여라.

```
double f(double x) {
    int y; y=x*x;
    return y;
}
```

2. 다음 프로그램에서 절대값을 구하는 부분 즉, if ... else ... 부분을 함수로 작성하고 main 함수에서 이를 호출하도록 변경하여 실행시켜 보아라. 함수의 이름은 myabs, 하나의 인수, 반환형은 int 형으로 하여라.

```
void main( ) {
    int x, y; scanf("%d", &x);
    if(x>0) y = x; else  y= -x;
```

```
        printf("%d  의 절대값은 %d\n", x, y);
    }
```

3. 다음 프로그램에서 두 변수 중 작은 값을 구하는 부분 즉, if () {...} 부분을 함수 로 작성하고 main 함수에서 이를 호출하도록 변경하여 실행시켜 보아라. 함수의 원형을 int min(int x, int y)으로 하여라.

```
    void main( ) {
        int x=7, y=3;
        if ( x < y)  { y = x; }
         printf( "적은 값=%d  \n", y);
    }
```

4. 세 개의 정수를 받아들여 그 합을 반환하는 함수를 작성하여라. 이를 이용하여 세 수 2, 3, 4를 더하는 프로그램을 작성하여 실행시켜 보아라. 함수의 인수는 세 개가 된다.
5. 네 개의 실수를 받아들여 그 제곱합을 반환하는 함수를 작성하여라. 이를 이용하여 $2^2+3^2+4^2+5^2$를 더하는 프로그램을 작성하여 실행시켜 보아라. 함수의 원형 double ssum(double a, double b, double c, double d).
6. 스털링의 공식을 이용하여 n!을 구하는 함수를 작성하고, 이 함수를 이용하여 50!의 근사값을 구하는 프로그램을 작성하여 실행시켜라. 참고: 함수원형의 형태는 double sterlingfacto(int n).
7. 평균이 m, 표준편차가 s 일 때, x 에서 정규확률밀도함수의 값을 구하는 함수를 작성하고, 이를 이용하여 평균 0, 표준편차 1일 때, x=1에서 정규밀도함수의 값을 구하는 프로그램을 작성하고 실행시켜 보아라. 참고: 함수원형의 형태는 double nf(double m, double s, double x).
8. 인수로 양의 정수 n 의 값을 받아들여 1+2+ · · · +n 을 구하는 함수를 작성하고 이 함수를 이용하여 1+2+ · · · +100을 구하는 프로그램을 작성하여 실행시켜 보아라. 함수의 원형 int nsum(int n).
9. 인수로 자연수 n 을 받아들여 n!를 계산하는 함수를 작성하고 이를 이용하여 5!를 구하는 프로그램을 작성하여 실행시켜 보아라.
10. 인수로 자연수 n 을 받아들여 $1^2+2^2+ \cdots +n^2$를 계산하는 함수를 작성하고 n=4일 때의 값이 얼마인지를 구하는 프로그램을 작성하여 실행시켜 보아라.
11. 동전 던지기 흉내내기 함수. 동전던지기를 흉내내는 함수 즉, 매 시행에서 앞면 'H'와 뒷면 'T'가 관측되는 각각 확률이 40%와 60%인 함수를 작성하여라. 이

함수를 이용하여 동전을 10번 던지는 경우의 관측값을 얻는 프로그램을 작성하여 실행시켜 보아라.

12. 주사위 던지기 흉내내기 함수를 작성하여 이 함수를 이용하여 주사위를 600번 던지는 경우의 관측값을 출력하는 프로그램을 작성하여라. 관측값은 1, 2, . . . , 6이 되며 각 값이 나올 확률은 0.16666으로 하여라.
13. 수학적 함수 $f(x) = x^2$를 a 에서 b 까지 적분하는 함수를 작성하고, 이를 이용하여 $f(x) = x^2$를 0에서 1까지 적분하는 프로그램을 작성하여 실행시켜 보아라. 적분값은 0.333.... 참고. 함수의 원형은 double integ_x(double a, double b).

2. return 문과 인수

함수에는 return 문이 하나 또는 여러 개가 있을 수 있다. 또한 return 문이 없는 경우도 있다. 이에 대하여 살펴본다.

return 문이 없는 경우

함수에서 호출한 쪽으로 반환할 값이 없다면 return 문을 사용하지 않는다. 함수가 반환하는 값이 없는 경우에는 함수의 반환형을 void 로 한다. 'void'는 '없음'의 의미를 가지고 있는 데, 여기에서는 '반환할 값이 없음'을 의미한다. 다음은 void 형 함수의 예이다.

프로그램 2.1

```
#include <stdio.h>

void print_num(double x)
{
    printf("%lf\n", x);
}

void main( )
{
    double a = 77.7;
    print_num(a);
}
```

프로그램 분석

■ void print_num(double x)
```
{
   …
}
```
함수의 반환형이 void 이다. void 는 '없음'이란 의미로 함수를 실행한 후 함수를 호출한 곳에 값을 반환하지 않음을 의미한다. 따라서 함수의 본체에는 값을 반환하는 명령어 return 이 없다. 인수가 double 형 변수이므로, 호출할 때는 double 형 상수값을 넘겨 주어야 한다.

■ print_num(a);
함수 print_num 을 호출한다. 여기서는 double 형 변수 a 의 값을 복사하여 함수 print_num 에 넘겨준다.

return 문이 두 개 이상인 경우

경우에 따라서는 return 문을 2개 이상 사용되기도 한다. 그러나 함수의 실행시에는 하나의 return 문 실행된다. 다음의 예를 보자.

프로그램 2.2

```
#include <stdio.h>

double absval ( double x )
{
    if( x > 0 ) return x;
    else {
        x*=-1.;
        return x;
    }
}

void main( )
{
    printf("%lf\n", absval(-4.));
}
```

프로그램 분석

■ double absval (double x)

```
{
    if( x > 0 ) return x;
    else {
        x*=-1.;
        return x;
    }
}
```

함수 absval 의 몸체에는 두 개의 return 문이 사용되고 있다. 그러나 함수의 실행시에는 두 개 중에 하나만 실행된다. 즉, x>0이면 첫 번째 return 문을, 아니면 두 번째 return 문이 실행된다.

함수의 형이 void 가 아닌 경우에는 함수에서 반드시 return 문이 한 번 실행되도록 프로그램 되어야 한다. 그렇지 않으면 오류가 발생한다. 즉, 프로그램 2.2에서 함수 absval 부분을 다음과 같이 바꾼 후,

```
double absval ( double x ) {
    if( x > 0 ) return x;
}
```

프로그램을 실행해 보면 오류나 경고 메시지를 받게 된다. 다음은 이 경우에 Visual C++에서 나오는 경고 메시지다.

```
not all control paths return a value
```

return 문의 표현 방법

return 문 다음에는 변수명이나, 상수값, 혹은 연산 등이 올 수 있다. 따라서 다음의 표현들은 모두 사용 가능하다.

```
return x;
```

```
return 1;
return x*x;
```

예를 들면 함수 square

```
double square(double x)
{
    double val;
    val = x*x;
    return val;
}
```

는 다음과 같이 간단히 쓸 수 있다.

```
double square(double x)
{
    return x*x;
}
```

여기서 "return x*x;" 은 두 가지 일을 수행한다. 첫째, x*x 를 계산하여 값을 얻는다. 둘째, 얻은 값을 호출한 쪽으로 반환한다.

인수가 없는 경우

함수의 정의에서 인수는 없을 수도 있으며, 한 개 이상이 될 수도 있다. 다음 프로그램은 인수가 없는 예이다.

프로그램 2.3

```
#include <stdio.h>
void sayHello( )
{
    printf("Hello, World~\n");
}
```

```
void main( )
{
    sayHello();
}
```

프로그램 분석

■ void sayHello( )

함수 sayHello 의 인수를 적는 란에 아무 것도 적혀 있지 않다. 이는 인수가 없음을 나타낸다.

■ sayHello();

함수 sayHello 를 호출한다. 함수 sayHello 는 인수가 없으므로 소괄호 안에 아무 것도 적지 않는다.

인수가 없는 경우에는 소괄호 안의 인수 란을 비워두거나 아니면 없다는 의미의 void 를 적어주면 된다. 따라서 다음 두 개는 같은 표현이다.

```
void sayHello( )
void sayHello( void )
```

실습문제

1. 다음 함수의 몸체 부분을 한 줄의 명령문으로 작성하고, 이를 이용하여 3^2을 구하는 프로그램을 작성하여 실행시켜 보아라.

```
double square(double x) {
    double val;
    val = x*x;
    return val;
}
```

2. 다음 프로그램에서 두 변수중 작은 값을 구하는 부분 즉, if () {...} 부분을 함수로 작성하고 main 함수에서 이를 호출하도록 변경하여 실행시켜 보아라. 함수의 이름은 exchange, 두 개의 인수, 반환형은 int 형으로 하여라.

```
void main( ) {
    int x=7, y=3, temp;
```

```
        if ( x > y)  { y = x; }
        printf( “적은값=%d  \n”, y);
    }
```

3. 다음 프로그램에서 절대값을 구하는 부분 즉, if ... else ... 부분을 함수로 작성하고 main 함수에서 이를 호출하도록 변경하여 실행시켜 보아라. 함수의 이름은 myabs, 하나의 인수, 반환형은 int 형으로 하여라.

```
void main( ) {
        int x; scanf("%d", &x);
        if(x>0) y = x; else  y= -x;
        printf(“%d  의 절대값은 %d\n”, x);
}
```

4. ‘좋은 날’이라는 말을 콘솔 창에 찍는 함수를 작성하고 이 함수를 이용하는 프로그램을 작성하여라. 이 함수는 인수가 필요없다.
5. 다음 함수를 호출하여 사용하는 프로그램을 작성하여 실행시켜 보아라. 처음에는 변수를 이용하여 호출하고, 두 번째는 상수값을 이용하여 호출하여라.

```
void writethree( int a, double b, char c) {
    cout<<a<<“ ”<<b<<“ ”<<“ ”<<c<< endl; }
```

참고. 변수에 의한 호출 : writethree(a, b, c),
상수값에 의한 호출 : writethree(99, 3.14, ‘a’).

3. 주소형 인수

앞 절에서는 함수의 인수로 int 형 변수, double 형 변수, char 형 변수를 사용하였다. 그러나 인수에 주소형 변수도 사용할 수 있다. 주소형 변수를 사용하면 프로그램이 간단하게 되거나, 효율적이 되는 경우가 많다.

주소 넘겨 주기

함수는 호출하는 쪽으로부터 각 인수에 대응하는 값을 넘겨받아 일을 수행한다. 이 때 넘겨받는 값으로 기억장소의 주소를 사용할 수 있다.

프로그램 3.1

```
#include <stdio.h>

double add_num(double *x)
{
    return *x + 100;
}

void main( )
{
    double a = 3.2, sum;
    sum = add_num(&a) ;
    printf(“a+100 = %lf\n“, sum);
}
```

프로그램 실행결과는 다음과 같다.

```
x+100 = 103.2
```

프로그램 분석

■ double add_num(double *x)

double 형 함수 add_num 은 인수 x 를 가진다. 인수 x 는 double 주소형 변수이다. 따라서 변수 x 를 통하여 넘겨받는 값은 double 형 기억장소의 주소이다.

■ return *x + 100;

먼저 주소 x 에 저장되어 있는 값 *x 에 100을 더하고, 그 다음 구한 값을 반환한다.

■ sum = add_num(&a) ;

함수 add_num 을 호출한다. 넘겨주는 값은 변수 a 의 주소인 &a 이다.

이 프로그램은 먼저 main 함수의 기억장소 a 에 3.2를 저장하고, 이의 주소를 함수 add_num 에 넘겨준다. 예를 들어 그 주소가 12000번지라고 하자. 함수 add_num 에서는 이 주소의 값 12000을 주소형 변수 x 에 저장한다. 그리고 주소 12000번지에 저장되어 있는 값 즉, main 함수의 변수 a 에 저장되어 있는 값을 읽어 그 값에 100을 더한다. 즉 함수 add_num 에서는 함수 main 의 기억장소를 사용하고 있다. 이를 그림으로 그려보면 그림 1과 같다.

함수 add_num 에서 변수 x 는 값을 넘겨받는 데 사용되었으므로 입력변수가 된다. 또한 계산된 값을 넘겨 주는 역할을 하고 있으므로 반환변수로도 사용되고 있다. 즉, 하나의 인수가 입력변수와 반환변수의 역할을 동시에 하고 있다.

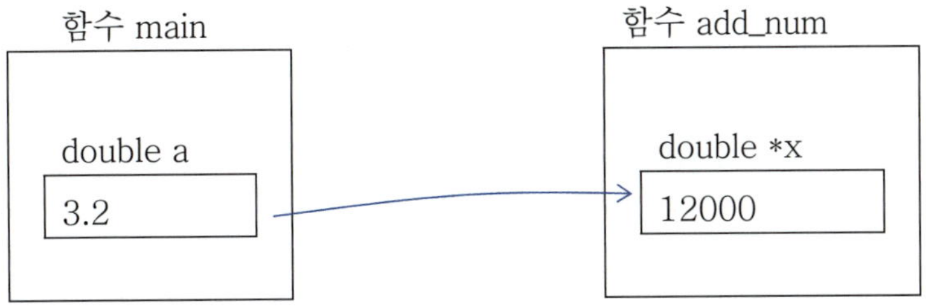

그림 1. 함수의 인수

포인터 변수를 이용하여 함수의 계산 결과 얻기

포인터변수를 이용하면 함수의 계산 결과를 return 문을 사용하지 않고도 얻을 수 있다. 다음의 예제 프로그램을 보자.

프로그램 3.2

```
#include <stdio.h>

void add_num(double *x)
{
    *x += 100;
}

void main( )
{
    double a = 3.2;
    printf("전 : a = %lf\n", a);

    add_num(&a) ;
    printf("후 : a =%lf\n", a);
}
```

이 프로그램의 실행결과는 다음과 같다.

```
전 : a = 3.2
후 : a = 103.2
```

실행결과를 보면 함수 add_num 을 호출하기 전에는 a 에 값 3.2가 저장되어 있으나 호출 후에는 100을 더한 103.2가 저장되어 있음을 알 수 있다.

프로그램 분석

■ void add_num(double *x)

```
{
    *x += 100;
}
```

함수의 반환형이 void 이다. 따라서 return 문을 이용한 값의 반환은 없다. 인수는 주소형이므로 주소값을 넘겨받게 된다. 이 함수는 넘겨져 온 주소가 가르키는 기억장소의 값에 100을 더하는 일을 한다. 따라서 이 함수를 호출한 쪽의 기억장소의 값이 바뀌게 된다.

■ add_num(&a) ;

기억장소 a 의 주소 &a 를 함수 add_num 에게 넘겨준다. 함수 add_num 에서는 이 주소가 가르키는 기억장소, 즉 a 에 저장된 값에 100을 더하는 일을 하므로, 함수가 실행되고 나면 a 의 값이 100 증가하게 된다.

주소를 넘겨주면서 함수를 호출하는 경우를 **참조에 의한 호출**이라고 한다. 영어로는 call by reference 라고 한다.

포인터 변수를 이용하여 두 개 이상의 값을 반환 받기

함수 내에서 계산한 결과를 반환받기 위해서는 return 명령어를 사용하였다. 그러나 return 명령어를 사용하면 하나의 값만 넘겨받을 수 있다. 두 개 혹은 그 이상의 값을 반환받기를 원할 때는 포인터변수를 활용하면 된다. 다음의 예제 프로그램을 보자.

프로그램 3.3

```
#include <stdio.h>
void sum2(double a, double b, double *ps, double *pss)
{
    double s=0., ss=0;
```

```
    s=a+b;
    ss=a*a + b*b;
    *ps = s;
    *pss = ss;
}
void main( )
{
    double sum, ssum;
    double a=2., b=3.;
    sum2(a, b, &sum, &ssum);
    printf("합계 : %lf\n", sum);
    printf("제곱합 : %lf\n", ssum);
}
```

프로그램 분석

■ void sum2(double a, double b, double *ps, double *pss)

함수의 반환형이 void 이다. 따라서 함수 몸체에 return 문을 이용한 값의 반환은 없다. 함수 sum2는 4 개의 인수를 가진다. 인수 ps, pss 는 주소형 변수이다. 변수 a 와 b 를 통하여서는 함수에 값을 넘겨받고, 변수 ps 과 pss 을 통하여는 계산된 결과를 넘겨준다.

■ *ps = s;
  *pss = ss;

포인터 변수 ps 가 가르키는 저장장소에 s 의 값을, 포인터변수 pss 가 가르키는 저장장소에는 ss 의 값을 저장한다.

■ double sum, ssum;

함수 main() 에서 두 개의 변수 sum 과 ssum 을 선언한다.

■ sum2(a, b, &sum, &ssum);

함수 sum2를 호출한다. 인수는 double 형과 double 포인터형이다.

이 프로그램에서는 호출되는 함수 sum2 안에서 main 함수의 변수 sum 과 ssum 에 직접 값을 할당하고 있음을 볼 수 있다.

함수 sum2의 네 개의 인수 중에서 인수 a 와 b 는 입력변수로, 인수 ps 와 pss 는 반환변수로 사용되고 있음을 알 수 있다.

실습문제

1. 두 변수에 저장된 값을 맞바꾸는 함수 swap 을 이용한 다음 프로그램을 실행시켜 보아라.

```
#include <iostream.h>
void swap(int *x, int *y ) {
        int temp ;
        temp = *x ;
        *x = *y ;
        *y = temp ;
}
void main( ) {
        int i = 3, j = 99 ;
        swap(&i, &j) ;
        cout << i  << "     " << j << endl  ;
}
```

2. 문제 1에서 swap(&i, &j); 를 swap(i,j);로 바꾼 후 실행시켜 보아라. 어떤 일이 일어나는가? 왜 그런지 이유를 설명하여라.
3. 다음 프로그램에서 절대값을 구하는 부분 즉, if ... else ... 부분을 함수로 작성하고 main 함수에서 이를 호출하도록 변경하여 실행시켜 보아라. 함수의 원형. void myabs(int x, int *rval), x 는 입력변수, rval 은 반환변수.

```
void main( ) {
        int x, y; scanf("%d", &x);
        if(x>0) y = x; else  y= -x;
        printf("%d  의 절대값은 %d\n", x, y);
}
```

4. 다음 프로그램에서 두 변수 중 작은 값을 구하는 부분 즉, if () {...} 부분을 함수로 작성하고 main 함수에서 이를 호출하도록 변경하여 실행시켜 보아라. 함수의 원형. void min(int x, int y, int *min), 입력변수 x, y, 반환변수 min.

```
void main( ) {
     int x=7, y=3, temp;
     if ( x < y)  { y = x; }
     printf( "적은 값=%d  \n", y);
}
```

5. 네 개의 실수를 받아들여 그 제곱합을 반환하는 함수를 작성하여라. 이를 이용

하여 네 수 $2^2+3^2+4^2+5^2$를 더하는 프로그램을 작성하여 실행시켜 보아라. 함수의 원형 void ssum(double a, double b, double c, double d, double * rval), 입력변수 a, b, c, d. 반환변수 rval.

6. 스털링의 공식을 이용하여 n!을 구하는 함수를 작성하고, 이 함수를 이용하여 50!을 근사값을 구하는 프로그램을 작성하여 실행시켜 보아라. 함수원형 void sterlingfacto(int n, double *fact), 입력변수 n, 반환변수 fact.
7. 양의 정수 n 의 값을 받아들여 1+2+ · · · +n 을 구하는 함수를 작성하고 이 함수를 이용하여 1+2+ · · · +100을 구하는 프로그램을 작성하여 실행시켜 보아라. 함수의 원형 void nsum(int n, int *val), 입력변수 n, 반환변수 val.
8. 자연수 n 을 받아들여 1+2+ · · · +n 과 $1^2+2^2+ \cdots +n^2$를 계산하여 반환하는 함수를 작성하고 n=9일 때의 값이 얼마인지를 구하는 프로그램을 작성하여 실행시켜 보아라. 함수 원형 void myfunc(int n, int *sum, int *ssum), 반환변수 sum 은 합을, ssum 은 제곱합을 반환하도록 작성.
9. 이분법으로 방정식 x−1=0의 해를 주어진 구간 [a, b]에서 구하는 함수를 작성하고, 이 함수를 이용하여 해를 구하는 프로그램을 작성하여 실행시켜 보아라. 참고. void eqsol(double a, double b, double *sol).

4. 함수형 인수

함수의 인수로는 일반 변수나 주소형 변수를 사용할 수 있었다. 한편 함수의 인수로는 이미 정의된 함수의 주소를 사용할 수 있다. 다음 프로그램을 보자.

프로그램 4.1

```
#include <stdio.h>

double f(double x )
{
    return x*x ;
}
double diff(double f(double x ), double a)
{
    double coef, h;
    h= 0.001;
```

```
    coef =(f(a+h)-f(a))/h;
    return (double) coef ;
}

void main( )
{
    double a=1., coef;
    coef = diff(f, a);
    printf("미분계수 = %lf\n", coef);
}
```

프로그램 실행결과는 다음과 같다.

```
미분계수 = 2.00105
```

프로그램 분석

■ double f(double x)

double 형 함수 f 는 double 형 인수 x 를 가진다.

■ double diff(double f(double x), double a)

double 형 함수 diff 는 두 개의 인수를 가진다. 첫 번째 인수는 double 형 함수의 주소 f 이고, 두 번째 인수는 double 형 변수 a 이다. 함수의 인수에 함수가 나타나면 함수의 주소로 해석된다. 따라서 함수의 주소를 나타내는 다음의 표현과 동일한 것으로 해석된다.

double diff(double (*f) (double x), double a)

■ double a=1., coef;
coef = diff(f, a);

함수 diff 를 호출한다. 첫 번째 인수에는 앞서 정의된 함수 f 를, 두 번째 인수에는 double 형 변수 a 에 저장된 값 1을 넘겨준다.

함수를 인수로 사용할 때 사용할 수 있는 표현은 다양하다. 다음은 모두 같은 의미이다.

```
double diff(double f(double x ), double a);
double diff(double (*f) (double x ), double a);
double diff(double (*) (double x ), double a);
```

미분계수를 구하는 경우에서 수학적 함수의 모양만 바꾸면 그 함수의 미계수를 얻을 수 있다. 적분을 구한다거나, 방정식의 해를 구한다거나 하는 문제에서 함수형인수를 이용하면 편리하다.

적분함수

적분하는 함수를 만들 때, 함수형 인수를 사용하면 편리하다. 다음은 사다리꼴 공식을 이용한 적분 프로그램이다.

프로그램 4.2

```
#include <stdio.h>
#include <math.h>

double f(double x) {
     return x;
}

double integ(double f(double x), double a, double b) {
     double sum = 0.;
     double h=(b-a)/(double) 1000;
     sum = (f(a)+f(b))/2.;

     for(int i=1; i<1000; i++)
       sum += f(a+i*h);

     sum *=h;
     return sum;
}

void main( ) {
     double a=0, b=1, val;
     val = integ(f, a, b);
     printf("integ = %lf\n", val);
}
```

실습문제

1. 함수주소형 인수를 사용하여 함수 g(x) = x*x +2*x 에 대하여 x=1에서의 미분계수를 구하는 프로그램을 작성하여 실행시켜 보아라.
2. 함수주소형 인수를 사용하여 함수 h(x) = sin(x)+cos(x*sin(x))에 대하여 x=0.5에서의 미분계수를 구하는 프로그램을 작성하여 실행시켜 보아라.
3. 함수주소형 인수를 이용하여 주어진 수학함수를 a 에서 b 까지 적분하는 함수를 작성하고 이를 이용하여 $f(x)=x^2$를 0에서 1까지 적분하는 프로그램을 작성하고 실행시켜 보아라.
4. 함수 k(x) = sin(x)를 0에서 π/2까지 적분하는 프로그램을 작성하여 실행시켜 보아라. 상수값 π는 3.1415926을 사용하여라.
5. 다음 함수를 구간 [−4,0]에서 적분하는 프로그램을 작성하고 실행시켜 보아라. 값은 0.5에 가까운 값이 나와야 한다.

$$f(x)=\frac{1}{\sqrt{2\pi}}\exp\left(-\frac{x^2}{2}\right)$$

6. 함수 f(x)=x−1에 대하여 방정식 f(x)=0의 해를 구간 [a,b]=[0,3]에서 이분법으로 구하는 프로그램을 작성하여 실행시켜 보아라. 단, 함수형 인수를 사용하여라. 참고. 함수 원형은 다음과 같이 선언할 수 있다.

```
double bisect(double f(double), double a, double b);
```

7. 방정식의 해를 구하는 프로그램에서 방정식 x−1=0의 해를 구간 [2,3]에서 구하여 보아라. 어떤 일이 생기는가? 함수 bisect 에 해가 존재하지 않는 경우를 처리하는 코드를 삽입하여라. 참고 if(f(a)*f(b)>0.) return –9999.;
8. 함수 f(x)=sin(x)*cos(x)에 대하여 f(x)=0의 구간 [−π/4, π/4]에서의 해를 구하는 프로그램을 작성하고 실행시켜 보아라.

5. 함수의 선언과 정의 방법

함수를 사용하는 방법으로 앞에서는 다음과 같은 방법을 사용했다.

프로그램 5.1

```
#include <stdio.h>

double sum(double x, double y )
{
     return x+y ;
}

void main( )
{
    double a=1.,b=2.;
    printf("%lf\n", sum(a, b));
}
```

이와 같이 함수를 적는 방법은 함수의 원형선언과 정의를 동시에 하는 방법이라고 한다. 즉 함수의 정의를 main 함수 앞에 적는 방식이다.

한편, 다음과 같이 함수의 원형과 정의를 분리해서 적는 방식도 허용된다.

프로그램 5.2

```
#include <stdio.h>
double sum(double x, double y ) ;
void main( )
{
    double a=1.,b=2.;
    printf("%lf\n", sum(a, b));
}
double sum(double x, double y )
{
    return x+y ;
}
```

이 때, main 함수 뒤의 함수 sum 에 관한 부분을 함수 sum 의 정의라고 하고, main

함수 앞에 있는

double sum(double x, double y) ;

부분을 함수 sum 의 원형선언이라고 한다. **함수의 원형**을 먼저 선언하는 경우에는 반드시 세미콜론을 행의 마지막에 적어야 한다. 함수의 원형을 미리 적는 방식에서는 함수원형에서 변수명을 생략해도 상관없다. 즉, 앞의 예에서

double sum(double, double) ;

와 같이 적어도 된다. 그러나 변수명을 적는 것이 프로그램을 작성하는 데 도움이 되는 경우가 많다.

함수의 원형을 main 함수 앞에 나열하고, 함수의 정의는 main 함수 뒤에 오도록 하는 방식이나, 함수의 정의를 main 함수 앞에 적는 방식은 어떤 것을 사용하던 아무런 상관이 없으므로 편리한 대로 사용하면 된다.

6. 재귀함수

어떤 함수가 직접적이든 간접적이든 자기 자신을 호출하는 것을 **자기호출**이라고 한다. 자기호출을 하는 함수를 **재귀함수** 혹은 **자기호출함수**라고 한다. 영어로는 recursive function 이라고 한다. 재귀함수를 이용하면, 어려운 문제를 쉽게 프로그래밍할 수 있는 경우가 있다. 간단한 예를 통하여 재귀함수의 사용법을 알아 본다.

재귀함수의 예

다음 예제 프로그램은 main 함수 안에서 main 함수를 부르는 예이다.

프로그램 6.1

```
#include <stdio.h>
void main( )
{
    printf("  끝없는 우주!");
```

```
    main( );
}
```

이 프로그램을 실행시켜 보면 “끝없는 우주!”라는 문자열이 반복하여 출력되다가 종료되는 것을 볼 수 있다.

“끝없는 우주!”라는 문자열이 반복하여 출력되는 이유는 main 함수 안에서 main 함수가 반복해서 호출되기 때문이다. 그리고 프로그램이 종료되는 것은 main 함수를 반복해서 호출하면 사용 가능한 스택 메모리가 소진되고, 그 경우에는 시스템이 자동으로 프로그램을 종료하도록 하기 때문이다. 스택메모리영역이 고갈되는 것을 스택 오버플로우라고 한다.

다음 예제 프로그램에서는 1+2+ · · · +n 을 계산하기 위하여 재귀함수 sum 을 정의하여 사용하는 예이다.

프로그램 6.2

```
#include <stdio.h>

int sum(int n)
{
    printf(" n = %d\n", n);

    if(n <= 1)
        return n;
    else
        return n+sum(n-1);
}
void main( )
{
    int s, n = 3;
    s = sum(n);
    printf("%d\n", s);
}
```

프로그램을 실행하면 다음과 같은 출력을 얻는다.

```
n = 3
n = 2
n = 1
6
```

여기에서 1+2+3+4를 한 값 10이 마지막에 출력되어 있음을 볼 수 있다. 그리고함수 sum 안에서 출력되는 n 의 값이 1씩 감소함을 볼 수 있다. 이는 재귀함수 sum 이 그 안에서 자신을 호출할 때 n 의 값을 1 감소시켜서 호출하기 때문이다. 다음은 이를 표로 나타낸 것이다.

main 함수에서	sum(3)을 호출
sum(3)에서	3+sum(2)을 반환
sum(2)에서	2+sum(1)를 반환
sum(1)에서	1을 반환

프로그램 분석

■
```
if(n <= 1)
    return n;
```
조건문 if(n<=1)은 자기호출이 끝나는 조건을 지정해 준다. 이러한 조건을 **경계조건**이라고 한다.

재귀함수를 작성할 때는 경계조건을 잘 설정해야 한다. 경계조건이 적절하지 않으면 함수는 자기호출을 계속하여 시스템 오류를 발생시키거나 적절치 않은 결과를 만든다.

한편, 함수 sum 은 다음과 같이 반복계산함수로 바꿀 수 있다.

프로그램 6.3

```
int sum(int n)
{
    int sum = 0;
```

```
    for( ; n>=1; --n)
        sum += n;
    return sum;
}
```

다음 프로그램은 n! 을 계산하는 프로그램이다. 여기에서는 재귀함수 factorial 을 사용한다.

프로그램 6.4

```
#include <stdio.h>

int factorial(int n)
{
    if(n == 0)
        return 1;
    else
        return  n*factorial(n-1);
}
void main( )
{
    int s, n = 3;
    s = factorial(n);
    printf("%d\n", s);
}
```

프로그램을 실행하면 다음과 같은 출력을 얻는다.

```
6
```

프로그램의 main 함수에서 n 을 큰 값, 예컨대 50을 입력하면 출력되는 값은 50!이 아닌 이상한 값이 나오는 데, 이는 int 형 변수에 저장될 수 있는 값의 범위를 초과했기 때문이다.

다음은 한 줄을 입력하면 이를 역순으로 출력해 주는 재귀함수에 관한 예이다.

프로그램 6.5

```
#include <stdio.h>

void wrt_rev( )
{
     int c;
     c = getchar( );
     if(c != ‘\n’)
         wrt_rev( );
     putchar(c);
}
void main( )
{
     printf("Input a line: ");
     wrt_rev( );
     printf("\n\n");
}
```

다음은 출력결과의 예이다.

```
Input a line: Sunday morning!

!gninrom yadnuS
```

재귀함수의 효율성

재귀호출방식은 함수를 호출할 때마다 스택메모리를 사용한다. 스택을 사용하는 것은 많은 계산 시간과 메모리 공간을 필요로 하므로 매우 비능률적이 될 수 있다. 따라서 재귀호출방식은 사용되지 않아야 된다는 주장도 있다. 그러나 퀵정렬알고리즘과 같은 경우에 따라서는 비능률성이 문제가 되지 않는 경우가 있다. 또한 재귀적 프로그램은 작성하기 쉽고, 이해하기 쉽기 때문에 사용되는 경우가 있다. 재귀호출방식을 사용하느냐 아니면 반복계산방식을 사용하느냐의 결정은 다루는 문제가 어떠하느냐에 달려있다.

Fibonacci 수열을 계산하는 재귀함수

피보나치 수열 계산을 위한 재귀함수의 효율성을 살펴보자. 피보나치 수열은 다음과 같이 정의된다.

$$a_0 = 0,\ a_1 = 1,\ a_n = a_{n-1} + a_{n-2},\ n = 2, 3, \ldots,$$

처음 두 항 a_0와 a_1를 제외하고는 각 항은 이전 두 항의 합으로 정의된다. 따라서 이 수열의 항들은 다음과 같다.

0, 1, 1, 2, 3, 5, 8, ...

다음 프로그램은 피보나치 수열의 n 번째 항을 계산하는 함수이다.

프로그램 6.6

```
#include <stdio.h>

int fibonacci(int n)
{
    if(n <= 1)
        return n;
    else
        return (fibonacci(n-1)+fibonacci(n-2));
}
int main( )
{
    int a = fibonacci(5);
    printf("fibonacci = %d\n ", a);
    return 0;
}
```

다음 표에서 보는 것처럼 n 의 값이 별로 크지 않더라도 함수 fibonacci 의 호출횟수는 엄청나게 큼을 알 수 있다. 이는 재귀함수의 사용이 비효율적임을 보여주는 것이다.

n	fibonacci 수열의 n 항 값	함수 fibonacci 의 호출 회수
23	28657	92735
24	46368	150049
25	75025	242785

다음은 재귀함수 fibonacci 를 반복계산함수로 고친 것이다.

프로그램 6.7

```
unsigned long fibonacci(int n)
{
    unsigned long a=1, b=1, c;
    unsigned long m=2;

    if(n==0)
        return n;
    else
      n--;
   while(n >= m) {
     c=b;
     b=a;
     a=b+c;
     m++;
   }
   return a;
}
```

실습문제

1. 다음과 같이 프로그램 6.2의 함수 sum 에서 if(n<=1) return n; 을 삭제한 후 프로그램 6.2를 실행하여 보아라.

```
int sum(int n) {
    printf(" n = %d\n", n);
    return n+sum(n-1);
}
```

2. 프로그램 6.4에서 재귀함수 factorial 을 반복계산함수로 바꾸어서 프로그램을 실행시켜 보아라.
3. 프로그램 6.5에서 함수 wrt_rev( ) 를 반복계산함수로 바꾸어서 프로그램을 실행시켜 보아라.
4. 피보나치 수열의 43번째 항의 값을 구하여 보아라. 프로그램 6.6을 이용하여라. 참고. 433494437
5. 프로그램 6.7을 이용하여 피보나치 수열의 43번째 항을 구하여 보아라.

제 8 장

변수의 유효 범위

1. 블록과 프로그램 구조
2. 자동변수와 블록
3. 전역변수와 파일
4. 정적변수
5. register 변수

C 언어에서는 메모리를 효율적으로 사용하고, 이와 관련된 프로그램 작성의 편이성을 위한 여러 가지 방법을 사용하고 있다. 그 중의 하나가 정의된 변수가 메모리에 "살아" 있는 기간 즉, 유효범위를 정하는 것이다. 변수가 살아 있는 기간을 변수의 유효범위라고 한다. 변수의 유효범위에 따라서 자동변수, 정적변수, 지역변수, 전역변수 등으로 분류한다.

1. 블록과 프로그램 구조

블록은 중괄호로 둘러싸인 부분이다. 즉,

```
{
  ...
}
```

를 블록이라고 한다. 함수는 기본적으로 블록으로 구성되어 있다. 예를 들어 main() 함수는

```
void main( )
{
        int x;
}
```

와 같이 함수머리부분과 함수몸체로 되어 있는데, 함수몸체

```
{
        int x;
}
```

는 바로 블록이다. 하나의 프로그램은 여러 개의 블록으로 구성되는 것이 일반적이다. 먼저 블록이 병렬로 나열된 예이다.

프로그램 1.1

```
#include <stdio.h>

int sum(int x, int y)
{
    return x+y;
}

void main( )
{
    int s;
    s = sum(2,3);
    printf("s = %d\n", s);
}
```

이 프로그램은 두 개의 함수로 구성되어 있다. 따라서 두 개의 블록이 병렬로 나열되어 있다. 프로그램 1.1의 블록만을 나타낸 **블록구조**는 다음과 같은 형태이다.

```
{
  ...
}

{
  ...
}
```

한편, 다음 프로그램은 블록이 중첩된 예이다.

프로그램 1.2

```
#include <stdio.h>

void main( )
{
    int a=1;
    {
        int b=2;
        for(int c=0; c<3; c++)
        {
            printf("%d, %d, %d\n", a, b, c);
        }
```

```
    }
}
```

이 프로그램의 블록 구조를 그림으로 나타내어 보면 다음과 같다.

```
{
    …
    {
        …
        {
            …
        }
    }
}
```

여기에서는 블록 내에 블록이 들어 있는 중첩된 구조이다. 특히 가장 안쪽의 블록은 반복문 if 의 블록문이다.

병렬로 나열된 블록을 **병렬블록**, 블록 내에 블록이 겹쳐져 있는 블록을 **중첩블록**이라고 한다. 블록의 중첩은 몇 겹을 겹쳐서 할 수 있다. C 프로그램은 일반적으로 병렬블록과 중첩블록으로 구성된다.

실습문제

1. 다음 프로그램의 블록구조를 나타내어 보아라.

```
#include <stdio.h>
void main()
{
    int x=2;
    while(x<5)
    {
        x++;
        printf("%d\n", x);
    }
    {
        double y=7;
        printf("%lf\n", y);
    }
}
```

2. 다음 프로그램의 블록구조를 나타내어 보아라.

```
#include <stdio.h>
int sum(int x, int y)
{
    return x+y;
}
int product(int x, int y)
{
    return x*y;
}
void main( )
{
    int s;
    s = sum(2,3)+product(5,7);
    printf("s = %d\n", s);
}
```

2. 자동변수와 블록

자동변수는 블록 내에서 정의된다. 자동변수를 정의할 때 auto 라는 예약어를 붙여서 정의한다. 다음은 예이다.

```
{
    …
    auto  int  x;
    auto  double  x;
    …
}
```

자동변수는 C 언어의 기본형이므로 예약어 auto 를 생략하고 쓰는 것이 일반적이다. 즉, auto 를 생략한 다음 정의

```
{
    ...
    int  x;
    double  x;
    ...
}
```

은 자동변수를 정의하는 것이다.

자동변수와 블록의 효과

하나의 자동변수는 하나의 블록 내에서는 한 번만 정의되어야 한다. 먼저 다음 프로그램을 보자.

프로그램 2.1

```
void main( )
{
        int x = 1;
        int x = 5;
}
```

이 프로그램을 컴파일시키면 변수 x 가 재정의되었다는 의미의 오류 메시지가 발생한다.

error ...: 'x' : redefinition; multiple initialization

자동변수는 정의된 블록 내에서만 사용 가능하다. 즉, 자동변수의 유효범위는 변수가 정의된 블록의 내부이다. 따라서 같은 이름의 변수를 두 개 사용하려고 하면, 병렬블록을 이용하여 유효범위를 한정하면 된다.

프로그램 2.2

```
#include <stdio.h>
void main( )
```

```
{
    {
        int x = 1;
        printf("처음 블록 : %d\n", x);
    }

    {
        int x = 5;
        printf("둘째 블록 : %d\n", x);
    }
}
```

프로그램 실행 결과는 다음과 같다.

```
처음 블록 : 1
둘째 블록 : 5
```

프로그램 2.2에서는 첫 번째 블록에서 정의된 변수 x 와 두 번째 블록에서 정의된 변수 x 는 서로 다른 변수가 된다. 첫 번째 블록에서 정의된 변수 x 는 첫 번째 블록 내에서만 유효하고, 두 번째 블록 내에서 정의된 변수 x 는 두 번째 블록 내에서만 유효하다.

한편, 다음과 같이 블록 바깥에서 정의된 변수는 중첩된 내부 블록에서 사용할 수 있다.

프로그램 2.3

```
#include <stdio.h>

void main( )
{
    int x = 1;
    {
        x += 5;
        printf("x = %d\n", x);
    }
}
```

그러나 내부 블록에서 정의된 변수는 바깥 블록에서 사용할 수 없다.

프로그램 2.4

```
#include <stdio.h>

void main( )
{
    {
        int x = 5;
        printf("%d\n", x);
    }
    x++;
}
```

이 프로그램을 컴파일시키면, 명령줄 "x++;" 앞에서 변수 x 가 정의되어 있음에도 불구하고, 다음과 같은 오류 메시지가 나온다.

error ... : 'x' : undeclared identifier

즉, 변수가 정의되지 않았다는 오류 메시지가 나타난다. 그 이유는 변수 x 가 정의된 위치가 명령줄 "x++;"가 있는 블록의 내부 블록에서 정의되었기 때문에 블록 바깥에서는 변수 x 를 사용할 수 없기 때문이다.

한편, 다음과 같이 같은 변수가 바깥 블록에서도 정의되고, 내부 블록에서도 정의된 경우가 있을 수 있다. 다음 프로그램을 보자.

프로그램 2.5

```
#include <stdio.h>

void main( )
{
    int x= 3;
    {
        int x = 5;
        printf("내부 블록 : %d\n", x);
    }
    printf("바깥 블록 : %d\n", x);
}
```

프로그램의 실행결과는 다음과 같다.

```
내부 블록 : 5
바깥 블록 : 3
```

프로그램의 실행결과를 보면 내부블록에서는 내부블록에서 정의된 변수 x 가 사용되며, 이 블록의 바깥에서 정의된 변수 x 는 사용되지 않는다. 이 경우 외부에서 정의된 변수 x 는 은닉된다고 말한다. 그러나 내부블록을 빠져 나오게 되면, 바깥에서 정의된 변수 x 를 사용되게 된다.

함수의 몸체를 나타내는 블록도 같은 효과를 가진다. 예를 들어 다음과 같이 세 개의 함수 내에서 즉, 세 개의 병렬블록에서 정의된 변수 m 은 서로 다른 변수가 된다.

프로그램 2.6

```
#include <stdio.h>

void fa( )
{
    int m=1;
    printf("in fa : %d\n", m);
}

void fb( )
{
    int m=300;
    printf("in fb : %d\n", m);
}

void main( )
{
    int m=0;
    printf("in main : %d\n", m);
    fa();
    fb();
}
```

조건명령문 if 문이나, 반복명령문 for 혹은 while 문 다음에 나오는 블록도 같은 효과를 가진다. 다음 프로그램은 컴파일 시 오류를 발생한다. 이유는 내부 블록에서 정의된 변수를 블록 바깥에서 사용하기 때문이다.

프로그램 2.7

```
#include <stdio.h>

void main( )
{
    int s=0;
    for(int m=0; m<5; m++)
    {
      int v=2;
      s += m;
    }
    s += v;
}
```

자동변수는 정의된 블록 내에서만 유효하므로, 지역변수라고 부르기도 한다.

자동변수의 초기화

자동변수는 그 블록이 실행될 때마다 초기화 된다. 다음의 예제를 보자.

프로그램 2.8

```
#include <stdio.h>

void main( )
{
    int s=0;
    for(int m=0; m<3; m++)
    {
      int v=2;
      printf("%d\n", v);
      v++;
    }
}
```

출력결과는 다음과 같다.

```
2
2
2
```

같은 값이 계속 출력되는 것을 볼 수 있는데, 이는 이 블록문을 실행할 때마다 변수 v 의 값이 2로 초기화되기 때문이다. 한편, 함수를 사용할 때도 마찬가지이다. 다음 프로그램을 보자.

프로그램 2.9

```
#include <stdio.h>

void test()
{
        int x=1;
        printf("%d\n", x);
}
void main( )
{
     test();
     test();
}
```

이 프로그램에서는 함수 test 가 두 번 호출되는 데, 호출될 때마다 프로그램의 실행은 함수의 몸체인 블록을 실행하고 이 때 자동변수로 정의된 변수 x 의 값이 1로 초기화 되어 출력되는 값이 같게 된다.

실습문제

1. 다음 프로그램에서 예약어 auto 를 생략하면 어떤 일이 생길까?

```
void main( )
{
   auto int x = 1;
   auto int y = 5;
}
```

2. 다음 프로그램을 컴파일시켜 보아라. 어떤 오류가 나오는가?

```
#include <stdio.h>
void main( )
{
     int n=1;
     {
         int m = 1;
```

```
            printf("%d\n", m);
        }
        m+=10;
    }
```

3. 다음 프로그램을 실행하여 보고 왜 그런 출력을 얻었는지 설명하여라.

```
#include <stdio.h>
void main()
{
        int x=2;
        {
            double x = 2.;
            printf("%lf\n", x);
        }
        printf("%d\n", x);
}
```

4. 다음 프로그램의 출력결과를 예측하고 실행시켜 보아라. 왜 그런 결과가 나오는지 설명하여라.

```
#include <stdio.h>
void main( )
{
    int x = 2;
    printf( "out %d\n", x);
    {
      int x = 5;
      printf(  "in %d\n", x);
    }
    printf( "out %d\n", x);
}
```

3. 전역변수와 파일

하나의 파일 내의 모든 함수 내에서 유효한 변수가 필요한 경우가 있다. 이 때는 전역변수를 사용하면 된다. 전역변수는 다음과 같이 함수의 바깥에서 정의한다.

```
int x ;
void change( )
{
  …
}
void main()
{
    …
}
```

전역변수는 정의된 이후에 나오는 모든 함수 내에서 사용가능하다. 다음은 예제 프로그램이다.

프로그램 3.1

```
#include <stdio.h>
int x;
void change()
{
   x+=100;
}
void main()
{
     x=1;
     printf("%d\n", x);
     change();
     printf("%d\n", x);
}
```

프로그램의 실행결과는 다음과 같다.

```
1
101
```

변수 x 는 전역변수로 정의되어 있다. 따라서 변수 x 는 그 다음에 나오는 함수 change()와 함수 main() 의 내부 블록에서 유효하다. 함수 main()에서 변수 x 나 함수 change()에서의 변수 x 는 같은 변수를 나타낸다. 따라서 함수 main()에서 변수 x 의 값을 변화시키면 함수 change()에서의 변수 x 의 값도 바뀌게 된다.

예약어 extern

한편, 함수 내부에서 전역변수를 사용할 때, 그 변수가 외부에서 정의된 전역변수임을 구체적으로 나타내기 위해서는 예약어 extern 을 사용하여 표시하기도 한다.

프로그램 3.2

```
#include <stdio.h>

int x;

void change()
{
   extern int x;
  x+=100;
}

void main()
{
     extern int x;
     x=1;

     change();
     printf("%d\n", x);
}
```

함수 내부에서 extern 을 이용하는 것은 사용되는 변수가 함수 바깥에서 정의된 외부변수임을 나타내는 역할을 한다.

전역변수의 정의와 선언

전역변수를 정의하는 것과 선언하는 것에는 차이가 있다. 변수를 정의하는 것은 메모리에 실제적으로 자리를 차지하라는 것이고 선언하는 것은 어딘가에 정의되어 있는 변수 x 를 찾아서 쓰라는 뜻이다. 프로그램 3.2에서 'int x;'는 변수 x 의 정의이고 'extern int x;'는 변수 x 의 선언이다.

전역변수의 정의 위치와 유효 범위

전역변수는 정의되는 곳부터 유효하다. 따라서 다음 프로그램의 경우에는 함수 change()에서 '변수 x가 정의되지 않았다'는 컴파일 오류를 발생한다.

프로그램 3.3

```
#include <stdio.h>

void change()
{
   x+=100;
}

int x;

void main()
{
    x=1;
    printf("%d\n", x);

    change();
    printf("%d\n", x);
}
```

여러 개의 파일과 전역변수

프로그램을 작성할 때, 여러 개의 파일에 나누어 작성하는 경우가 있다. 이 경우에 여러 개의 파일에 걸쳐 유효한 변수를 사용하려고 하면 하나의 파일에 전역변수를 정의하고 나머지 파일에는 예약어 extern를 사용하여 프로젝트 내의 파일 중 하나에 그 변수가 전역변수로 정의되어 있음을 알려주면 된다. 다음은 예제이다.

프로그램 3.4 – 파일 aaa.cpp 에 작성되어 있음

```
#include <stdio.h>

void change();

int x;

void main()
{
    x=1;
    printf("%d\n", x);
```

```
    change();
    printf("%d\n", x);
}
```

프로그램 3.5 – 파일 bbb.cpp 에 작성되어 있음

```
extern int x;

void change()
{
   x+=100;
}
```

프로그램 3.4에서는 먼저 함수 change()를 선언한다. 이는 함수 change 의 형태를 선언하는 것이다. 이것을 생략하면 '정의되지 않은 함수'라는 오류를 발생한다. 그리고 전역변수 'int x;'를 정의한다. 프로그램 3.5에서는 변수 x 가 어딘가에 정의되어 있는 전역변수이고 그 전역변수를 이 파일 내에서 사용한다는 것을 나타내기 위하여 'extern int x;'라는 명령줄을 사용하고 있다.

비주얼 C++를 사용하는 경우 두 개의 파일이 하나의 프로젝트에 포함되어 있는 것은 다음과 같이 나타난다.

하나의 파일 내에서 중간에 전역변수가 정의되어 있고 이를 그 앞에서 사용하고자 하는 경우 전역변수임을 선언해 주면 된다.

프로그램 3.6

```
#include <stdio.h>

extern int x;

void change()
{
   x+=100;
}
```

```
int x;

void main()
{
     x=1;
     change();
     printf("%d\n", x);
}
```

전역변수와 자동변수

만약 함수 내부에서 extern 을 생략하고 선언하면, 전역변수가 아닌 새로운 자동변수로 인식된다. 다음 예제 프로그램을 보자.

프로그램 3.7

```
#include <stdio.h>

int x;

void change()
{
     int x;
     x+=100;
}

void main()
{
     x=1;
     change();
     printf("%d\n", x);
}
```

프로그램의 실행결과는 다음과 같다.

```
1
```

프로그램에서 보면 함수 change()내에서 변수 x 의 값의 변화는 지역변수 x 의 값의 변화이므로 전역변수 x 를 사용하는 main 함수에는 영향을 끼치지 못한다.

extern 함수

함수의 선언 앞에 extern 을 적는 경우 그 함수가 같은 파일 혹은 다른 파일의 어딘가에 정의 되어 있다는 것을 나타낸다. 다음은 그 모양이다.

```
extern int funca(int x)
{
   …
}
```

전역변수의 사용상의 주의점

전역변수는 특별한 경우가 아니면 사용하지 않는 것이 좋다. 전역변수를 사용하는 경우, 그 전역변수를 사용하는 함수들에서는, 하나의 함수에서 값을 바꾸면 다른 모든 함수에서도 값이 바뀌어 모듈성이 떨어지게 되기 때문이다.

실습문제

1. 다음 프로그램을 실행해 보고 왜 그런 출력을 얻었는지 설명하여라.

```
#include <stdio.h>
int x=2;
void fa(int m)
{
     x/=m;
}

void main()
{
     extern int x;
     fa(2);
     x++;
     printf("%d\n", x);
}
```

2. 앞의 문제 1의 프로그램을 두 개의 파일로 나누어 작성하여라. 각각의 파일은 하나의 함수로 구성되게 하고 전역변수는 main 함수가 있는 파일에서 정의하여라.
3. 다음 프로그램의 오류를 수정하여라.

```
#include <stdio.h>
extern double num;
void main()
```

```
{
    num = 2.;
    printf("%lf\n", num);
}
```

4. 다음 프로그램의 출력결과는? 예약어 extern을 삭제하고 실행시키면 어떤 출력을 얻는가? 왜 그런 출력을 얻는지 설명하여라.

```
#include <stdio.h>

double x=3.;

void fa()
{
    extern double x;
    x +=10.;
}

void main()
{
    fa();
    printf("%lf\n", x);
}
```

4. 정적변수

정적변수는 프로그램이 실행되는 동안에 그 값이 유지되는 변수이다. 따라서 블록이 실행될 때마다 초기화되는 자동변수와는 다른 용도가 있다.

블록 내에서 정의된 정적변수 – 내부 정적변수

자동변수는 그 블록이 실행될 때마다 초기화가 이루어졌다. 그러나 블록이 실행될 때마다 초기화 되지 않고 기존의 값을 보존하고 있는 변수가 필요할 때가 있다. 이러한 일은 정적변수를 사용하여 된다.

프로그램 4.1

```
#include < stdio.h>

int rnd()
{
    int r = 3;
    r *= 3;
```

```
    return r;
}

void main( )
{
    for(int j=0; j<2; j++) {
        int s1 = rnd();
        printf("%d\n", s1);
    }
}
```

프로그램의 출력 결과는 다음과 같다.

```
9
9
```

함수 rnd를 두 번 호출한 결과 같은 값을 얻었다. 이는 변수 r이 자동변수로 정의되어 있으므로 블록이 실행될 때마다 값이 3으로 초기화되기 때문이다.

블록이 실행될 때마다 초기화 되지 않는 변수의 정의는 정적변수를 이용하면 된다. 정적변수는 static이라는 예약어를 사용하여 다음과 같이 정의한다.

static int r=3;

위의 프로그램에서 변수 r을 static 변수로 바꾸어 보자.

프로그램 4.2

```
#include < stdio.h>

int rnd()
{
    static int r = 3;
    r *= 3;
    return r;
}

void main( )
{
    for(int j=0; j<2; j++) {
```

```
        int s1 = rnd();
        printf("%d\n", s1);
    }
}
```

프로그램의 실행결과는 다음과 같다.

```
9
27
```

실행결과를 보면 값이 함수가 실행되고 나서 변수 r의 값이 보존되고 있음을 알 수 있다. 정적변수 r이 값을 보존하고 있는 이유는 자동변수와 달리 프로그램이 메모리에 올라갈 때, 정적변수의 경우는 미리 기억장소를 차지하면서 초기화 되고, 함수가 호출될 때 사용되는 것이다. 정적변수는 함수 안에 정의되어 있지만 함수가 호출될 때는 그 부분은 실행되지 않는다. 정적변수가 함수 안에 정의되어 있는 의미는 그 함수 내에서만 사용할 수 있음을 나타낸다. 이와 같이 함수 안에서 정의되는 정적변수를 내부 정적변수라고 부른다.

외부정적변수

함수 외부에서 예약어 static을 이용하여 정의된 정적변수를 **외부정적변수**라고 한다. 외부정적변수는 정의된 이후의 모든 함수에서 공통으로 사용할 수 있다. 그러나 외부정적변수는 같은 파일 내에서만 사용가능하고, 다른 파일에서는 사용할 수 없다. 외부정적변수를 사용하면 주어진 파일의 함수 들에게는 공통으로 사용되고 다른 파일에서는 접근할 수 없는 변수를 만들 수 있다.

프로그램 4.3

```
#include < stdio.h>

static int r=3;
void rnd()
{
    r *= 3;
}
```

```
void main( )
{
    for(int j=0; j<2; j++) {
        rnd();
        printf("%d\n", r);
    }
}
```

static 함수

함수를 static 으로 정의하면 파일의 내부에서만 접근이 가능하고, 다른 파일에서는 접근이 불가능하게된다.

```
static int f()
{
        …
}
```

정적변수를 이용한 난수생성

정적변수를 사용하면 난수를 생성하는 함수의 작성이 쉬워진다. 다음은 양의 정수 난수를 생성하는 프로그램이다.

프로그램 4.4

```
#include < stdio.h>
#include <time.h>

unsigned int randnum()
{
    static unsigned int num = time(0)* 690690690;
    num = num *17 + 1;
    return num;
}

void main( )
{
    unsigned int r;
    for(int i=0; i<3; i++)
    {
```

```
        r=randnum();
        printf("%u\n", r);
    }
}
```

프로그램 실행시키면 다음의 값들을 얻는다.

52 885 15046

앞에서는 난수를 생성하기 위하여

num = num *17 + 1;

에서 17을 곱하였으나 69069를 곱하는

num = num *69069 + 1;

이 좋은 성질의 난수를 생성함이 알려져 있다.

실수값 0~1 사이의 난수 생성

다음은 실수값 0~1 사이의 난수를 생성하는 함수 프로그램이다.

프로그램 4.5

```
#include < stdio.h>
#include <time.h>

#define UMAX 4294967295.0

unsigned int randnum()
{
    static unsigned int num = time(0)* 690690690;;
    num = num *69069 + 1;
    return num;
}
```

```
double uniform( )
{
    return randnum() /UMAX;
}

void main( )
{
 double r;
    for(int i=0; i<10; i++) {
        r = uniform();
        printf("%lf\n", r);

    }
}
```

프로그램의 분석

■ #define UMAX 4294967295.0

매크로 UMAX 를 정의한다. UMAX 는 4294967295.0으로 정의되어 있다. 이 값은 $2^{32}-1$인데, 이는 unsigned int 에 저장될 수 있는 최대값이다. 변수형 unsigned int 형 변수는 기억장소에서 4 바이트, 즉 32 비트를 차지하고 있어 unsigned int 형 변수에 저장할 수 있는 최대값은 $2^{32}-1$이다.

■ double uniform( )

```
{
    return randnum() /UMAX;
}
```

함수 uniform()을 정의한다. 반환값은 randnum()/UMAX 이다. 함수 randnum()에 의해 반환되는 값은 항상 0~4294967295 사이이고 UMAX 는4294967295.0이므로, randnum()/UMAX 는 항상 0과 1 사이의 실수값이 된다. 따라서 uniform() 함수가 반환하는 값은 항상 0과1 사이의 실수가 된다.

실습문제

1. 자동변수와 정적변수의 차이점을 설명하여라.
2. 내부정적변수와 외부정적변수의 차이점을 설명하여라.
3. 프로그램 4.3에서 정적변수의 위치를 다음과 같이 함수 main 앞으로 옮기면 어

떻게 될까? 이유를 설명하여라.

```
#include < stdio.h>
void rnd()
{
    r *= 3;
}
static int r=3;
void main( )
{
    for(int j=0; j<2; j++) {
        rnd();
        printf("%d\n", r);
    }
}
```

4. 정수 난수를 생성하는 프로그램 4.4의 main 함수에서 명령줄

```
r=randnum();
```

부분을

```
r=randnum()%200;
```

으로 고친 후 실행시켜 보아라. 어떤 결과를 얻는가?

5. 특정한 범위에 있는 난수 예컨대 0에서부터 99 까지의 정수 난수10개를 생성하는 프로그램을 작성하고 실행시켜 보아라. 이 때는 randnum()%100을 이용하여라.
6. 값 0에서 99 까지의 정수 난수 1000개의 평균을 구하는 프로그램을 작성하여 실행시켜 보아라. 평균값이 50 근처의 값인가? 그렇다면 왜 그런지 이유를 설명하여 보아라.
7. 실수값 0~1사이의 난수값을 생성하는 함수를 이용하여 0과 1사이의 실수로 된 난수 100개를 생성하여 평균과 분산을 구하는 프로그램을 작성하고 실행시켜 보아라.

5. register 변수

컴퓨터 CPU 에는 레지스터라고 불리는 고속의 메모리가 있다. 이 메모리를 사용하는 법은 register 변수를 정의하는 것이다. 레지스터 메모리는 그 수가 매우 적다. 대부분의 시스템이 사용하고 남으면 사용할 수 있다. 만약 여분이 없으면, register 로 정의된 변수는 자동으로 자동변수로 변환되어 정의된다. 레지스터변수는 실행속도를 증가시키기 위해서 사용된다. 실행속도가 중요할 때는 가장 많이 사용하는 변수 몇 개를 레지스터변수로 하여 정의한다. 다음은 int 형 레지스터 변수를 정의하는 것이다.

```
register int i;
```

만약 int 를 생략하고

```
register i;
```

로 쓰면 자동으로 int 형으로 해석한다.

제 9 장

배 열

1. 배열의 정의와 사용
2. 함수 인수로서의 배열
3. 이차원 배열
4. 삼차원 배열

1. 배열의 정의와 사용

C 언어에서는 같은 형의 변수를 여러 개 묶어 그룹으로 나타낼 수 있다. 같은 형의 변수들을 묶어 만든 그룹을 배열이라고 한다. 배열을 정의할 때는 구성원의 변수형과 구성원의 갯수를 지정해 주어야 한다. 구성원의 변수형은 배열의 형이 된다. 구성원의 갯수를 배열의 크기라고 한다.

배열의 정의와 원소

배열을 정의하는 방법은 배열의 형, 배열의 이름, 대괄호 사이에 배열의 크기를 차례대로 적는다. 예를 들어 세 개의 int 형 변수를 묶어 grade 라는 이름으로 배열을 정의하는 방법은 다음과 같다.

```
int grade[3];
```

이렇게 정의된 배열 grade 의 세 개의 구성원 변수는 모두 int 형이며, 각각의 이름은

```
grade[0],  grade[1],  grade[2]
```

가 된다. 구성원 변수를 배열의 원소라고 한다.

배열의 형

배열 grade 의 모든 원소가 int 형 변수임을 나타내기 위하여 배열의 이름 앞에 int 를 붙여 선언하였다. 이와 같은 방식으로 double 형, char 형 등의 배열을 선언하여 사용할 수 있다. 즉,

```
double  val[5];
char  st[3];
float  score[40];
```

배열의 크기와 첨자의 범위

배열의 원소를 나타내기 위하여 대괄호 안에 사용하는 숫자를 첨자라고 하며, 배열의 첨자는 0부터 시작하며 배열의 크기 −1 까지가 된다.

배열과 주소

앞에서 정의된 int 형 배열 grade 는 기억 장소의 어디엔가 자리를 잡게 된다. 기억장소에 자리잡은 모양을 다음 그림과 같이 나타낼 수 있다.

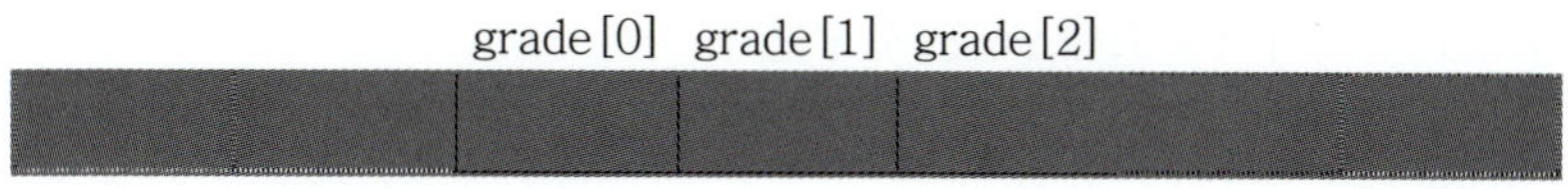

그림에서는 배열 grade 가 차지하는 부분은 실선으로, 배열 grade 의 앞이나 뒤에 계속되는 메모리 영역은 점선으로 나타내었다.

배열의 이름 grade 는 실제로 주소를 나타낸다. 즉 배열의 이름은 포인터이다.

배열에서 대괄호의 역할

대괄호는 배열의 정의할 때와 배열의 원소를 나타낼 때 모두 사용된다. 배열을 정의할 때는 대괄호 안의 숫자는 배열의 크기가 된다. 한편, 배열의 원소를 나타낼 때는 대괄호 안의 숫자는 첨자로 사용된다. 즉, 배열의 몇 번째 원소인지를 나타내는 데 사용된다.

배열을 정의하고 사용하는 예를 보자.

프로그램 1.1

```
#include <stdio.h>

void main( )
{
    int grade[3];
    grade[0] = 99;
    grade[1] = 95;
    grade[2] = 97;
    printf(“%d  %d  %d\n”, grade[0], grade[1],grade[2]);
}
```

프로그램 분석

■ int grade[3];

int 형 배열 grade를 정의한다. 배열의 크기는 3이다. 즉, 배열 grade를 구성하는 변수는 세 개이다.

■ grade[0] = 99;

배열의 0번째 기억장소에 99를 저장한다. 배열의 첨자는 0에서부터 시작한다.

■ grade[1] = 95;

배열의 1번째 기억장소에 95를 저장한다.

■ grade[2] = 97;

배열의 2 번째 기억장소에 97를 저장한다. 크기 3인 배열의 마지막 첨자는 2가 된다.

프로그램 1.1에서는 int 형 배열을 사용하였는 데, double 형 배열도 마찬가지 방법으로 정의할 수 있다. 즉,

```
double x[5];
```

와 같이 정의하면 배열 x는 double 형이며 구성원 변수는 모두 5개 있고, 각 구성원 변수의 이름은

x[0], x[1], x[2], x[3], x[4]

가 된다. 같은 방법으로 float 형이나 char 형 등의 배열을 정의할 수 있다.

첨자의 범위

크기가 3인 int 형 배열 grade가 다음과 같이 정의되어 있다고 하자.

```
int grade[3];
```

그러면 이 배열의 구성원을 나타내기 위한 첨자는 0, 1, 2가 된다. 일반적으로 배열

의 크기와 첨자의 범위의 관계는 다음과 같다.

배열의 크기 : N
첨자의 범위 : 0, 1, ..., N–1

배열의 첨자범위를 넘어선 첨자의 사용

배열을 사용할 때는 지정된 범위의 첨자만을 사용하여야 한다. 만약 범위를 벗어난 첨자를 사용하면 심각한 오류가 발생한다. 다음 프로그램은 배열의 첨자의 범위를 넘어서는 사용의 예이다.

프로그램 1.2

```
void main( )
{
    int p[2];
    p[2] = 1;
    p[-1] = 1;
    p[1000] = 1;
    p[-500] = 1;
}
```

이 프로그램을 실행시키면 오류메시지가 나타나고 프로그램이 종료된다.

프로그램 분석

■ int p[2];

크기가 2인 배열 p 를 정의한다. 유효한 첨자범위는 0, 1이다. 배열이 기억장소에 자리 잡은 모양은 다음과 같이 나타낼 수 있다.

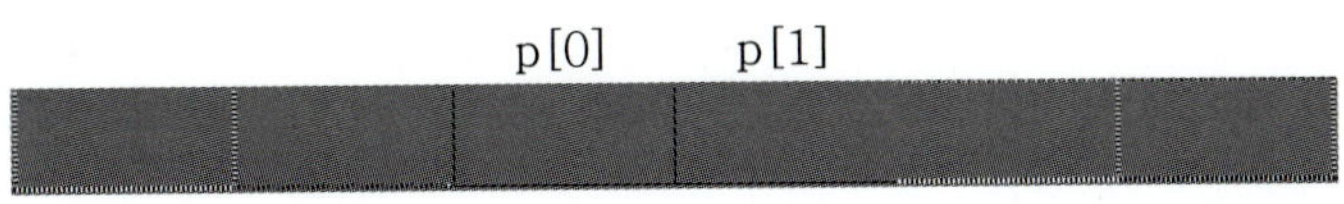

■ p[2] = 1;

첨자 2는 배열 p 의 첨자 범위를 벗어난 것이므로 배열 p 와는 상관이 없는 기억장소가 된다. 그러나 C 언어에서는 문법을 확인하는 과정인 컴파일 시 오류를 발생시키지 않는다.

■ p[2] = 1;
  p[-1]=1;

첨자 2는 배열 p 의 첨자 범위를 벗어난 것이므로 배열 p 와는 상관이 없는 기억장소가 된다. 배열 p 의 원소는 p[0]와 p[1] 뿐이지만, p[2]를 배열 p 의 2번째 원소로 해석하고, 원소 p[1] 다음의 기억장소의 값을 p[2]로 간주한다. p[-1]도 같은 방법으로 해석된다.

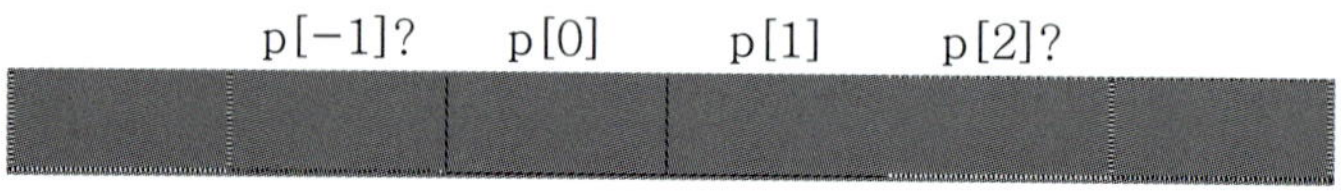

■ p[2] = 1;

유효한 첨자의 범위를 넘어서는 사용의 경우, 프로그램을 실행시키면 메모리 불법사용 오류가 발생할 수 있다. 윈도우 환경의 경우 오른편 그림과 같은 메시지를 받을 수 있다. 기억장소의 오류를 범한 경우 예측하지 못한 결과가 나타날 수 있다.

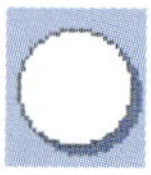

■ p[1000] = 1;
  p[-500] =1;

첨자 1000과 -500은 범위를 벗어난 것이다. 이 경우에는 기억장소의 오류가 나타날 수 있다. 기억장소의 오류가 나타나지 않는 경우라도 실행 결과를 믿을 수 없다.

배열의 첨자범위를 벗어난 첨자를 사용하는 것은 가능은 하지만, 정의된 배열의 범위를 벗어난 기억장소에 값을 저장하거나 읽게 되어 심각한 오류를 발생하게 되는 경우가 대부분이다. C 언어에서는 첨자 범위의 확인은 프로그래머가 책임지도록 하고 있다.

배열의 초기화

변수에서는 변수를 정의하면서 값을 저장하는 초기화가 가능하였다. 이것은 배열에서도 마찬가지이다. 배열에서 값의 초기화는 중괄호와 콤마를 사용한다. 다음은 초기화의 예이다.

```
int grade[3] = {99, 95, 97};
```

만약 배열의 크기보다 적은 수의 값으로 초기화하면 나머지 값은 0으로 초기화된다. 예를 들어

```
int grade[3] = {99, 95};
```

라고 초기화하였다면, 이는 실제로

```
int grade[3] = {99, 95, 0};
```

으로 초기화하는 것과 같은 것이다. 한편

```
int grade[3] = {0};
```

으로 쓰면 이는 배열 grade 의 모든 원소를 0으로 초기화하는 것이다. 즉,

```
int grade[3] = {0, 0, 0};
```

컴파일러에 따라서는 초기화할 때, 지정되지 않은 배열의 원소는 0이 아닌 임의값으로 초기화하는 수도 있으므로 반드시 확인하여야 한다.

배열의 초기화를 이용한 배열의 크기 정의

한편, 초기화를 이용하여 배열의 크기를 정할 수 있다. 예를 들어

```
int grade[ ] = {99, 95, 97};
```

와 같이 배열의 크기가 생략되어 있으면 초기화에 사용된 값의 개수를 배열의 크기로 한다. 여기서 배열 grade 의 크기는 3이 된다.

배열과 for 문을 이용하여 합 구하기

배열과 for 문을 이용하면 여러 숫자의 합을 간편하게 구할 수 있다.

프로그램 1.3

```
#include <stdio.h>

void main( )
{
        int n = 3;
        int grade[3] = {80, 90, 100};
        int sum = 0;

        for (int i=0; i<n; i++)
           printf("%d  ", grade[i]);
        printf("\n");

        for (i=0; i<3; i++)
           sum += grade[i];

        printf("합= %d\n", sum);
}
```

프로그램의 실행결과는 다음과 같다.

```
80 90 100
합=270
```

프로그램 분석

■ for (int i=0; i<3; i++)

```
        sum += grade[i];
```

변수 i 의 값을 0, 1, 2로 차례로 바꾸어가면서 sum 에 grade[i] 의 값을 더한다.

배열을 이용한 평균과 분산 구하기

자료가 x_1 , x_2 , ..., x_n 으로 주어져 있을 때 평균과 분산을 구하는 공식은 다음과 같다.

$$\text{평균 : } \bar{x} = \frac{x_1 + x_2 + \Lambda + x_n}{n},$$

$$\text{분산 : } s^2 = \frac{x_1^2 + x_2^2 + \Lambda + x_n^2}{n} - \bar{x}^2$$

주어진 5개의 값 –2, −1, 0, 1, 2의 평균과 분산을 구하는 프로그램을 작성하여 본다.

프로그램 1.4

```
#include <stdio.h>

void main( )
{
        int n = 5;
        double x[5] = { −2, −1, 0, 1, 2};
        double sum=0., ssum = 0.;
        for(int i=0; i<n; i++) {
           sum += x[i];
           ssum +=  x[i]*x[i];
        }
        sum /= n;
        ssum = ssum/n  –  sum*sum;
        printf(“평균 = %4.1lf,  분산 = %4.1lf\n”, sum, ssum);
}
```

프로그램의 실행결과는 다음과 같다.

```
평균 =  0.0,  분산 =  2.0
```

배열을 이용한 정렬

한편, 배열을 이용하면 주어진 숫자들의 최소값을 찾아 배열의 0번째 기억장소에 옮겨 두는 일을 쉽게 해결할 수 있다. 다음은 예제 프로그램이다.

프로그램 1.5 최소값 찾기

```
#include <stdio.h>

void main( )
{
      int x[3] = {9, 4, 2}, temp;
      printf(“before=%d\n”, x[0]);
      for (int j=1; j<3; j++)
      {
           if(x[0] > x[j] )
```

```
        {
            temp = x[0];
            x[0] =x[j];
            x[j] = temp;
        }
    }
    printf("after=%d\n", x[0]);
}
```

프로그램 실행 결과는 다음과 같이 제일 작은 값이 x[0]에 저장되어 있음을 확인할 수 있다.

```
before=9
after=2
```

프로그램 분석

■ for (int j=1; j<3; j++)

```
{
    if ( x[0] > x[j])
    {
        temp = x[0]; x[0] =x[j]; x[j] = temp;
    }
}
```

반복변수 j 의 값을 1, 2로 차례대로 바꾸어 가면서, 배열의 원소 x[0]의 값이 x[j]의 값보다 크면 두 변수에 저장된 값을 맞바꾸게 된다. 즉 for 반복문이 다 시행되고 나면 x[0]에는 x[0], x[1], x[2]에 원래 저장되었던 값 중에서 제일 적은 값이 저장되게 된다.

앞의 프로그램 1.4를 이용하여 배열에 저장된 값을 크기 순으로 나열하는 프로그램을 다음과 같이 작성할 수 있다.

프로그램 1.6 배열 정렬하기

```
#include <stdio.h>

void main( )
{
    int x[3] = {9, 4, 2}, temp;
    printf("before : %d %d %d\n", x[0], x[1], x[2]);


    for (int i=0; i<2; i++)
    {
        for (int j=i+1; j<3; j++)
        {
            if(x[i] > x[j] )
            {
                temp = x[i];
                x[i] =x[j];
                x[j] = temp;
            }
        }
    }
    printf("after : %d %d %d\n", x[0], x[1], x[2]);
}
```

프로그램의 실행결과는 다음과 같이 큰 순서로 잘 정렬되어 있음을 확인할 수 있다.

```
before : 9 4 2
after : 2 4 9
```

프로그램 분석

■ for (int i=0; i<2; i++)

{

…

}

반복변수 i 의 값을 0,1 두 값에 대하여 for 문을 실행한다.

■ for (int j=i+1; j<3; j++)

{

> …
> }
> 반복변수 j 에 대해서는 i+1에서부터 2까지 실행한다. 바깥 for 문에서 i=0,1이므로 i 가 0일 때는 j= 1, 2에 대하여 for 문이 반복되고 i 가 1일 때는 for 문이 j=2에 대하여 반복된다. 즉 한 번 반복하게 된다.

실습문제

1. 다음 프로그램에서 'ge[2] = 97;'을 'ge[3]=97;'으로 바꾸고 실행시켜 보아라. 어떤 일이 일어나는가?

```
#include <stdio.h>
void main( ) {
    int ge[3]; ge[2] = 97; printf("%d\n", ge[3]);
}
```

2. 배열을 이용하여 키보드로 3개의 숫자를 입력하여 더하는 프로그램을 작성하여 실행시켜 보아라. 이 때 입력된 숫자들도 출력하여라.
3. 키보드로 5개의 숫자를 입력하여 평균을 구하는 프로그램을 작성하여라. 배열과 for 명령문을 이용하여라. 입력된 숫자도 출력하여라.
4. 키보드로 5개의 숫자를 입력하여 제곱하여 더한 합을 구하는 프로그램을 작성하여라. 배열과 for 명령문을 이용하여라.
5. 크기가 10인 int 형 배열에 적당한 값을 저장한 다음, 이를 크기 순으로 정렬하는 프로그램을 작성하고 실행하여라.
6. 크기가 10인 int 형 배열이 정의되어 있고, 배열의 크기를 나타내는 변수 n 이 정의되어 있을 때, n 에 10을 저장한 다음 주어진 배열의 원소의 값을 크기 순으로 정렬하는 프로그램을 작성하고 실행하여라.
7. 크기가 10인 int 형 배열을 정의한 후 10개의 값을 할당하여 출력하여 보아라. 배열의 크기를 나타내는 변수 n 을 정의하여 10을 저장하여라. 이 n 을 이용하여 주어진 배열을 크기의 역순으로 정렬하는 정렬하는 프로그램을 작성하고 실행하여라. 크기의 역순이란 배열의 0번째 원소에 제일 큰 값이 오도록 정렬되는 것을 의미한다.
8. 다음 프로그램을 실행시켜 보고 왜 그와 같은 결과를 얻었는지 설명하여라. int

형 끼리의 연산은 결과가 int 형이 됨에 유의하여라.

```
void main() {
    float a[3]={0, 1,2}, b[4]={0,1,2,3};
    int n=3; printf("%f  %f\n", a[(n-1)/2], a[n/2]);
    n=4;     printf("%f  %f\n", b[(n-1)/2], b[n/2]);
}
```

9. 배열에 4, 2, 5, 7을 저장한 후, 이 배열을 이용하여 중위수 즉, 메디안을 구하는 프로그램을 작성하여라. 또한 34, 12, 89 의 중위수를 구하는 프로그램도 작성하여라. 힌트.

자료 : $a[0] \le a[1] \le a[2] \le \ldots \le a[n-1]$

중위수 : $med = \dfrac{a[(n-1)/2] + a[n/2]}{2}$, 단, n 은 int 형 변수

2. 함수 인수로서의 배열

함수를 정의할 때, 배열로 된 인수를 사용할 수 있다. 즉, 배열에 관한 정보를 함수에 넘겨줄 수 있다.

배열 인수

배열을 인수로 사용하는 형식은 다음의 예와 같다.

```
double sum(double x[ ], int n)
```

여기에서 함수의 첫 번째 인수로 배열을 사용하고 있다. 즉, 배열이 인수임을 선언하기 위하여 배열의 이름과 [ ]를 적는 방법으로 사용하고 있다. 다음의 배열을 인수로 사용하여 배열의 원소의 합을 구하는 예제 프로그램을 보자.

프로그램 2.1

```
#include <stdio.h>

double sum(double x[ ], int n)
{
    int i ;
```

```
    double sum = 0.;
    for(i=0; i<n; i++)
        sum += x[i];
    return sum;
}
void main( )
{
    double a[]={1., 2., 3.}, xs;
    int n = 3;
    xs = sum(a, n);
    printf("%lf\n", xs);
}
```

프로그램 분석

■ double a[]={1., 2., 3.},

크기가 3인 배열 a를 정의하고, 초기치를 할당한다.

■ xs = sum(a, n);

함수 sum을 호출한다. 첫 번째 인수는 배열의 이름이다. 배열 인수에 대하여 배열의 이름 만을 적어 함수 sum을 호출함에 주의하자.

배열인수와 주소

함수 sum에서 배열의 표현 x[ ]는 포인터 표현으로 바꾸어 쓸 수 있다.

```
double sum(double *x, int n)
```

즉, 함수머리에서 두가지 표현 x[ ]와 *x는 동일하다. 이는 배열을 넘겨준다는 것은 배열의 시작번지를 넘겨주는 것을 의미한다.

만약 배열의 주소를 넘겨 받은 함수 안에서 배열의 값을 바꾸게 되면, 함수를 호출 쪽에서도 배열의 값이 바뀌게 된다. 다음은 이를 보는 예제 프로그램이다.

프로그램 2.2

```
#include <stdio.h>
void aaa(int x[ ], int n)
```

```
{
    for(int i=0; i<n; i++)
       x[i] += 100;
}
void main( )
{
    int a[ ]={1, 2, 3};
    int n = 3;
    printf("before :%d\n", a[1]);
    aaa(a, n);
    printf("after :%d\n", a[1]);
}
```

다음의 프로그램 출력 결과를 보면 함수 실행 전후의 배열의 원소 값이 바뀐 것을 알 수 있다.

```
before :2
after :102
```

배열의 원소의 합을 구하는 함수

배열을 넘겨 받아 배열의 원소의 합을 구하여 반환하는 함수는 다음과 같이 작성하여 사용할 수 있다.

프로그램 2.3

```
#include <stdio.h>
int isum(int n, int vec[ ])
{
     int s = 0;
     for (int i=0; i<n; i++)
        s += vec[i];

     return s;
}
void main( )
{
     int n = 3;
     int grade[3] = {80, 90, 100};
```

```
        int sum;

        sum = isum(n, grade);

        printf("합=%d\n", sum);
}
```

프로그램 분석

■ int isum(int n, int vec[ ]) { ... }

함수 isum 을 정의한다. 첫 번째 인수는 배열 vec 의 크기이고, 두 번째 인수는 배열 vec[]이다. 실제로는 배열의 시작번지를 인수를 사용하고 있다.

배열 원소의 평균과 분산을 구하는 함수

주어진 자료 x_1, x_2, . . . , x_n 의 평균과 분산을 구하는 함수를 작성하과 이를 이용하여 주어진 5개의 값 –2, −1, 0, 1, 2의 평균과 분산을 구하는 프로그램을 작성하여 본다.

프로그램 2.4

```
#include <stdio.h>
void meanvar(int n, double a[ ], double *mean, double *var)
{
        double sum=0., ssum = 0.;
        for(int i=0; i<n; i++) {
           sum += a[i];
           ssum +=  a[i]*a[i];
        }
        sum /= n;
        *mean = sum;
        ssum = ssum/n  -  sum*sum;
        *var = ssum;
}

void main( )
{
        int n = 5;
        double x[5] = { -2, -1, 0, 1, 2};
```

```
        double m, v;
        meanvar(n, x, &m, &v);
        printf("평균 = %4.1lf, 분산 = %4.1lf\n", m, v);
}
```

프로그램 분석

■ void meanvar(int n, double a[ ], double *mean, double *var)
함수 meanvar 를 정의한다. 첫 번째 인수는 배열 a 의 크기이고, 두 번째 인수는 배열 a[]이다. 그리고 세 번째와 네번째 인수는 주소형 변수로서, 함수 내에서 구한 평균과 분산을 호출한 함수로 반환하기 위하여 사용된다.

배열을 이용한 정렬

배열의 원소를 정렬하는 함수를 작성하여 본다.

프로그램 2.5 배열 정렬 함수

```
#include <stdio.h>

void sort(int n, int x[ ])
{
    int temp;
    for (int i=0; i<2; i++) {
        for (int j=i+1; j<3; j++) {
            if(x[i] > x[j] ) {
                temp = x[i];
                x[i] =x[j];
                x[j] = temp;
            }
        }
    }
}

void main( )
{
    int x[3] = {9, 4, 2}, n=3;
    printf("before : %d %d %d\n", x[0], x[1], x[2]);
    sort(n, x);
    printf("after : %d %d %d\n", x[0], x[1], x[2]);
}
```

프로그램의 실행 결과는 다음과 같이 큰 순서로 잘 정렬되어 있음을 확인할 수 있다.

```
before : 9 4 2
after : 2 4 9
```

> 프로그램 분석
>
> ■ void sort(int n, int x[ ])
> 함수 sort 는 두 개의 인수를 가지고 있다. 첫 번째 인수는 배열의 크기이고, 두 번째 인수는 배열의 주소이다. 두 번째 인수 x[]는 입력변수와 반환변수로 사용되고 있다. 즉, 배열 x 의 원소의 값은 함수 내에서 변경되어, 호출한 쪽에서는 반환되는 값으로 사용된다.

실습문제

1. 키보드로 5개의 숫자를 입력하여 평균을 구하는 프로그램을 작성하여라. 이 때 평균을 구하는 함수를 먼저 작성하고 이를 호출하여라.
2. 키보드로 5개의 숫자를 입력하여 제곱하여 더한 합을 구하는 프로그램을 작성하여라.
3. 크기가 n=10인 double 형 배열에 적당한 값을 저장한 다음 이를 크기 순으로 정렬하는 프로그램을 작성하고 실행하여라. 정렬하는 함수를 작성한 후 이를 호출하여라.
4. 크기가 n 인 double 형 배열에 저장되어 있는 값들의 중위수를 구하는 프로그램을 작성하여라. 배열을 정렬하는 함수를 이용하고, 다음의 두 자료에 대하여 작성한 프로그램을 검사하여 보아라.

   자료 1 : 3, 1, 8
   자료 2 : 6, 7, 9, 2, 5

5. 크기가 n 인 double 형 배열에 저장되어 있는 값들의 중위수를 구하는 함수를 작성하여라. 이를 이용하여 다음의 두 자료의 중위수를 구하는 프로그램을 작성하고 실행시켜 보아라.

   ① 7, 9, 11, 6, 3
   ② 8, 6, 5, 9, 3, 7

6. 일차원배열의 주소와 배열의 크기를 넘겨 받아 이들 배열에 저장되어 있는 값들을 크기 순으로 나열하는 함수를 작성하고, 이 함수와 난수 생성함수를 이용하여, 10개의 난수를 생성하여 배열에 저장한 다음 이들을 크기 순으로 나열한 후 콘솔창에 출력하는 프로그램을 작성하여 실행시켜 보아라.

3. 이차원 배열

앞에서 배열을 다루었다. 배열은 하나의 첨자를 사용하였다. 만약 수학의 행렬에서와 같이 첨자를 두 개 사용하기를 원한다면, 이차원 배열을 사용하면 된다.

프로그램 3.1

```
#include <stdio.h>

void main( )
{
    int a[2][3];

    a[0][0] = 1; a[0][1] = 2; a[0][2] = 3;
    a[1][0] = 4; a[1][1] = 5; a[1][2] = 6;

    int sum = 0;
    for ( int i =0; i < 2; i++)
        sum +=  a[i][0];

    printf("0 열 합계 :%d\n", sum);
}
```

프로그램 분석

■ int a[2][3];

이차원 배열 a를 정의한다. 행의 크기는 2이며 열의 크기는 3이다. 따라서 모두 2×3=6 개의 int 형 기억장소를 할당된다. 첫 번째 첨자의 범위는 0, 1이며 두 번째 첨자의 범위는 0, 1, 2이다. 이를 그림으로 그려보면 다음과 같다.

	0 열	1열	2열
0행	a[0][0]	a[0][1]	a[0][2]
1행	a[1][0]	a[1][1]	a[1][2]

■ a[0][0] = 1; a[0][1] = 2; a[0][2] = 3;

이차원배열의 각 칸에 값을 저장한다.

■ for (int i =0; i < 2; i++)

    sum += a[i][0];

이차원 배열 a 의 0열을 더한다. 즉, a[0][0]+a[1][0]를 구한다.

이차원 배열의 정의 방법

이차원배열은 배열의 형을 먼저 적고 그 다음에 배열의 이름을 적는다. 그리고 행과 열의 크기는 [][]을 이용하여 정의한다. 이 때, 첫 번째 [] 안에는 행의 크기, 두 번째 [] 안에는 열의 크기를 적는다. 다음은 이차원 배열을 정의하는 예이다.

int a[5][10]; float X[2][7]; double num[8][3];

이차원 배열의 출력 방법

이차원 배열의 모든 원소를 출력하려고 할 때는 중첩된 for 문을 사용하는 것이 편리하다. 다음은 예제 프로그램과 실행결과이다.

프로그램 3.2 이차원 배열의 출력

```
#include <stdio.h>

void main( )
{
    int a[2][3];
    int n=2, m=3;

    a[0][0] = 1;  a[0][1] = 2;  a[0][2] = 3;
    a[1][0] = 4;  a[1][1] = 5;  a[1][2] = 6;

    for ( int i =0; i < n; i++) {
        for(int j=0; j<m; j++) {
            printf("%d ", a[i][j]);
        }
```

```
        printf("\n");
    }
    printf("\n");
}
```

```
1 2 3
4 5 6
```

배열의 크기를 넘어선 첨자의 사용

일차원 배열에서와 마찬가지로 첨자의 범위를 벗어나는 첨자는 사용하지 않도록 주의하여야 한다. 범위를 벗어난 첨자의 사용은 프로그램 실행시 기억장소불법사용오류를 발생시키거나 예기치 못한 결과를 초래한다. 예를 들어 배열이

```
int a[2][2];
```

라고 정의되어 있을 때는

```
a[0][2],  a[2][0],  a[2][2],  a[1][2],  a[0][100]
```

과 같은 첨자의 사용은 기억장소불법사용 오류를 일으키게 되거나 잘못된 결과를 만들 수도 있다.

이차원 배열의 초기화방법

이차원 배열을 초기화하는 방법은 다음과 같다.

```
int a[2][3] = {{1, 2, 3}, {4, 5, 6}};
```

이 방법에서는 각 행마다 중괄호로 묶어 구분하였다. 행을 구분하는 중괄호는 다음과 같이 생략하여도 좋다.

```
int a[2][3] = {1, 2, 3, 4, 5, 6 };
```

배열의 크기보다 적은 수의 값으로 초기화하면 뒤의 원소의 값은 0으로 초기화된다.

예를 들어 다음의 두 초기화는 같은 것이다.

```
int a[2][3] = {{1, 2}, {4}};
int a[2][3] = {{1, 2, 0}, {4, 0, 0}};
```

또한 다음의 두 초기화는 같은 것이다.

```
int a[2][3] = {1, 2, 4};
int a[2][3] = {{1, 2, 4}, {0,0,0}};
```

다음은 배열의 모든 원소의 값을 0으로 초기화한다.

```
int a[2][3] = {0};
```

초기화값을 이용한 이차원 배열의 크기 정의

이차원 배열에서도 초기화 값을 이용한 배열의 크기를 정의할 수 있다. 다만 행의 크기만을 정의할 수 있고 열의 크기는 지정해 주어야 한다. 다음의 두 배열의 정의에서 배열의 크기는 같게 된다.

```
int a[][3] = {1, 2, 3, 4, 5, 6};
int a[2][3] = {1, 2, 3, 4, 5, 6};
```

그리고 다음의 두 배열의 정의에서 배열의 크기는 같다.

```
int a[][3] = {1, 2, 3, 4, 5, 6, 7};
int a[3][3] = {1, 2, 3, 4, 5, 6, 7, 0, 0};
```

이차원 배열에서 처음 행의 크기를 결정하지 않을 때는 초기화 값을 열의 크기에 맞게 나누어 행의 크기를 정한다. 여기에서는 7개의 초기화값을 3개씩 나누어 열의 크기를 3으로 정하였다. 그리고 모자라는 초기화 값은 0으로 설정하였다.

그러나 열의 크기는 초기화를 이용하여 정할 수 없다.

int a[2] [] = {1, 2, 3, 4, 5, 6};

이와 같이 정의하면 컴파일러에서는 다음과 같은 종류의 오류 메시지가 나온다.

error : '<Unknown>' : missing subscript

이차원 배열의 정렬

다섯 사람의 번호와 키에 관한 자료가 있다고 하자.

번호	키
3	175
2	165
5	172
4	180
1	163

이 때 이를 다음과 같이 번호 순으로 정렬하여 보자. 여기서는 번호를 정렬할 때 해당되는 키는 번호에 따라서 움직인다. 예를 들어 정렬된 뒤에도1번의 키는 163이 되어야 한다.

번호	키
1	163
2	165
3	175
4	180
5	172

다음 예제 프로그램은 이러한 일을 하는 것이다.

프로그램 3.3

```
#include <stdio.h>

void main( )
{
    int a[5][2] = {{3, 175}, {2, 165}, {5, 172},
                   {4, 180}, {1, 163}};
```

```
    int n=5, m=2;

    for (int i=0; i<n-1; i++) {
        for (int j=i+1; j<n; j++) {
            if(a[i][0] > a[j][0] ) {
                int temp;
                temp = a[i][0];
                a[i][0] =a[j][0];
                a[j][0] = temp;

                temp = a[i][1];
                a[i][1] =a[j][1];
                a[j][1] = temp;
            }
        }
    }
    for (i=0; i<n; i++)  {
        for (int j=0; j<m; j++)  {
            printf("%d ", a[i][j]);
        }
        printf("\n");
    }
    printf("\n");
}
```

프로그램의 실행 결과는 다음과 같다.

```
1 163
2 165
3 175
4 180
5 172
```

프로그램 분석

■ int a[5][2] = {{3, 175}, {2, 165}, {5, 172},{ 4, 180}, {1, 163}};+)
배열 a 의 값을 초기화한다.

■ if(a[i][0] > a[j][0])
    {

```
        ...
    }
```

if 문의 조건식은 배열 a[i][0]>a[j][0] 이므로 배열의 0번째 행의 값의 크기를 비교한다. 즉, 번호의 크기를 비교한다.

```
■ if(a[i][0] > a[j][0] )
  {
       temp = a[i][0];
       a[i][0] =a[j][0];
       a[j][0] = temp;

       temp = a[i][1];
       a[i][1] =a[j][1];
       a[j][1] = temp;
  }
```

if 문의 조건식의 값이 참이면 0번째 열의 값을 맞바꾸고, 또 대응되는 1번째 열의 값도 맞바꾼다.

행렬의 합

두 행렬의 합을 구하는 프로그램을 작성해 본다. 두 개의 행렬 $A_{m \times n}$ 와 $B_{m \times n}$가 있다고 하자.

$$A = \begin{pmatrix} a_{11} & a_{12} & \dots & a_{1n} \\ a_{21} & a_{22} & \dots & a_{2n} \\ \dots & \dots & O & \dots \\ a_{m1} & a_{m2} & \dots & a_{mn} \end{pmatrix}, \quad B = \begin{pmatrix} b_{11} & b_{12} & \dots & b_{1n} \\ b_{21} & b_{22} & \dots & b_{2n} \\ \dots & \dots & O & \dots \\ b_{m1} & b_{m2} & \dots & b_{mn} \end{pmatrix}$$

이 때 두 행렬의 합은 다음과 같이 주어진다.

$$A+B=\begin{pmatrix} a_{11}+b_{11} & a_{12}+b_{12} & \dots & a_{1n}+b_{1n} \\ a_{21}+b_{21} & a_{22}+b_{22} & \dots & a_{2n}+b_{2n} \\ \dots & \dots & \ddots & \dots \\ a_{m1}+b_{m1} & a_{m2}+b_{m2} & \dots & a_{mn}+b_{mn} \end{pmatrix}$$

두 개의 행렬

$$A=\begin{pmatrix} 1 & 2 & 3 \\ 2 & 3 & 4 \\ 3 & 4 & 5 \end{pmatrix},\ B=\begin{pmatrix} 0 & -2 & -3 \\ -2 & -2 & -4 \\ -3 & -4 & -4 \end{pmatrix}$$

가 주어졌을 때, 두 행렬의 합을 구하는 프로그램은 다음과 같이 작성할 수 있다.

프로그램 3.4 행렬의 합

```
#include <stdio.h>

void main( )
{
    int a[3][3] = {1,2,3, 2,3,4, 3,4,5};
    int b[3][3] = {0,-2,-3, -2,-2,-4, -3,-4,-4};
    int c[3][3], n=3;
    for (int i=0; i<n; i++) {
        for (int j=0; j<n; j++) {
            c[i][j]=a[i][j]+b[i][j];
            printf("%4d ", c[i][j]);
        }
        printf("\n");
    }
    printf("\n");
}
```

프로그램 출력결과는 다음과 같다.

```
1    0    0
0    1    0
0    0    1
```

행렬의 곱

다음은 두 행렬의 곱을 구하는 프로그램을 작성해 본다. 두 개의 행렬 $A_{m \times n}$ 와 $B_{n \times p}$ 가 있다고 하자.

$$A = \begin{pmatrix} a_{11} & a_{12} & \cdots & a_{1n} \\ a_{21} & a_{22} & \cdots & a_{2n} \\ \cdots & \cdots & O & \cdots \\ a_{m1} & a_{m2} & \cdots & a_{mn} \end{pmatrix}, \quad B = \begin{pmatrix} b_{11} & b_{12} & \cdots & b_{1p} \\ b_{21} & b_{22} & \cdots & b_{2p} \\ \cdots & \cdots & O & \cdots \\ b_{n1} & b_{n2} & \cdots & b_{np} \end{pmatrix}$$

이 때 두 행렬의 곱은 다음과 같이 주어진다.

$$AB = \begin{pmatrix} \sum_{k=1}^{n} a_{1k}b_{k1} & \sum_{k=1}^{n} a_{1k}b_{k2} & \cdots & \sum_{k=1}^{n} a_{1k}b_{kp} \\ \sum_{k=1}^{n} a_{2k}b_{k1} & \sum_{k=1}^{n} a_{2k}b_{k2} & \cdots & \sum_{k=1}^{n} a_{2k}b_{kp} \\ \cdots & \cdots & O & \cdots \\ \sum_{k=1}^{n} a_{nk}b_{k1} & \sum_{k=1}^{n} a_{nk}b_{k2} & \cdots & \sum_{k=1}^{n} a_{nk}b_{kp} \end{pmatrix} = \left(\sum_{k=1}^{n} a_{ik}b_{kj} \right)$$

두 개의 행렬

$$A = \begin{pmatrix} 1 & 1 & 1 \\ 0 & 1 & 1 \\ 0 & 0 & 1 \end{pmatrix}, \quad B = \begin{pmatrix} 1 & 0 & 0 \\ 0 & 1 & 0 \\ 0 & 0 & 1 \end{pmatrix}$$

가 주어졌을 때 두 행렬의 곱을 구하는 프로그램은 다음과 같이 작성할 수 있다.

프로그램 3.5 행렬의 곱

```
#include <stdio.h>

void main( )
{
    int a[3][3] = {1,1,1,  0,1,1,  0,0,1};
    int b[3][3] = {1,0,0,  0,1,0,  0,0,1};
```

```
        int c[3][3], n=3;
        for (int i=0; i<n; i++) {
            for (int j=0; j<n; j++) {
                c[i][j]=0;
                for(int k=0; k<n; k++) {
                  c[i][j]+=a[i][k]*b[k][j];
                }
                printf("%4d ", c[i][j]);
            }
            printf("\n");
        }
        printf("\n");
}
```

프로그램 출력결과는 다음과 같다.

```
1     1     1
0     1     1
0     0     1
```

함수와 이차원 배열 인수

이차원 배열을 함수에 넘겨줄 수 있다. 함수 머리에서 이차원 배열을 인수로 적는 방법은 다음과 같다.

double dsum(double x[2][3], int n, int m)

이 함수머리에서는 인수로 double 형 이차원 배열 x 을 사용하며, 배열 x 의 차원은 [2][3]이다. 이 함수 머리 표현은 다음의 두 표현과 동일하다.

double dsum(double x[ ][3], int n, int m)
double dsum(double (*x)[3], int n, int m)

여기에서 x[][3]은 각 행의 원소의 개수가 3인 배열임을 지정하는 것이다. 행의 크기는 지정되지 않는다. 따라서 행의 개수는 별도의 인수로 지정해 주어야 한다. 여기서는 인수 n 이 행의 크기이다. 표현 x[][3] 대신 x[2][3]을 사용하는 경우에도 그 의미는 같다. 즉, 열의 개수는 고정되지만, 행의 개수는 고정되지 않는다.

다음은 2×2배열의 대각선 원소의 합을 구하는 함수를 사용한다.

프로그램 3.6

```
#include <stdio.h>

int sum_diag(int x[ ][2], int n)
{
    int s = 0;
    for(int i =0; i < n; i++)
    {
      s += x[i][i];
    }
    return s;
}

void main( )
{
    int sum;
    int mat[2][2]={{1,2},{3,4}};
    sum = sum_diag(mat, 2);
    printf("대각원소 합 :%d\n", sum);
}
```

프로그램 분석

■ int sum_diag(int x[ ] [2], int n)

함수의 첫 번째 인수는 ?×2이차원 배열형이다. 따라서 사용될 수 있는 이차원 배열의 차원은 다음과 같다.

1×2, 2×2, 3×2, ...

■ int mat[2] [2]={{1,2},{3,4}};

2×2 이차원 행렬 mat 를 선언하고 초기화한다. 다루려는 행렬은

$$\begin{pmatrix} 1 & 2 \\ 3 & 4 \end{pmatrix}$$

■ sum = sum_diag(mat, 2);

> 함수 sum_diag 를 호출한다. 첫 번째 인수는 2×2 이차원 배열 mat 이다.

앞의 프로그램에서와 같이 이차원 배열을 정적으로 선언한 경우에는 그 차원을 분명히 적어주는 인수가 필요하다. 따라서 차원이 바뀌면 그에 따라 함수를 조절해야 하는 어려움이 따른다.

실습문제

1. 행의 크기 2, 열의 크기 2인 이차원배열 x 를 받아들여 배열의 모든 원소의 합을 구하여 반환하는 함수 "double arraysum(int n, int m, double x[ ] [2])"를 작성하여라. 이 함수를 이용하여 다음 행렬의 모든 원소의 합을 구하는 프로그램을 작성하여라.

$$\begin{pmatrix} 1 & 2 \\ 3 & 4 \end{pmatrix}$$

2. 앞의 문제에서 작성한 배열의 원소를 합하는 함수 arraysum 을 이용하여 다음 이차원배열의 모든 원소의 합을 구하는 프로그램을 작성하여라.

$$\begin{pmatrix} 2 & 3 \\ 1 & 4 \\ 5 & 0 \end{pmatrix}$$

3. 크기가 2×2인 정방행렬의 행렬식의 값은 다음과 같이 주어진다.

   행렬 $A = \begin{pmatrix} a & b \\ c & d \end{pmatrix}$ 에 대하여, 행렬식의 값은 $|A| = ad - bc$.

   이와 같은 정방행렬의 행렬식을 구하는 함수를 작성하고 다음 행렬의 행렬식의 값을 구하여라.

$$A = \begin{pmatrix} 1 & 2 \\ 3 & 4 \end{pmatrix}$$

4. 크기가 2×2인 정방행렬의 역행렬을 구하는 함수를 작성하고 이를 이용하여 다음 행렬의 역행렬을 구하여라.

$$A = \begin{pmatrix} 1 & 2 \\ -1 & 1 \end{pmatrix}$$

참고. 행렬 $A = \begin{pmatrix} a & b \\ c & d \end{pmatrix}$에 대하여, 역행렬은 $A = \begin{pmatrix} \frac{d}{ad-bc} & \frac{-b}{ad-bc} \\ \frac{-c}{ad-bc} & \frac{a}{ad-bc} \end{pmatrix}$.

5. 앞에서 구한 프로그램을 이용하여 다음 2*2 행렬의 역행렬을 구하여 보아라. 어떤 결과가 나오는가? 그와 같은 결과가 나온 이유는 무엇일까? 역행렬이 존재하지 않는 경우에 이를 처리하는 부분을 함수에 추가하여라.

$$A = \begin{pmatrix} a & b \\ c & d \end{pmatrix}, \text{a=1, b=1, c=1, d=1.}$$

6. 배열 a[5][3]에 다음과 같이 값이 저장되어 있다고 하자. 이를 번호 순으로 정렬하려고 한다. 이 배열에 대하여 첫 번째 열의 크기 순으로 정렬하는 함수를 작성하고 이를 이용하여 번호 순으로 정렬하는 프로그램을 작성하여라.

번호	키	몸무게
3	175	65
2	165	55
5	172	57
4	180	70
1	163	63

7. 크기가 3x3인 두 행렬 A와 B에 대하여 두 행렬의 곱을 구하는 함수를 작성하고, 이를 이용하여 다음 두 행렬의 곱을 구하는 프로그램을 작성하고 실행시켜 보아라.

$$A = \begin{pmatrix} 1 & 0 & 0 \\ 1 & 1 & 0 \\ 0 & 1 & 1 \end{pmatrix},\ B = \begin{pmatrix} 0 & 1 & 1 \\ 1 & 0 & 1 \\ 1 & 1 & 0 \end{pmatrix}$$

4. 삼차원 배열

삼차원 배열은 이차원 배열과 유사하게 사용된다. 다음은 삼차원 배열을 정의하는 예이다.

```
int a[2][2][3];
```

이렇게 정의된 삼차원 배열 a 는 판의 크기는 2이며, 각 판의 행의 크기는 2, 열의 크기는 3인 이차원배열을 가진다. 또한 삼차원 배열 a 의 판의 번호는 즉, 첨자는 0, 1이며 각 각판에서 행의 첨자의 범위는 0, 1, 그리고 열의 첨자의 범위는 0, 1, 2가 된다. 삼차원 배열 a 를 그림으로 그려 보면 다음과 같이 나타낼 수 있다.

판 0

판 1

삼차원 배열은 세 개의 첨자를 가진다. 값을 할당할 때는 구성원 변수를 보통의 변수와 같이 사용하면 된다. 예를 들어

```
a[0][0][0] =1;
```

삼차원 배열은 정의와 함께 초기화할 수 있다.

```
int a[2][2][3]={1, 2, 3,   4, 5, 6,     7, 8, 9,   10, 11, 12};
```

이 초기화에 의해 삼차원 배열 a 가 초기화된 모양은 다음과 같다.

판 0

1	2	3
4	5	6

판 1

7	8	9
10	11	12

만약 초기화 값이 모자라면 나머지는 모두 0으로 초기화한다. 다음 두 초기화는 같

은 것이다.

int a[2] [2] [3] = {1, 2 };
int a[2] [2] [3] = {1, 2, 0, 0, 0, 0, 0, 0, 0, 0, 0, 0};

모든 값을 0으로 초기화하려는 경우에는

int a[2] [2] [3] = {0};

와 같이 정의하면 된다.

삼차원배열에서도 이차원 배열에서와 마찬가지로 처음 판의 크기는 초기화값을 이용하여 정할 수 있다.

int a[] [2] [3] = {1, 2, 3, 4, 5, 6, 7, 8, 9, 10, 11, 12};

라고 정의하면 판의 크기는 2로 정의된다.

다음 프로그램은 삼차원 배열의 사용 예이다.

프로그램 4.1

```
#include <stdio.h>
void main( )
{
    int a[2][2][3]={1, 2, 3,  4, 5, 6,  7, 8, 9,  10, 11, 12};
    for(int i=0; i<2; i++) {
        for(int j=0; j<2; j++) {
            for(int k=0; k<3; k++) {
                printf("  %3d", a[i][j][k]);
            }
            printf("\n");
        }
        printf("\n\n");
    }
    printf("\n");
}
```

프로그램의 출력결과는 다음과 같다.

```
  1    2    3
  4    5    6


  7    8    9
 10   11   12
```

함수와 삼차원 배열 인수

삼차원 배열을 인수로 사용하는 방법은 다음의 예와 같다. 여기서 배열의 차원은 [2] [3] [2]이다.

```
double tsum(double x[2] [3] [2], int n, int m, int k)
```

이 함수 머리 표현은 다음의 두 표현과 동일하다.

```
double dsum(double x[ ] [3] [2] , int n, int m)
double dsum(double (*x) [3 ] [2], int n, int m)
```

주의할 것은 이와 같은 동일표현은 함수머리에서만 유효하다는 것이다.

고차원 배열

C 언어에서는 삼차원보다 큰 차원의 배열도 사용할 수 있으며, 사용방법은 삼차원 배열과 비슷하다.

제 10 장

문자열

1. char 형 배열과 문자열

2. 문자열 처리 함수

3. 문자열의 파일 입출력

1. char 형 배열과 문자열

char 형 배열은 여러 개의 문자가 연결된 **문자열**을 저장하는 데 흔히 사용된다. 문자열은 char 형 배열에 저장되며 마지막에 문자열 종료 문자 '\0'를 가지고 있다. 문자열을 스트링이라고도 부르며 영어로는 string 이다. 다음은 char 형 배열과 문자열의 사용 예이다.

프로그램 1.1

```
#include <stdio.h>

void main( )
{
     char str [100];
     str[0] = 'b';
     str[1] = 'o';
     str[2] = 'y';
     str[3] = '\0';
     printf("%s\n", str);
}
```

프로그램의 실행결과는 다음과 같다.

```
boy
```

프로그램 분석

■ char str [100];

100개의 칸을 가지는 char 형 배열 str 을 정의한다.

■ str [0] = 'b' ;

첫번째 칸에 문자 b 를 저장한다. 문자의 상수값은 홑따옴표를 써서 나타낸다.

■ str [3] = '\0' ;

마지막 문자 다음 칸에 '\0'를 저장한다. char 형 배열에서 '\0' 까지를 **문자열**이라고 한다. 문자 '\0'를 **문자열종료문자**라고 한다. 여기에서는 문자를 저장할 수 있는 배열은 100 칸이지만, 이 배열 안에 저장된 문자열은 4칸만 차지하고 있다.

b	o	y	\0	*	. . .	*
0	1	2	3	4	. . .	99

■ printf(“%s\n”, str);

콘솔 창에 출력하면 100칸의 문자배열에서 문자열종료문자 앞 칸까지의 문자가 출력된다.

문자배열의 초기화

문자배열은 정의를 할 때 초기화를 동시에 할 수 있다.

```
char str[100]={‘b’, ‘o’, ‘y’, ‘\0’};
```

이는 다음의 겹따옴표를 쓰는 문자열을 이용한 초기화와 동일하다.

```
char str[100] = “boy”;
```

문자배열의 초기화를 이용한 배열의 크기 정의

문자배열의 크기를 초기화 값을 이용하여 할 수 있다. 만약 다음과 같이 문자배열을 정의한다면

```
char str[ ]={‘b’, ‘o’, ‘y’, ‘\0’};
```

이 배열의 크기는 4가 된다. 한편

```
char str[ ]=“boy”;
```

와 같이 정의하는 것도 배열의 크기를 4로 정의하는 것이고, 이 방법이 문자열을 위한 배열의 크기를 정하는 방법에 흔히 사용된다.

다음은 키보드로 문자열을 입력하는 프로그램이다. 리턴 단추를 칠 때까지 문자가 입력된다.

프로그램 1.2

```
#include <stdio.h>

void main( )
{
    char str [100], c;
    int i = 0 ;

   c = getchar();
   while(c != '\n')
   {
      str[i] = c;
      i++;
      c = getchar() ;
   }
   str[i]='\0';

   printf("%s\n", str);
}
```

프로그램 분석

■ #include <stdio.h>

다음에 나오는 함수 getchar()를 사용하려면 이 줄이 필요하다.

■ c = getchar();

함수 getchar()는 키보드로 하나의 문자를 입력하는 함수이다. 받아들인 문자를 문자형 변수 c 에 저장한다.

■ while(c != '\n')

'\n' 은 키보드의 줄바꿈 단추를 눌렀을 때 발생되는 문자이며 줄바꿈문자라고 부른다. 문자의 상수값은 홑 따옴표를 써서 나타낸다.

■ while(c != '\n')

문자형 변수 c 에 저장된 문자가 '\n'이 아니면 while 몸체를 실행한다.

■ str[i]='\0';

줄바꿈 단추가 눌러지고 난 후에는 문자열을 만들기 위해 마지막에 문자열종료문자 '\0'를 추가한다.

실습문제

1. 프로그램 1.1에서 str[3]='\0'; 를 str[99]='\0';로 고친 후 실행하여 보아라. 어떤 결과가 나오는가? 의도했던 문자열 'boy' 뒤에 쓰레기문자들이 나오는 것을 볼 수 있을 것이다.
2. 프로그램 1.1에서 str[3]='\0';를 생략하고 실행시켜보아라. 어떤 결과가 나오는가? 쓰레기 문자들이 꼬리에 붙는 것 외에 시스템 오류와 같은 일이 일어날 수도 있다.
3. 프로그램 1.2에서 while 부분을 다음과 같이 고쳐 실행하여 보아라. 결과가 같은가? 그 이유를 생각해 보아라.

```
#include <stdio.h>
void main( ) {
        char str [100], c;
        int i = 0 ;
        while((c = getchar()) != '\n')
                str[i++] = c;
        str[i]='\0';
        printf("%s\n", str);
}
```

2. 문자열 처리 함수

문자열에 관하여 길이 구하기, 문자열을 복사하기, 두 문자열을 연결하기 등의 다양한 작업이 필요할 때가 많다. 이러한 작업을 할 때는 이들에 관한 표준함수를 사용하면 편리하다.

문자열 복사 – 함수 strcpy

하나의 문자열에 값이 저장되어 있을 때, 이를 다른 문자열에 복사하여 저장하는 방법은 각 원소를 하나씩 복사하는 방법이다. 이러한 일을 하는 함수는 strcpy 이다. 다음 프로그램은 함수 strcpy 의 사용법이다.

프로그램 2.1

```
#include <stdio.h>
#include <string.h>

void main( )
{
    char str [100];
    strcpy(str, "boy") ;
    printf("%s\n", str);
}
```

프로그램 분석

■ #include <string.h>

다음에 나오는 함수 strcpy 를 사용하기 위하여 이 줄이 필요하다.

■ strcpy(str, "boy") ;

함수 strcpy 를 사용한 이 명령문은 다음 네 개의 명령문을 줄여서 쓴 것과 같은 일을 한다.

```
str [0] = 'b' ;
str [1] = 'o' ;
str [2] = 'y' ;
str [3] = '\0' ;
```

문자열 크기 비교 – 함수 strcmp

두 개 문자열의 크기는 사전적 크기로 정의된다. 예를 들어 "boy" 와 "girl"의 경우 사전적 나열 순서로 보면 문자열 "boy"는 문자열 "girl" 보다 앞에 나온다. 이 경우 문자열 "boy"가 문자열 "girl" 보다 적다고 한다. 이와 같은 방식으로 두 개 문자열의 크기 비교를 할 경우에는 함수 strcmp 를 이용하면 된다. 함수 strcmp 의 결과값은 –1, 0, 1중의 하나가 된다.

프로그램 2.2

```
#include <stdio.h>
#include <string.h>

void main( )
```

```
{
    char str1 []= "boy", str2[]="girl";
    int m = strcmp(str1, str2) ;
    printf("%d\n", m);
}
```

프로그램 분석

■ #include <string.h>

다음에 나오는 함수 strcmp 를 사용하기 위하여 이 줄이 필요하다.

■ int m = strcmp(str1, str2) ;

함수 strcmp 는 str1과 str2에 저장되어 있는 값을 비교한다. 이 함수는 str1이 str2보다 적으면 −1, 같으면 0, 크면 1이 반환된다. 여기에서는 str1에는 "boy" , str2에는 "girl"이 저장되어 있으므로 −1을 반환한다. 따라서 변수 m 에는 −1이 저장된다.

문자열 붙이기 – 함수 strcat

함수 strcat 는 두 개의 문자열을 붙이는 일을 한다. 다음은 예제 프로그램이다.

프로그램 2.3

```
#include <stdio.h>
#include <string.h>

void main( )
{
    char str [100]= "boy", str2[]="girl";
    strcat(str, " and ");
    strcat(str, str2);
    printf("%s\n", str);
}
```

프로그램 분석

■ #include <string.h>

함수 strcat 의 사용을 위하여 필요하다.

■ char str [100]= "boy", str2[]="girl";

문자열 str 은 크기를 100으로 하였다.

■ strcat(str, " and ");

문자열 str 과 문자열 " and "를 결합하여 str 에 저장한다.

■ strcat(str, str1);

문자열 str 과 str1을 결합하여 str 에 저장한다.

문자열의 길이 구하기 – 함수 strlen

함수 strlen 을 사용하면 문자열에서 '\0' 문자 즉 문자열 종료문자 앞까지의 크기를 구하여 준다. 다음은 예제이다.

프로그램 2.4

```
#include <stdio.h>
#include <string.h>

void main( )
{
     char str []= "love";
     printf("%u\n", strlen(str));
}
```

프로그램 분석

■ #include <string.h>

함수 strlen 의 사용을 위하여 필요하다.

■ char str []= "love";

문자열 str 의 크기는 5가 된다.

■ printf("%u\n", strlen(str));

strlen(str)에 얻어지는 값은 4가 된다.

실습문제

1. "나는 위대한 사람이다!"하는 문장을 char 형 배열에 저장하여 출력하는 프로그램을 작성하여라. 함수 strcpy()를 사용하여라.

2. 영어 문장 "I am great!"를 char 형 배열에 저장한 후, 출력하는 프로그램을 작성하여라. 문자열의 각 원소에 하나의 문자값을 할당하는 방법을 사용하여라.

3. "나는 위대한 사람이다!"하는 문장을 char 형 배열에 저장하고, 함수 strlen 을 이용하여 저장된 문자열의 길이를 출력하여 보아라. 나오는 값이 왜 그렇게 되는지 생각하여 보아라.

3. 문자열의 파일 입출력

문자열에 관하여 파일에 쓰기, 파일에서 읽어들이기 등과 관련된 일은 함수 fprintf 와 fscanf 를 이용한다. 또한 char 형 배열에 입출력하는 일은 sprintf 와 sscanf 를 사용한다.

문자열의 파일 입출력

문자열을 파일에 출력하기 위해서는 함수 fprintf 를 사용할 수 있다. 한편 파일에서 문자열을 읽어오기 위해서는 함수 fscanf 를 사용한다. 문자열의 입출력에서는 형식 %s 를 사용한다. 다음은 예제 프로그램이다.

프로그램 3.1

```
#include <stdio.h>

void main( )
{
    FILE *fp;
    char str [255]= "Beautiful";
    char str2 [255];

    fp =fopen("aaa.dat", "w+");
      fprintf(fp, "%s", str);
    fclose(fp);

    fp =fopen("aaa.dat", "r");
      fscanf(fp, "%s", str2);
      printf("%s\n", str2);
    fclose(fp);
}
```

프로그램 분석

■ fp =fopen("aaa.dat", "w+");

파일을 aaa.dat 를 쓰기 가능 상태로 생성한다.

■ fprintf(fp, "%s", str);

파일에 쓴다. 문자열 str 에 대하여는 출력형식 %s 가 사용된다.

■ fp =fopen("aaa.dat", "r");

파일을 aaa.dat 를 읽기 가능 상태로 연다.

■ fscanf(fp, "%s", str2);

파일에서 문자열을 읽어 문자열 str2에 저장한다. 이 때 사용되는 입력형식은 %s 이다.

문자열 파일 입출력 예제

텍스트형 파일 list.dat 에 다음과 같이 3명의 이름과 영어시험의 중간고사 성적과 기말고사 성적이 적혀 있다고 하자.

김한일 45 46
김지혜 46 47
강감찬 45 45

다음은 이 파일을 읽어서 중간고사와 기말고사의 합을 구하여 파일 sum.dat 로 출력하는 예제 프로그램이다.

프로그램 3.2

```
#include <stdio.h>
void main( )
{
    FILE *fp;
    fp =fopen("list.dat", "r");
    char name [8];
    int mid, final, sum;
    int result = fscanf(fp, "%s%d%d", name, &mid, &final);
```

```
    while(result != -1){
        result = fscanf(fp, "%s%d%d", name, &mid, &final);
        sum = mid+final;
        printf("%s %d %d %d\n", name, mid, final, sum);
    }

    fclose(fp);
}
```

다음은 프로그램의 실행결과이다.

```
김한일 45 46 91
김지혜 46 47 93
강감찬 45 45 90
강감찬 45 45 90
```

프로그램 분석

■ fp =fopen("list.dat", "r");

파일을 aaa.dat 를 읽기 가능 상태로 연다. 파일 열기에 성공하지 못하면 함수 fopen 은 값 0을 반환한다. 이 줄 다음에 다음의 네 줄을 추가하는 것이 편리할 때가 많다.

```
if(fp== 0) {
        printf( "파일이 존재하지 않습니다\n");
        return;
}
```

■ while(result != -1){

파일 읽기의 결과값 result 가 -1 이 아닌 동안에 반복한다. 즉, 파일의 끝에 도달하지 않은 경우에 반복하게 된다.

■ result = fscanf(fp, "%s%d%d", name, &mid, &final);

이름과 중간, 기말고사 성적을 파일에서 읽는다. 함수의 실행결과를 result 에 기록한다. 파일을 제대로 읽은 경우 0 이상의 값을, 그렇지 못한 경우는 -1이 반환된다. 매크로 -1이 EOF 로 정의되어 있어 흔히 -1대신 EOF 를 사용한다.

문자열에 출력하기 – sprintf 함수

C 언어에서는 문자형 배열에 출력할 수 있다. 문자형 배열에 출력하는 것은 실제로는 문자형 배열에 값을 저장하는 일이다. 문자형 배열에 출력하는 함수는 sprintf 이다. 먼저 함수 sprintf 를 사용하는 예제 프로그램을 보자.

프로그램 3.3

```
#include <stdio.h>

void main( )
{
     char str [255];
     sprintf(str, "There are %d dogs in the house", 5);
     printf("%s\n", str);
}
```

프로그램 분석

■ #include <stdio.h>

함수 sprintf 의 사용을 위하여 필요하다.

■ char str [255];

크기가 255인 문자형 배열을 정의한다.

■ sprintf(str, "There are %d dogs in the house", 5);

문자형 배열 str 에 출력한다. 인수 str 다음에 나오는 인수들은 함수 printf 와 동일하다. 문자열 종료문자가 마지막에 추가된다.

■ printf("%s\n", str);

문자열 str 의 내용을 콘솔창에 출력한다.

함수 sprintf 를 사용하여 문자형 배열에 출력하기 위해서는 출력할 내용에 따라 배열의 크기를 충분히 크게 잡아 두어야 한다.

문자열에서 읽기 – sscanf 함수

C 언어에서는 문자열에 저장되어 있는 값들을 읽어올 수 있다. 문자열을 읽어오는 함수는 sscanf 이며 대부분의 사용법은 키보드 읽어오기 함수인 scanf 와 같다. 함

수 sscanf 의 사용 예를 보자.

프로그램 3.4

```
#include <stdio.h>

void main( )
{
     int x, y, z;
     char str []="1   2   3   4   5   6   7   8";
     sscanf(str, "%d   %d   %d", &x, &y, &z);
     printf("%d   %d   %d\n", x, y, z);
}
```

프로그램 분석

■ #include <stdio.h>

함수 sscanf 의 사용을 위하여 필요하다.

■ char str []="1 2 3 4 5 6 7 8";

문자열 str 에 값을 할당한다.

■ sscanf(str, "%d %d %d", &x, &y, &z);

함수 sscanf 는 문자열 str 에 저장되어 있는 값들을 차례대로 읽어들인다. 인수 str 다음에 나오는 인수는 함수 scanf 와 동일하다. 변수의 주소를 사용하고 있음에 유의하자.

함수 sscanf 를 사용하여 문자열의 값을 읽을 때는 항상 처음부터 읽게 된다.

버퍼 – 임시 기억 장소

함수 sprintf 나 sscanf 에서 사용되는 메모리 상의 기억장소인 문자열은 다른 일을 하기 위한 임시로 사용되는 기억장소이다. 이와 같이 임시 사용을 위한 메모리 상의 기억장소를 버퍼라고 부른다. 특히 문자열로 된 버퍼를 텍스트 버퍼 혹은 문자열 버퍼라고 한다.

실습문제

1. 프로그램 3.2에서 자료 파일의 마지막 줄은 두 번 출력되고 있다. 이유를 설명하고, 한 번만 출력되도록 프로그램을 수정하여라.
2. 다음 프로그램은 프로그램 3.2에서 사용했던 파일 list.dat 의 첫 줄을 읽어 char 형 배열에 저장한 후 콘솔창으로 출력한다. 파일의 모든 줄을 읽고 출력하도록 프로그램을 수정하여라.

```
#include <stdio.h>
void main( ) {
        FILE *fp = fopen("list.dat", "r");
        char str [255], c;
        int i = 0 ;
        while((c =fgetc(fp)) != '\n')
                str[i++] = c;
        str[i] ='\0';
        printf("%s\n", str);
        fclose(fp);
}
```

3. 다음 프로그램은 프로그램 3.2에서 사용했던 파일 list.dat 의 끝까지 읽어서 char 형 배열 str 에 저장하는 일을 한다. 파일 내용이 저장된 배열 str 에서 처음 나오는 '\n'까지를 읽어서 콘솔창에 출력하는 부분을 추가하여라. 프로그램에서 사용되는 매크로 EOF 는 파일의 끝을 나타내는 문자에 대한 것이다.

```
#include <stdio.h>
void main( ) {
        FILE *fp = fopen("list.dat", "r");
        char str [56000], c;
        int i = 0 ;
        while((c =fgetc(fp)) != EOF)
                str[i++] = c;
        str[i] ='\0';
        /*                                  */
        printf("%s\n", str);
        fclose(fp);
}
```

제 11 장

포인터와 배열

1. 기억장소
2. 포인터 – 기억장소의 주소
3. 배열과 포인터
4. 주소형변수와 동적 배열
5. 주소형 배열과 이차원 배열
6. 더블포인터와 이차원 배열
7. 함수 main 의 사용법
8. 포인터 사용의 필연성과 주의점

1. 기억장소

컴퓨터는 전기로 작동하는 기계이다. 이 기계는 크게, 연산을 담당하는 부분, 값을 저장하여 두는 부분, 사람과 의사전달하는 부분으로 구성되어 있다. 값을 저장하는 부분을 기억장소 혹은 메모리라고 하며 값을 저장하는데 사용된다. 이러한 메모리를 나타낼 때는 흔히 다음 그림과 같이 나타낸다.

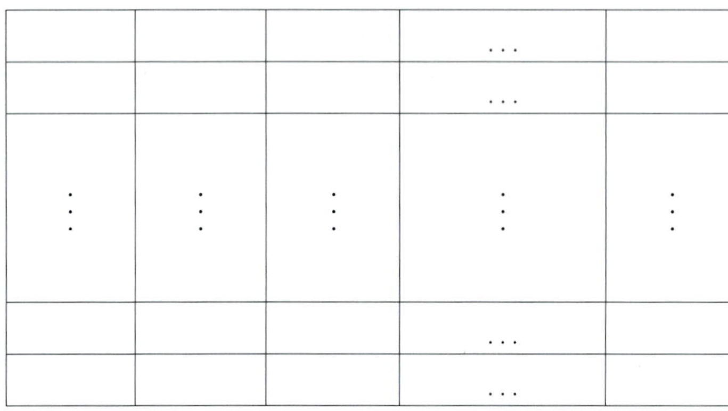

메모리의 주소

메모리는 연속적으로 나열된 저장장치이며, 기본 단위는 바이트이다. 즉, 1 바이트마다 주소가 1씩 증가한다. 윈도우즈 시스템에서 다룰 수 있는 최대 바이트 수는 4,294,967,295바이트 즉, 대략 42억개의 바이트이다. 윈도우 시스템에서는 이들 각 바이트에 차례대로 주소를 매기는 데, 시작번지는 0번지이고, 마지막 번지는 컴퓨터 시스템과 메모리의 용량에 따라 달라진다. 윈도우즈 시스템에서 나타낼 수 있는 주소는 다음과 같다.

0 ~ 4,294,967,295

일반적인 사용에서는 십진수가 편하지만, 컴퓨터의 메모리의 주소를 다룰 때는 16진수가 편리하다. 따라서 주소의 표현은 대부분 16진수로 나타낸다. 수자 4,294,967,295 는 16진수로 FFFF $\text{FFFF}_{(16)}$에 해당된다.

변수의 형과 바이트 수

메모리의 구성은 바이트가 기본 단위이며 각 바이트마다 주소가 매겨진다. 한편, 변수는 형에 따라 필요한 바이트 수가 달라진다. 예를 들면 int 형 변수 x 를 정의하면 오퍼레이팅시스템은 메모리의 적당한 곳에 연속된 4바이트를 할당하여 int 형 상수 값을 저장할 수 있도록 해준다. 한편, double 형 변수는 8바이트, float 형은 4바이트, char 형 변수는 1바이트가 할당된다.

변수의 주소

만약 int 형 변수 x 가 정의되어 있다면, 즉,

```
int x;
```

라고 정의되어 있다면, 이 변수가 메모리에서 차지하는 4개의 바이트를 다음 그림과 같이 나타낼 수 있다.

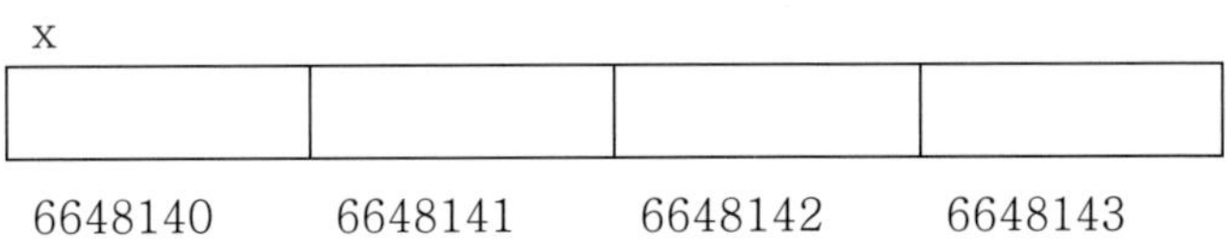

그러나 변수 x 는 하나의 int 형 값을 저장하기 위해 사용되므로 할당된 4개의 바이트들을 모두 하나의 블록으로 보고 다음 그림과 같이 시작바이트의 주소만으로 나타내는 것이 일반적이다.

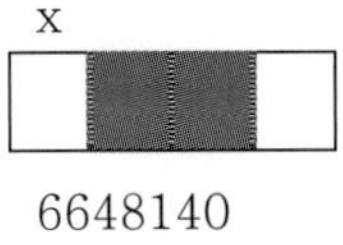

변수의 시작바이트의 주소를 그 변수의 주소 혹은 포인터라고 한다. 앞의 그림의 경우 변수 x 의 주소는 6648140이 된다.

한편, double 형 변수 y 가

```
double y;
```

와 같이 정의되어 있는 경우, 변수 y 가 차지하는 메모리 바이트는 다음 그림과 같이 나타낼 수 있다.

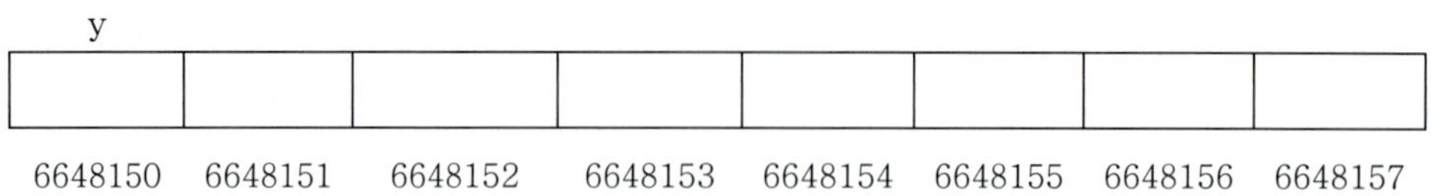

즉, double 형 변수 y 는 8 바이트를 차지하고 있음을 나타내어야 한다. 이 경우에도 8바이트가 double 형 값을 저장하기 위한 하나의 블록으로 사용되므로 다음과 같이 시작 바이트의 주소만으로 나타내는 것이 일반적이다.

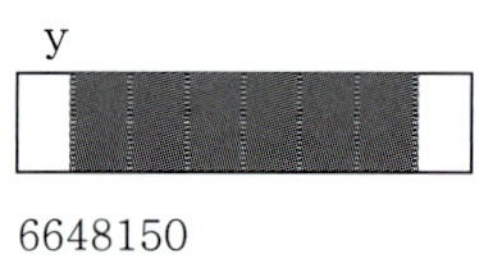

즉, 변수 y 의 주소는 6648150이 된다.

만약 두 개의 int 형 변수 m 와 n 가 인접하여 자리를 잡고 있다면 이들 두 int 형 변수는 다음 그림과 같이 나타낼 수 있다.

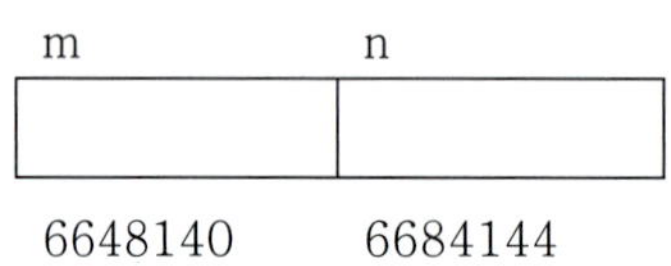

그림에서 두 int 형 변수의 주소의 차이는 4임에 유의하자.

두 개의 인접한 double 형 변수의 주소의 차이는 8이 된다. 한편, 인접한 두 개의 float 형 변수의 주소의 차이는 4가 된다. 또한 두 개의 인접한 char 형 변수에 대하여는 주소의 차이는 1이 된다.

변수와 메모리 표현

보통 변수를 정의하면 메모리의 어디 쯤에 자리잡게 된다. 예를 들어

```
int x;
```

라고 정의하는 경우 그림과 같이 나타내어 보면 전체 메모리 영역을 나타내는 큰 네모상자 안에 변수 x 를 나타내는 작은 사각형으로 표시할 수 있다.

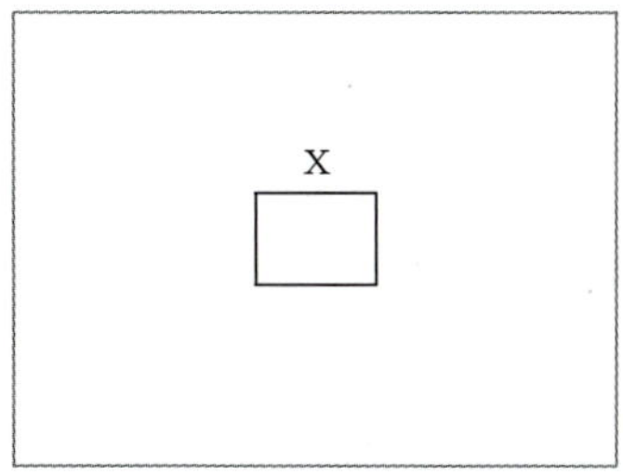

보통은 큰 네모상자를 생략하고 작은 사각형으로만 변수의 위치를 나타낸다.

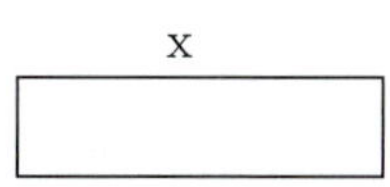

이 책에서는 사각형 위에는 변수 이름을 적고, 아래에는 주소를 적는 표현법을 사용한다. 사각형 안에는 변수에 저장되는 값을 적는다.

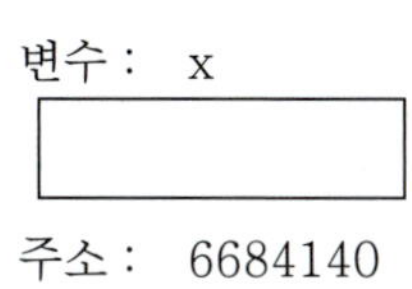

따라서 변수 이름 혹은 주소를 이용하여 하나의 저장장소를 가르킬 수 있다. 즉 어떤 기억장소의 값을 참조할 때는 변수 이름이나 주소를 사용할 수 있다.

메모리의 역할 구분

윈도우 XP 시스템에서는 메모리를 크게 두 가지 영역으로 나누어 관리한다. 즉, 오퍼레이팅 시스템이 독점으로 사용하는 영역, 응용 프로그램이 사용하는 영역으로 크게 구분된다. 번지 FFFF $FFFF_{(16)}$부터 번지8000 $0000_{(16)}$ 까지의 메모리 부분을 시스템 영역으로, 나머지 부분을 응용 프로그램 영역으로 사용하고 있다. 이와 같은

메모리의 영역 구분을 다음 그림과 같이 나타낼 수 있다.

FFFF FFFF	시스템 영역
8000 0000	응용프로그램 영역

한편, 유닉스나 리눅스 등과 같은 여러 가지 운영체제는 각자의 방법으로 메모리를 분할하여 사용한다. 따라서 다른 운영체제의 메모리 분할 방식은 여기서 설명한 윈도우 XP 에 관한 메모리 사용 방식과 일반적으로는 다르다.

메모리 불법사용 오류

프로그램을 작성할 때는 시스템영역이나 이미 실행되고 있는 프로그램이 사용하고 있는 메모리 영역에 값을 쓰거나 혹은 그 영역의 메모리로부터 값을 읽으려고 해서는 아니된다. 이러한 경우는 메모리 불법사용 오류 메시지가 나타난다. 운이 나쁘다면 시스템이 다운되거나 하는 등의 심각한 문제가 발생할 수 있다.

다음 예제 프로그램은 윈도우 시스템 영역에 값을 쓰려고 하기 때문에 메모리 불법사용 오류를 발생시킨다.

프로그램 1.1

```
#include <stdio.h>

void main( )
{
    int *x ;
    x = (int *) 4294967295;
    *x = 0;
}
```

프로그램 분석

- x = (int *) 4294967295;

시스템 영역의 주소값을 주소형변수 x 에 저장한다.

■ *x = 0;

시스템 영역의 메모리에 값을 저장하려고 하므로, 오류메시지가 발생된다.

실습문제

1. 다음 프로그램을 실행시켜 보고 그러한 결과가 나온 이유를 설명하여라.

```
void main( ) { int *x; x=(int *) 4294967295; *x=0; }
```

2. 다음 프로그램을 실행시켜 보고 그러한 결과가 나온 이유를 설명하여라.

```
void main( ) { int *x; x=(int *) 4294967295−100; *x=0; }
```

3. 다음 프로그램을 실행시켜 보고 그러한 결과가 나온 이유를 설명하여라.

```
void main( ) { int *x; x=(int *) −1000; *x=0; }
```

2. 포인터 – 기억장소의 주소

정의된 변수는 주소를 가지며, C 언어에서는 이 주소를 유용하게 사용한다.

변수의 주소 알아내기 – 주소연산자 &

정의된 변수가 메모리 내에 위치한 주소를 알아볼 수 있다. 만약

```
int x;
```

라고 정의되어 있는 경우 기억장소의 어딘가에 int 형 상수값을 저장할 자리가 4바이트가 할당된다.

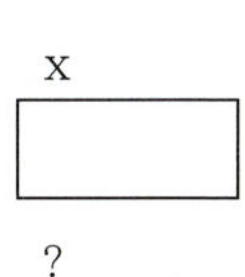

이 때 변수 x 의 주소 즉 포인터는 연산자 &를 사용하여 얻을 수 있다.

x ← 기억장소의 이름
&x ← 기억장소의 주소

연산자 &를 **주소연산자** 혹은 **포인터연산자**라고 한다. 주소연산자 &는 double 형, char 형 등 모든 변수형에 대하여 공통으로 사용된다. 다음은 변수를 정의하고 이 변수의 주소를 알아보는 프로그램이다.

프로그램 2.1

```
#include <stdio.h>

void main( )
{
     int x ;
     printf("%d\n", &x);
}
```

프로그램의 실행결과는 다음과 같다. 여기서 출력값 6684148은 정수형 변수 x 의 주소 즉, 포인터이다. 이 값은 컴퓨터에 사용하고 있는 메모리 현황에 따라 달라질 수 있다.

```
6684148
```

프로그램 분석

■ printf("%d\n", &x);

&x 는 변수 x 의 주소를 나타낸다.

■ printf("%d\n", &x);

&x 는 주소이고, 주소를 출력하기위해 출력형식 %d 를 사용하였다.

프로그램 2.1의 출력결과를 이용하여 메모리에 위치한 변수 x 의 그림을 그려보면 다음과 같다.

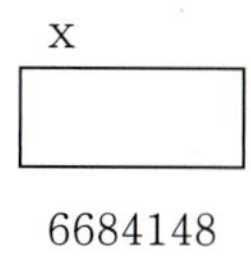

주소형 출력형식 %p

주소형변수 혹은 주소형 상수값을 출력하기 위해서는 주소형 출력형식 %p 를 사용할 수도 있다. 이 경우에는 16진수의 주소값이 출력된다. 프로그램 2.1의 출력부분을 %p 로 이용하여 다시 적으면 다음과 같다.

```
printf("%p\n", &x);
```

주소형변수

C 언어는 변수의 주소를 저장하기 위한 변수형을 가지고 있다. 주소를 저장하는 변수를 **주소형변수** 혹은 **포인터변수**라고 한다. 포인터변수를 정의할 때는 변수 이름 앞에 *를 붙인다. 다음은 예이다.

```
int *px ;
double *py ;
float *pz ;
char *pc;
```

변수 px 는 주소형변수, 변수 py 는 double 주소형변수, 변수 pz 는 float 주소형변수, 변수 pc 는 char 주소형변수다.

주소형변수에 값을 할당할 때는 주소값을 할당하여야 한다. 예를 들어

```
int m;
int *x;
x=&m;
```

이라고 하면 x 에 저장되는 값은 변수 m 의 주소이다. 다음 프로그램은 주소형변수를 사용하는 예이다.

프로그램 2.2

```
#include <stdio.h>

void main( )
{
      int x ;
      int *p;
      p = &x ;
      printf("%d\n", p);
}
```

프로그램 분석

■ int *p;

변수 p 는 'int 형 변수의 주소'를 저장하는 변수이다. 즉, p 는 int 형 포인터변수이다.

■ p = &x ;

변수 p 에 int 형 변수 x 의 주소 &x 를 저장한다. 다른 말로 하면 포인터형 변수 p 에 x 의 포인터를 저장한다.

주소형변수를 이용한 값 할당

포인터변수에 저장되어 있는 주소에 값을 할당할 수 있다. 주소를 이용하여 값을 할당할 때는 간접연산자 *를 사용한다. 예를 들어

```
int b, *p;
p=&b;
```

와 같이 되어 있다면, 변수 p 에는 b 의 주소가 저장되어진다. 이 때 주소형변수 p 앞에 간접연산자 *를 붙인 *p 는 p 에 저장된 주소가 가르키는 기억장소 b 가 된다.

p : 주소형변수
*p : p 에 저장된 주소가 가르키는 기억장소

가 된다. 흔히 *p 에 대하여

*p : p 가 가르키는 기억장소

라는 표현법을 사용한다. 다음은 간접연산자를 사용하는 예제 프로그램이다.

프로그램 2.3

```
#include <stdio.h>

void main( )
{
    int x, *p ;
    p = &x ;
    *p = 100 ;
    printf("%d   %d\n", *p, x);
}
```

프로그램 실행결과는 다음과 같다.

```
100    100
```

프로그램의 분석

■ p = &x;

변수 p 에 변수 x 의 주소를 저장한다.

■ *p = 100;

변수 p 에 저장된 주소의 기억장소 즉, x 에 100을 저장한다.

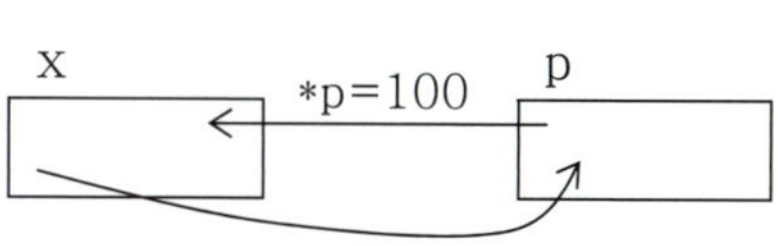

■ printf("%d   %d\n", *p, x);

p 에 저장된 주소는 변수 x 이므로 두 개의 같은 값이 출력된다.

주소값 상수

상수의 주소값을 포인터변수에 할당하려는 경우에는 형변환이 필요하다. 다음의 예를 보자.

```
int *x;
x=(int *) 6684148;
```

여기에서는 주소형변수 x 에 주소값 6684148을 할당하고 있다. C 언어에서는 주소값과 int 형 값을 구분하여 사용하므로, int 형 상수값은 int 형 주소값으로 형변환하여야 int 주소형변수 x 에 할당할 수 있다. 숫자 앞에 (int *)는 int 주소형으로 형변환을 하라는 뜻이다.

* 의 의미

포인터 변수를 정의할 때 *를 사용하여 int *p; 와 같이 정의하였다. 할당문에서는 *를 사용하여 변수 p 가 가리키는 기억장소를 나타내는 데 사용하였다. 다음은 예이다.

```
int *p;     *는 변수 p 가 주소형임을 의미
*p=100;     *는 변수 p 에 가르키는 기억장소를 의미
```

주소형변수의 정의와 초기화

주소형변수를 정의를 하면서 초기화할 수 있다. 예를 들어

```
float f;
float *p;
p=&f;
```

의 경우에는

```
float f;
float *p=&f;
```

와 같이 줄여서 쓸 수 있다.

NULL 주소값

주소형변수를 사용할 때, 번지를 잘못 찾으면 시스템 오류와 같은 고약한 오류를 범하게 된다. 주소형변수 사용시 오류를 줄이는 방법의 하나로 NULL 주소값이 흔히 사용된다. NULL 은 0으로 정의되어 있으며, 주소형변수에 이 값이 저장되어 있을 때는 이 주소형변수가 가르키는 기억장소가 없다는 의미로 해석된다. 그래서 주소형변수를 정의하고 초기화시킬 때 NULL 값이 사용된다. 다음은 이에 대한 예제 프로그램이다.

프로그램 2.4

```
#include <stdio.h>

void main( )
{
     int *p;
     p = NULL;
     if(p != NULL) {
        *p = 100 ;
        printf("%d\n", *p);
     }
     else
     printf("NULL\n");
}
```

이중 주소형변수

주소형변수 또한 메모리에 자리를 차지하는 메모리의 주소값은 이중주소값이라고 한다. C 언어에서 이중주소값을 저장할 수 있는 변수를 이중주소형변수라고 하며 다음과 같이 정의한다.

double **pp;

이는 double 주소형변수의 주소값을 저장할 수 있는 변수 pp 를 정의한다. 즉, pp 는 이중주소형변수이다. int 형이나 char 형의 이중주소형변수도 마찬가지 방법으로 정의할 수 있다. 예컨대,

int **x;   char **my;

이중주소값을 포인터변수의 포인터, 혹은 간단히 줄여서 포인터의 포인터라고 부르기도 한다. 이중주소형변수를 이중포인터변수라고 부르기도 한다.

실습문제

1. 예약어 sizeof 를 사용하여 int 형, double 형, float 형, char 형이 기억장소에서 차지하는 바이트 수를 구하는 프로그램을 작성하고 실행시켜 보아라.
2. 다음 프로그램을 실행시켜 보아라. 출력되는 값들의 차이가 왜 그러한 값이 나오는지를 유추하여 보아라. 만약 변수형을 int 대신 double 형으로 한다면 값의 차이가 얼마나 될지 짐작하여 보고 실행시켜 보아라.

```
void main( ) {
        int x, y, z;
        printf("%d  %d  %d\n", &x, &y, &z);
}
```

3. 다음 프로그램을 실행시켜 보아라. 출력되는 값들의 차이가 왜 그러한 값인지 짐작하여 보아라.

```
void main( ) {
        char a[3]
        printf("%d  %d  %d\n", &a[0], &a[1], &a[2]);
}
```

4. 다음 프로그램을 컴파일하려고 하면 어떤 오류가 발생하는가? 잘못된 부분을 지적하고 바로 잡아라. 왜 잘못되었는가? 프로그램을 실행할 수 있는가?

```
void main( ) { int x = (int *) 6684148l;}
```

5. 다음 프로그램의 결과를 예측한 후 실행시켜 보아라. 예측이 정확했는가?

```
int *p, *q, x=100;
p=&x; q=p;
printf("*q=%d\n", *q);
```

6. 다음을 두 개의 명령줄로 고쳐서 써라.

```
int *tl=(int *) 6684148;
```

7. 다음 프로그램을 실행시켜 보고, 왜 그러한 출력 결과를 얻게 되었는지를 설명하여라.

```
#include <stdio.h>
void main( ) {
    int a, b, *p, *q;
    p=&a, q=&b;
    *p=100, *q=200;
    printf("a=%d   b=%d\n", a, b);
}
```

3. 배열과 포인터

포인터변수를 이용하면 배열을 간편하게 다룰 수 있다. 먼저 일차원배열을 살펴보고 그 다음에 이차원배열과 포인터와의 관계를 살펴본다.

배열의 이름과 주소

크기가 3인 배열 x 가

```
int x[3] = { 1 , 2, 3 };
```

와 같이 정의되어 있다고 하자. 이 때, 배열의 이름 x 는 배열의 주소를 나타내는 상수값이다. 이것은 실제로 x[0]의 주소값이다. 한편, x+1은 x[1], x+2는 x[2]를 나타내는 주소값이 된다. 따라서 *x 는 x[0]에 저장되어 있는 값을, *(x+1)은 x[1]에 저장되어 있는 값을 나타내게 된다. 이를 그림을 그려보면 다음과 같다.

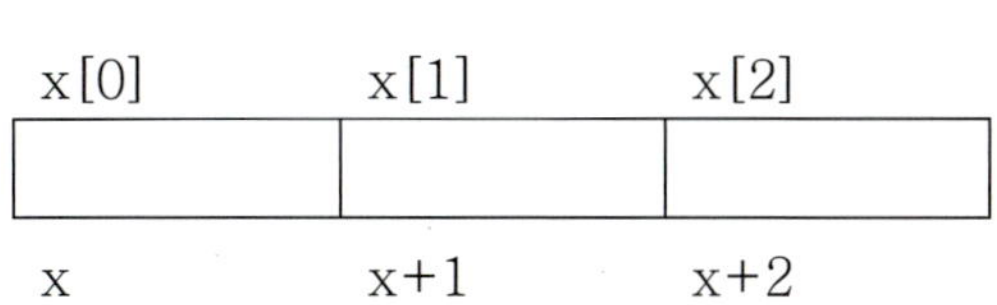

다음 프로그램은 크기가 3인 배열 x 를 정의하고 각 원소의 주소를 출력하는 프로그램이다.

프로그램 3.1

```
#include <stdio.h>
void main()
{
	int x[3]={100, 200, 300};
	printf("%u %u %u \n", x, x+1, x+2);
}
```

출력결과는 다음과 같다.

```
6684140 6684144 6684148
```

출력결과를 보면 x[0], x[1], x[2]의 주소는 각각 4씩 증가하고 있는데 이는 int 형 변수는 4바이트를 차지하고 있기 때문이다.

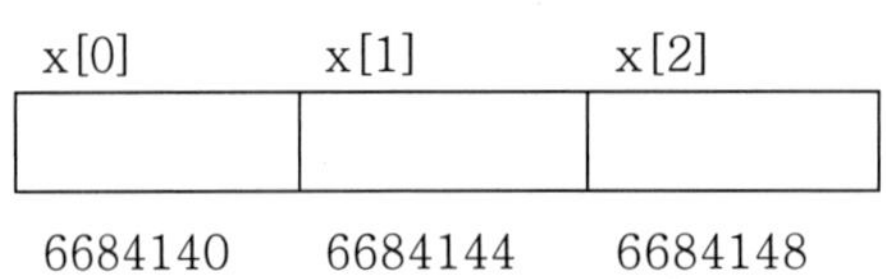

다음은 double 형에 관한 예이다.

프로그램 3.2

```
#include <stdio.h>
void main()
{
	double y[3];
	printf("%u %u %u \n", y, y+1, y+2);
}
```

프로그램의 실행결과는 다음과 같다.

```
6684128 6684136 6684144
```

실행결과를 보면 y[0], y[1], y[2]의 주소 y, y+1, y+2의 값은 8씩 증가함을 알 수 있다. 이는 double 형 변수가 8바이트를 차지하기 때문이다.

y[0]	y[1]	y[2]
6684128	6684136	6684144

포인터 연산

포인터와 관련된 연산을 살펴보기 위하여 다음과 같은 경우를 생각하자.

```
double a[2], *p, *q;
p=a;
q=a+1;
```

a[0]	a[1]
a	a+1

그러면 p 에는 a[0]의 주소가 저장되고 q 에는 a[1]의 주소가 저장된다. 이 때

```
printf("%d\n" , q-p);
```

라고 하면 출력되는 값은 1이다. 이는 double 형 8 바이트를 한 칸으로 칠 때 p 와 q 의 주소의 차이를 구한 것이다. 한편,

```
printf("%d\n", (int)q-(int)p);
```

는 강제 형변환을 통하여 두 기억장소의 바이트 수 차를 구한 것이다. 출력되는 값은 8이 된다.

이차원 배열의 이름과 주소

이차원 배열

int x[2][3];

이 정의되어 있다고 하자. 이차원 배열의 경우에는 배열의 이름 x는 배열의 0번째 행의 시작 주소를 나타내고, x+1은 배열의 1번째 행의 시작 주소를 나타낸다. 한편, x[0]는 0번째 행의 시작번지를 나타내고, x[1]은 1번째 행의 시작번지를 나타낸다. 이차원 배열의 기억장소에 자리잡고 있는 모습과 주소를 그림으로 그려 보면 다음과 같다.

x[0][0]	x[0][1]	x[0][2]	x[1][0]	x[1][1]	x[1][2]
x[0]	x[0]+1	x[0]+2	x[1]	x[1]+1	x[1]+2
x			x+1		

다음 프로그램은 이를 확인하기 위한 것이다.

프로그램 3.3

```
#include <stdio.h>

void main( )
{
      int x[2][3]={ 1, 2, 3, 4, 5, 6  };
      printf(" x = %d\n", x);
      printf(" x[0] = %d\n", x[0]);
      printf(" &x[0][0] = %d\n\n", &x[0][0]);

      printf(" x+1 = %d\n", x+1);
      printf(" x[1] = %d\n", x[1]);
      printf(" &x[1][0] = %d\n\n", &x[1][0]);

      for(int i=0; i<2; i++)
      {
          for(int j=0; j<3; j++)
          {
                printf(" %d   ", &x[i][j]);
```

```
            }
            printf("\n");
        }
        printf("\n");
}
```

프로그램의 출력결과는 다음과 같다.

```
x = 6684128
x[0] = 6684128
&x[0][0] = 6684128

x+1 = 6684140
x[1] = 6684140
&x[1][0] = 6684140

6684128    6684132    6684136
6684140    6684144    6684148
```

실습문제

1. 다음 프로그램을 실행시키면 어떤 일이 일어날지 예측하여 보아라. 출력되는 값의 의미는 무엇인가?

```
#include <iostream.h>
void main() {
        int p[2]={0,1}; cout <<*(p+2);
}
```

2. 다음 프로그램을 실행시키면 어떤 일이 일어날지 예측하여 보아라.

```
#include <iostream.h>
void main() {
        int p[2]={0,1}; cout <<*(p+1000);
}
```

3. 다음 프로그램의 실행결과는 무엇일까? 왜 그런 결과가 나올까?

```
#include <iostream.h>
#include <string.h>
void main() {
```

```
    char str[100] ;
    strcpy(str, "I love you!");
    cout <<*(str+2)<<" "<<*(str+3)<<" "<<*(str+4)<< " "<<
    endl ;
}
```

4. 다음 프로그램의 실행에서 출력되는 값은 얼마씩 증가할까? 이유를 설명하여라.

```
#include <stdio.h>
void main( ) {
    char mc[3];
    printf("%d   %d   %d\n", mc, mc+1, mc+2);
}
```

5. 다음 프로그램을 실행시켜 나오는 두 수의 차는 무엇을 의미하는가? 참고. 본문의 포인터 연산 참조.

```
int *p, *q, x, y;
p=&x, q=&y;
printf("%d\n", (int) p-(int)q);
```

6. 다음 프로그램의 출력결과를 예측하여 본 후 실행시켜 보아라.

```
#include <stdio.h>
void main( ) {
    int a[10], *p, *q, *r;
    p=a, q=&a[5], r=&a[9];
    printf("%d   %d   %d\n", p-q, q-r, (int)p-(int)r);
}
```

7. 다음 프로그램에서 변수 p 에 저장되는 주소값의 의미를 설명하여라. 프로그램을 실행시키면 어떤 일이 일어나는가?

```
#include <stdio.h>
void main( ) {
    float x[100];
    float *p=x+100;
```

```
        printf("%f\n", *p);
    }
```

4. 주소형변수와 동적 배열

C 언어의 장점은 프로그램의 실행 도중에 기억장소를 할당할 수 있다는 것이다. 이렇게 할당된 기억장소는 실행 도중에 해제할 수도 있다. 프로그램의 실행 중에 기억장소를 할당하는 것과 해제하는 것을 각각 동적생성과 동적해제라고 한다. 동적생성과 동적해제에 사용되는 C++ 전용 명령어는 new 와 delete 이다.

new : 기억장소의 동적 할당 명령어
delete : 기억장소의 동적 해제 명령어

동적할당 명령어 new 의 사용법은 new 다음에 변수형을 적어주는 것이다. 가령

```
new int;
```

라고 하면 int 형 기억장소 하나가 HEAP 영역에 독점사용토록 설정된다. 다음 프로그램은 동적 할당과 동적 해제의 예제 프로그램이다.

프로그램 4.1

```
#include <stdio.h>
void main( )
{
    int *vari ;
    vari = new int ;
    *vari = 23 ;
    printf("%d\n", *vari);
    delete vari;
}
```

프로그램 분석

■ int *vari ;

int 주소형변수 vari 를 정의한다. 변수 vari 에는 주소가 저장된다.

■ vari = new int ;

int 형 기억장소를 하나 할당하고, 그 기억장소의 주소를 vari 에 저장하여라.

■ delete vari ;

vari 번지의 기억장소의 사용을 해제한다.

동적생성으로 자리잡은 메모리는 반드시 delete 명령어를 이용하여 동적해제를 해주어야 한다.

동적생성과 정적할당의 차이

변수를 위한 기억장소의 정적할당과 동적생성은 자리잡은 메모리의 영역과 자리잡는 시각이 다르다. 예를 들어

```
int x;
int *y = new int;
```

와 같이 정의하였을 때 변수 x 와 y 는 해당 프로그램이 (보다 정확하게는 해당 블록이) 메모리에 올라가는 시각에 자리를 잡는다. 변수 x 는 int 형 상수값을 저장할 수 있다. 그러나 변수 y 는 int 형 주소를 저장하는 변수이므로 프로그램 중간에서 int 형 기억장소를 HEAP 에 할당한 후, 그 주소를 y 에 저장하게 된다. 변수 x 가 자리잡는 기억장소는 해당 프로그램 혹은 블록의 메모리 영역이다. 한편,new int 는 공유 메모리인 HEAP 에 자리를 차지한다. int x 에 의해 자리잡은 메모리는 해당 블록이 종료되면 자동으로 해지되지만 new int 로 자리잡은 메모리는 수동으로 해제하지 않으면 프로그램이 종료되어도 자리를 차지하고 있다.

배열의 동적생성과 해제

명령어 new 를 사용하여 배열을 위한 기억장소를 할당할 수 도 있다.

프로그램 4.2

```
#include <stdio.h>

void main( )
{
    int *vari ;
    vari = new int [3];
    vari[2] = 54 ;
    printf("%d\n", vari[2]);
    delete [] vari;
}
```

프로그램 분석

■ int *vari ;

int 주소형변수 vari 를 정의한다. 변수 vari 에는 배열의 시작 주소가 저장된다.

■ vari = new int [3] ;

int 형 기억장소를 3 개 할당하고, 그 첫 번째 기억장소, 즉 첫 번째 칸의 주소를 vari 에 저장하여라.

■ delete [] vari;

배열 vari 의 기억장소를 해제한다. 배열이 해제됨을 표시하기 위하여 배열의 이름 앞에 [] 를 사용하였다.

동적 메모리 할당을 이용하여 정의된 배열을 **동적 배열**이라고 한다. 동적 배열에 대비하여 정의되는 배열을 **정적 배열**이라고 한다.

동적 배열 정의의 축약형

동적으로 배열을 정의하고 할당하는 부분인

```
int *vari ;
vari = new int [3];
```

는 다음과 같이 축약해서 사용할 수 있다.

```
int *vari = new int [3];
```

calloc 과 malloc 을 사용한 메모리 동적생성

메모리를 동적생성할 때 calloc 과 malloc 을 사용할 수 있다. calloc 혹은 malloc 을 사용해서 int 형 변수를 위한 메모리를 할당할 때는

```
int *x = (int *) calloc(1, sizeof(int));
int *x = (int *) malloc(1*sizeof(int));
```

와 같이 한다. 이는

```
int *x = new int;
```

와 같은 것이다. 함수 calloc 은 두 개의 인수를 가지며, 함수 malloc 은 하나의 인수를 가진다. 함수 calloc 또는 malloc 을 사용하여 메모리를 할당할 때는 int 형의 바이트수를 구하기 위하여 sizeof(int)를 사용한다.

만약 크기가 3인 int 형 배열을 위한 메모리를 할당하려고 하면

```
int *y=(int *) calloc(3, sizeof(int));
int *z=(int *) malloc(3*sizeof(int));
```

과 같이 사용하면 된다.

함수 calloc 혹은 malloc 으로 할당된 메모리의 주소는 사용하고자 하는 변수형으로 형변환해 주어야 한다. 여기서는 int 주소형으로 사용하고자 함으로 (int *)로 형변환하고 있다.

함수 calloc 의 인수는 처음에는 배열의 크기, 두 번째는 할당할 변수의 바이트 수이고, 함수 malloc 의 인수는 하나이며 할당하려는 기억장소의 총 바이트 수가 된다. 크기가 3인 int 형 배열의 경우에 필요한 바이트 수는 3*sizeof(int)=3×4=12이다.

함수 calloc 의 경우에는 메모리를 할당한 후 배열의 원소 값을 모두 0으로 초기화하지만 malloc 은 초기화하지 않는다. 따라서 calloc 의 실행은 malloc 에 비해서 초기화만큼의 시간이 덜 든다.

한편, calloc 혹은 malloc 으로 초기화된 메모리는 free 를 이용하여 해제한다. 즉,

```
free(y);
```

와 같이 하여 해제한다. 함수 calloc 혹은 malloc 을 사용하기 위해서는 헤더파일 stdlib.h 가 필요하다. 다음 프로그램은 함수 calloc 과 malloc 을 이용하여 배열을 할당하는 예제이다.

프로그램 4.3

```
#include <stdio.h>
#include <stdlib.h>

void main( ) {
    int *y=(int *) calloc(3, sizeof(int));
    int *z=(int *) malloc(2*sizeof(int));
    y[0]=1, y[1]=2, y[2]=3;
    z[0]=100, z[1]=200;
    printf("y[1]=%d z[1]=%d\n", y[1], z[1]);
    free(y);
    free(z);
}
```

정적 배열과 동적 배열의 비교

포인터변수를 이용한 동적 배열과 정적 배열의 차이점을 살펴보자. 예를 들어 배열 a 와 b 가

```
int a[3];
int *b=new int [3];
```

과 같이 정의되어 있다고 하자. 이 때,

a : 주소를 나타내는 상수값
b : 주소를 저장할 수 있는 주소형변수

가 된다. 또한 배열 a는 해당 프로그램이 종료되면 자동해제된다. 그러나 배열 b는 사용이 종료되면 수동으로 해제해 주어야 한다. 배열 a는 프로그램 메모리영역에 자리를 잡지만 배열 b는 HEAP 영역에 자리를 잡는다. 첨자의 사용법은 동적 배열과 정적 배열은 동일하다.

포인터의 오프셀 연산

포인터 변수에 대하여 덧셈이나 뺄셈과 같은 연산을 할 수 있다. 예를 들어 포인터 변수 a에 대하여

a=a+1 혹은 a=a+9 혹은 a=a−1 혹은 a=a−3

과 같은 연산을 할 수 있다. 특히 1을 더하거나 빼서 자신에게 다시 저장하는 증가연산과 감소연산

a++ 혹은 a−−

와 같은 연산도 할 수 있다. 포인터의 값을 증가하거나 감소시키는 이와 같은 연산을 포인터 오프셀 연산이라고 한다.

다음은 증가연산과 감소연산의 사용 예제 프로그램이다.

프로그램 4.4

```
#include <stdio.h>

void main()
{
    int x[5];
    int *a=x;

    printf("원래 : a = %d \n", a);

    a--;
    printf("a-- 를 한 후 : a = %d \n", a);

    a++;
    printf("다시 a++한 후 : a=%d\n", a );
}
```

프로그램의 실행결과는 다음과 같다.

```
원래 : a = 6684132
a-- 를 한 후 : a = 6684128
다시 a++한 후 : a=6684132
```

실행결과를 보면, int 주소형변수 a 에 대하여 연산 a−−를 실행하고 난 후에 a 에 저장되는 값은 int 형 변수의 바이트 수인 4가 감소함을 알 수 있다.

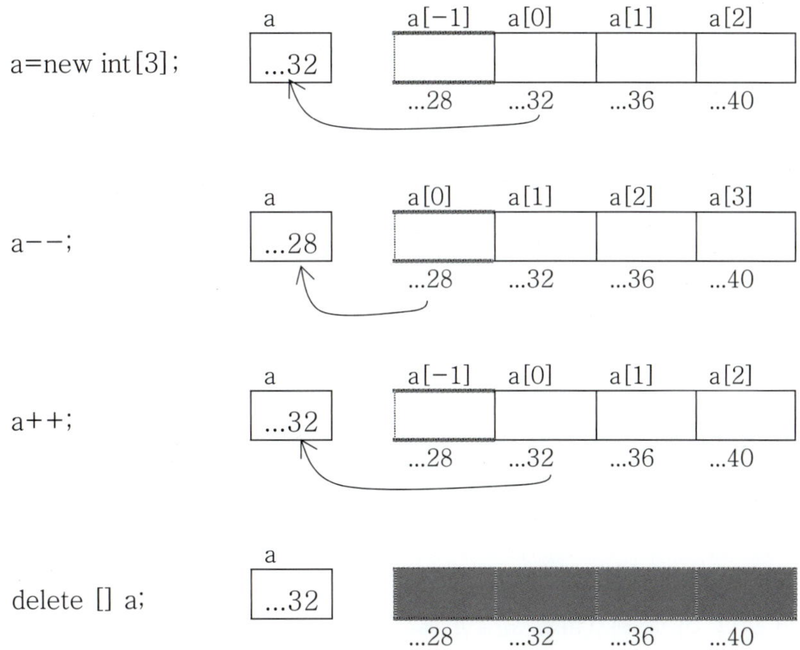

그림 4.1 오프셀에서의 첨자 변화과정

또한 증가연산 a++를 실행한 경우에는 저장되는 주소값은 4만큼 증가함을 알 수 있다. 이를 그림으로 나타내어 보면 그림 4.1과 같다.

만약 더블형 포인터 변수 p 에 대하여 p+=4;를 하면, 연산 후에 변수 p 에는 원래의 값에 8×4=32를 더한 값이 저장되게 된다.

배열의 첨자범위 조절

C 언어에서는 배열의 첨자는 0부터 시작한다. 크기 3인 배열 a 가

```
int *a = new int[3];
```

와 같이 정의되어 있으면 사용할 수 있는 첨자는

0, 1, 2

가 된다. 이와 같은 첨자의 범위는 수학을 하는 사람에게 낯선 표현법이다. 수학에서는 배열의 첨자 범위가

1, 2, 3

가 되기 때문이다. 수학에서와 같은 방식으로 첨자를 사용할 수 있는 방법이 있다. 그 방법은

```
int *a = new int[3];
a--;
```

와 같이 a 에 저장된 주소값을 감소시키는 것이다. 그러면 첨자의 범위는

1, 2, 3

가 된다. 이 때 메모리를 해제할 때는 원상복구한 다음에 해제하여야 한다.

```
a++:
delete[]a;
```

다음 예제 프로그램을 보자.

프로그램 4.5

```
#include <stdio.h>
void main()
{
```

```
    int *a = new int[2];
    a[0]=1; a[1]=2;
    printf("before offset   a[0]=%d a[1]=%d\n", a[0], a[1]);

    a--;
    printf("after offset    a[1]=%d a[2]=%d\n", a[1],a[2] );

    a++;
    delete [] a;
}
```

프로그램의 실행결과는 다음과 같다.

```
before offset    a[0]=1  a[1]=2
after offset     a[1]=1  a[2]=2
```

출력결과를 보면 포인터를 오프셋하기 전의 첨자는 0과1인 반면, 오프셋한 후의 첨자는 1과 2임을 볼 수 있다.

만약 첨자를 0, 1 대신에 98, 99로 하고 싶다면

```
a-=98;
```

로 포인터를 오프셋하면 된다. 다만 해제할 때는 첨자를 원상복구하여야 한다. 즉,

```
a+=98;
delete [] a;
```

와 같이 하여야 한다.

메모리 누수 현상

명령어 new 를 사용해서 메모리 할당을 하는 경우 반드시 delete 혹은 []delete 명령어를 사용해서 해당 메모리의 전용사용권을 해제해 주어야 한다. 그렇지 않으면 해당 프로그램이 종료된 후에도 그 메모리는 다른 프로그램에서 사용할 수가 없게 되어 시스템으로 봐서는 사용가능 메모리가 줄어들게 된다. 메모리 할당을 한 후 해제를 하지 않아서 생기는 메모리의 감소를 메모리 누수 현상이라고 한다. 다음의 프로그램의 예를 보자.

프로그램 4.6

```
#include <stdio.h>

void main( )
{
     int *p;
     for (int i=0;   ; i++) {
       p = new int [104857600]; // 1024*1024*100
       printf(" %4d00 M bytes 할당됨\n", i+1);
     }
}
```

프로그램 분석

■ for (int i=0; ; i++) {

p = new int [104857600];

...

}

while 의 조건식이 1, 즉 참이므로 "p=new int [104857600];" 반복하여 실행한다. 즉 반복하여 int 형 기억장소 104857600 개 바이트 씩 메모리를 할당한다.

윈도우즈 시스템에서 위의 프로그램을 실행시켜 보면 어느 순간부터 하드디스크에 쓰는 것을 느끼면서, 실행속도가 느려지는 것을 알 수 있다. 이는 램에서 사용할 수 있는 기억장소를 다 차지하고 나면 그 다음부터는 하드디스크를 기억장소로 사용하면서 생기는 현상이다. 하드디스크도 다 쓰게 되면 혹은 할당할 수 있는 메모리 용량을 벗어나게 되면 메모리 부족이라는 에러 메시지가 뜨게 된다. "메모리 부족"이라는 메시지를 보려면 많은 시간이 걸리므로, 인내심이 필요하다. 실행 중간에 중단을 시키려면 Ctrl 키, Shift 키, Delete 키를 동시에 누른다.

실습문제

1. 다음 프로그램을 실행시켜 보고 왜 그런 결과가 나왔는지 이유를 설명하여라.

```
#include <stdio.h>
#include <stdlib.h>
```

```
void main( ) {
    int *a = (int *) calloc(1, sizeof(int));
    int *b = (int *) malloc(sizeof(int));
    printf("%d %d\n", *a, *b);
    free(a);
    free(b);
}
```

2. 문제 1의 프로그램을 new 와 delete 를 사용하여 재작성한 후 실행시켜라.
3. 다음 프로그램에서 오류가 있으면 바로 잡아라.

```
#include <stdlib.h>
#include <string.h>
void main( ) {
    char *s = (char *) calloc(10, sizeof(char));
    strcpy(s, "Hi!");
}
```

4. 다음 프로그램을 실행시켜 보아라. 어떤 일이 일어나는가? 오류를 바로 잡아라.

```
void main( ) {
    double *v= new double [10];
    v-=5;
    v[0]=0.;
    delete []v;
}
```

5. 메모리 누수현상을 알아보는 프로그램 4.6을 실행시켜 보아라. 메모리부족 오류 메시지를 보거나 혹은 시스템이 다운되기까지 걸린 시간을 재어 보아라.

5. 주소형 배열과 이차원 배열

주소형 배열은 주소값을 저장하는 변수의 그룹이다. 주소값을 저장하기 위한 배열은 변수형 다음에 먼저 주소형임을 나타내는 *를 쓰고 그 다음에 배열의 기호 []와

배열의 크기를 적는 방법으로 정의된다. 주소형 배열 w 은

int *w[2];

와 같이 정의된다. 이렇게 정의된 주소형 배열 w 는 두 개의 원소 w[0]와 w[1]를 가지고 있고 이들 원소에는 int 형 기억장소의 주소값이 저장될 수 있다. 다음 프로그램은 주소형 배열을 정의하고, 그 다음 배열의 각 원소에 int 형 주소를 저장하는 예이다.

프로그램 5.1

```
#include <stdio.h>

void main( )
{
     int a=1, b=2;
     int *w[2];
     w[0]= &a;
     w[1]= &b;
     printf("a=%d   b=%d\n", *w[0], *w[1]);
}
```

프로그램 분석

■ int *w[2];

주소형 값을 저장하는 배열 w 를 정의한다. 원소는 w[0]와 w[1]이며 이들에는 int 형 기억장소의 주소값이 저장된다.

■ w[0]= &a;

a 의 주소를 w[0]에 저장한다.

■ w[1]= &b;

b 의 주소를 w[1]에 저장한다.

■ printf("a=%d   b=%d\n", *w[0], *w[1]);

w[0]에 저장되어 있는 주소가 가르키는 기억장소의 내용 *w[0]을 출력한다. 마찬가지로 *w[1]을 출력한다.

프로그램 5.1에서 주소형변수 w[0]에 저장된 주소의 기억장소의 값을 *w[0]로 표현됨을 유의하자.

주소형 배열과 동적 배열을 이용한 이차원 배열

주소형 배열을 이용하여 이차원 배열을 정의하여 사용하는 방법이 있다. 다음은 이에 관한 예제 프로그램이다.

프로그램 5.2

```
#include <stdio.h>
void main( )
{
    int *w[2];
    w[0]= new int [3];
    w[1]= new int [3];
    w[0][0] = 1; w[0][1]=2; w[0][2]=3;
    w[1][0] = 1; w[1][1]=1; w[1][2]=1;
    for(int i=0; i<2; i++) {
        for(int j=0; j<3; j++) {
            printf("%d   ", w[i][j]);
        }
        printf("\n");
    }
    printf("\n");
    delete [] w[0];
    delete [] w[1];
}
```

프로그램의 출력결과는 다음과 같다.

```
1   2   3
1   1   1
```

프로그램 5.2에서 배열의 구조는 다음 그림과 같다.

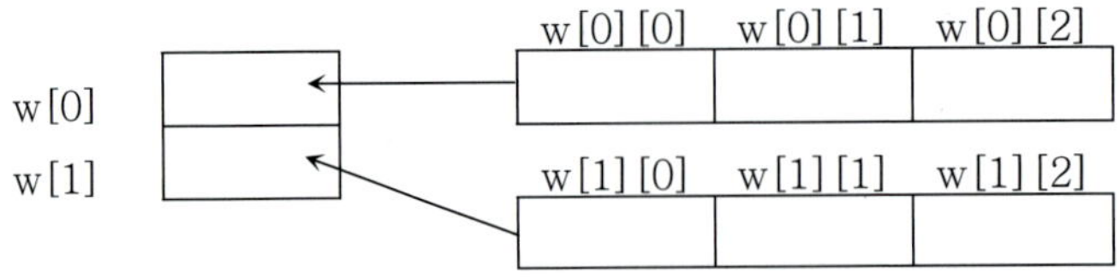

프로그램 5.2에서는 일차원배열을 정의할 때 동적생성

```
new int[3];
```

를 이용하여 메모리를 할당한 다음 그 주소를 주소형 배열에 저장하는 방법으로 이차원배열을 정의하였다. 그러나 일차원배열은 동적생성 대신 정적으로 정의하였다.

주소형 배열과 정적 배열을 이용한 이차원 배열

일차원 배열들의 주소를 연결시켜서 이차원배열로 사용할 수도 있다. 다음은 이에 관한 예제 프로그램이다.

프로그램 5.3

```
#include <stdio.h>
void main( )
{
     char *p[3];
     char b[]= “Girls”;
     char a[]= “Aim”;
     char h[]= “high”;

     p[0]=b; p[1]=a; p[2]=h;

     for(int i=0; i<3; i++)
          printf(“%s\n”, p[i]);
     printf("\n");
}
```

프로그램 분석

■ char *p[3];

주소형 값을 저장하는 배열 p 를 정의한다. 원소는 p[0], p[1], p[2]이며 이들에는

char 형 기억장소의 주소값이 저장된다.

■ char b[] = "Girls";

크기가 6인 char 형 배열을 정의하고 값을 저장한다. 즉, char s0[6]을 정의한다.

■ char a[] = "Aim";

크기가 4인 char 형 배열을 정의하고 값을 배정한다.

■ char h[] = "high";

크기가 5인 char 형 배열을 정의하고 값을 배정한다.

■ p[0]=b; p[1]=a; p[2]=h;

char 형 배열 b[16]의 주소 b를 p[0]에 저장한다. 마찬가지로 문자열의 주소 a와 h를 각각 p[1]과 p[2]에 저장한다.

프로그램 5.3에서 포인터 배열 *p[3]와 문자열의 연결 구조를 다음 그림과 같이 그릴 수 있다.

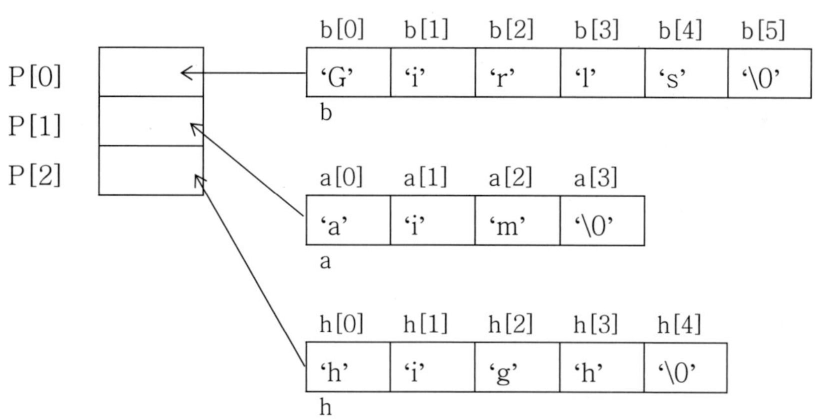

char 주소형 배열 p[0], p[1], p[2]에 문자열의 주소가 저장되고 난 후에는 문자열은 이차원배열의 구성원으로써 접근할 수 있다. 예를 들어 b[0]는 p[0][0]와 같고, h[2]와 p[2][2]는 같다.

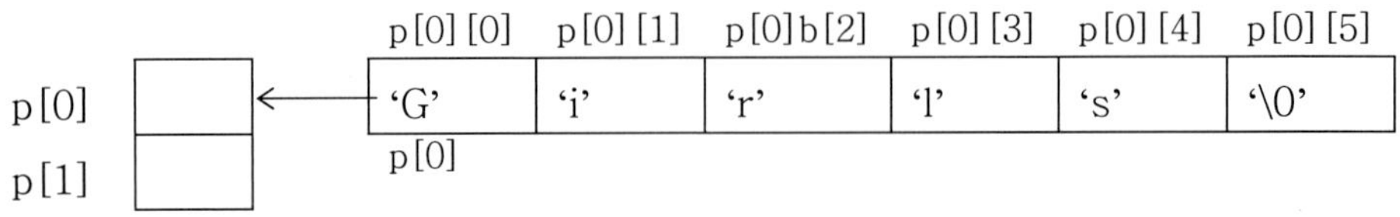

이렇게 만들어진 이차원배열의 행의 크기는 3이지만 열의 크기는 행마다 달라지게 된다. 이와 같이 열의 크기가 일정하지 않는 배열을 누더기배열이라고 한다. 동적 생성의 경우에도 각 행에 연결되는 배열의 크기가 일정하지 않는 경우 누더기배열이라고 한다.

실습문제

1. 프로그램 5.2를 사용하여, 크기가 100×100인 이차원 배열을 정의하고 해제하는 프로그램을 작성하여라. 단, 주소형 배열을 이용하여라.
2. 행의 크기 3인 이차원 배열의 열의 크기 m 을 키보드로 받아들여, 크기가 3×m인 이차원배열을 정의하여라. 단, 주소형 배열을 이용하여라.
3. 크기가 2*2인 이차원 배열을 주소형 배열을 이용하여 정의하여라. 이차원 배열의 값 a, b, c, d 를 키보드로부터 입력받아서 모든 원소의 합을 구하는 프로그램을 작성하여라.

$$A = \begin{pmatrix} a & b \\ c & d \end{pmatrix}$$

4. 다음 행렬의 역행렬을 구하는 프로그램을 작성하고 실행시켜 보아라. 단, 이차원 배열을 정의할 때 주소형 배열을 이용하여라. a=1, b=2, c=3, d=4

행렬 $A = \begin{pmatrix} a & b \\ c & d \end{pmatrix}$에 대하여, 역행렬은 $A^{-1} = \begin{pmatrix} \dfrac{d}{ad-bc} & \dfrac{-b}{ad-bc} \\ \dfrac{-c}{ad-bc} & \dfrac{a}{ad-bc} \end{pmatrix}$.

5. 다음의 두 배열 A, B 의 합을 구하고 출력하는 프로그램을 작성하여라. 단, 이차원 배열을 정의할 때, 주소형 배열을 이용하여라.

$$A = \begin{pmatrix} 1 & 2 & 3 \\ 2 & 3 & 4 \\ 3 & 4 & 5 \end{pmatrix}, \quad B = \begin{pmatrix} 1 & 2 & 3 \\ 2 & 1 & 2 \\ 3 & 2 & 1 \end{pmatrix}$$

6. 크기가 6×2인 int 형 이차원 배열에 대하여 첫 번째 열의 값의 크기에 따라 이차원 배열을 정렬하는 프로그램을 작성하여라. 단, 주소형 배열을 이용하여 이차원 배열을 정의하여라. 배열의 각 원소는 함수 rand()%20을 사용하여 할당하여라.
7. 크기가 6×3인 int 형 이차원 배열에 대하여 두 번째 열의 값의 크기에 따라 이차원 배열을 정렬하는 프로그램을 작성하여라. 단, 주소형 배열을 이용하여라. 배열의 각 원소는 함수 rand()%20를 사용하여 할당하여라.
8. 다음 프로그램에서 오류가 있으면 바로 잡고, 오류의 발생 원인이 무엇인지 설명하여라.

```
#include <stdio.h>
void main( ) {
    int a=1, b=2, *w[2];
    w[0]= &a, w[1]= &b;
    printf("a=%d   b=%d\n", *w[0], *w[1]);
    delete [] w;
}
```

9. 다음 프로그램에서 이차원배열 p 의 각행의 열의 크기를 파일로 출력하는 부분을 추가하여서 실행하여 보아라. 이 때 문자열의 길이를 구하는 함수를 사용하여라. 예. strlen(p[0])+1;

```
#include <stdio.h>
void main( ) {
    char *p[3];
    char b[] = "I love my son.";
    char a[] = "Even though he does not know it,;
    char h[] = "it is true.";
    p[0]=b; p[1]=a; p[2]=h;
    ...
}
```

10. 다음 두 배열 A, B 의 곱을 구하고 출력하는 프로그램을 작성하여라. 단, 이차원 배열은 주소형배열을 이용하여 정의하여 사용하여라.

$$A=\begin{pmatrix}1 & 1\\ 0 & 1\\ 0 & 1\end{pmatrix},\quad B=\begin{pmatrix}-2 & 0 & 0\\ -1 & -2 & 1\end{pmatrix}$$

6. 더블포인터와 이차원 배열

주소를 저장하는 기억장소의 주소, 즉, 포인터형 변수의 주소를 저장하려면 두겹주소형변수를 사용하면 된다. 두겹주소형변수는 두 개의 별표를 이용하여 정의된다. 예를 들어

```
int **p;
```

와 같이 정의하였다면 변수 p 에는 주소형변수의 주소를 저장할 수 있다.

```
int *x;    int **p;    p=&x;
```

두겹주소형변수를 더블포인터형 변수라고도 한다. 더블포인터형 변수에 저장될 수 있는 값 즉, 주소형변수의 주소를 **더블포인터** 혹은 **두겹주소값**이라고 한다.

더블포인터변수는 이차원 배열을 동적생성할 때 사용할 수 있다. 다음은 더블포인터변수를 이용하여2행×3열의 이차원 배열을 동적생성하는 프로그램이다.

프로그램 6.1

```
#include <iostream.h>
void main( )
{
    int n=2, m=3;
    int **x;
    x = new int * [n];
    for(int j=0; j<n; j++)
       x[j] = new int [m];

    for(j=0; j<n; j++)
       delete [] x[j];
    delete [] x;
}
```

프로그램 분석

■ int **x;

주소형변수의 주소를 저장할 수 있는 변수 x 를 정의한다.

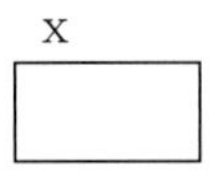

■ x= new int * [n];

int 형 변수의 주소를 저장할 수 있는 기억장소 n 개, 즉 크기가 n 인 int 주소형 배열을 동적생성하고, 시작번지를 x 에 저장한다.

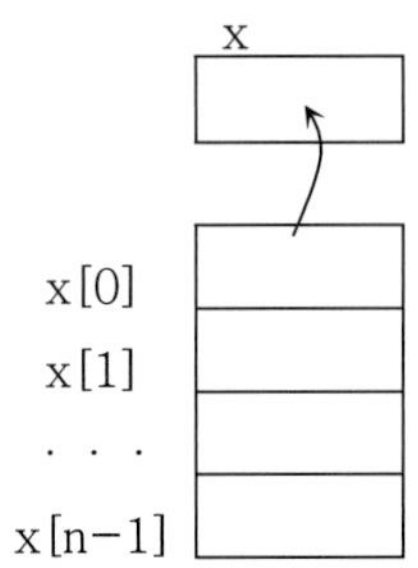

■ for(int j=0; j<n; j++)
x[j] = new int [m];

크기가 m 인 int 형 배열을 동적생성하고 그 시작번지를 x[j], j=0, 1, . . . , n−1에 저장한다. 이를 그림으로 그려보면 다음과 같다.

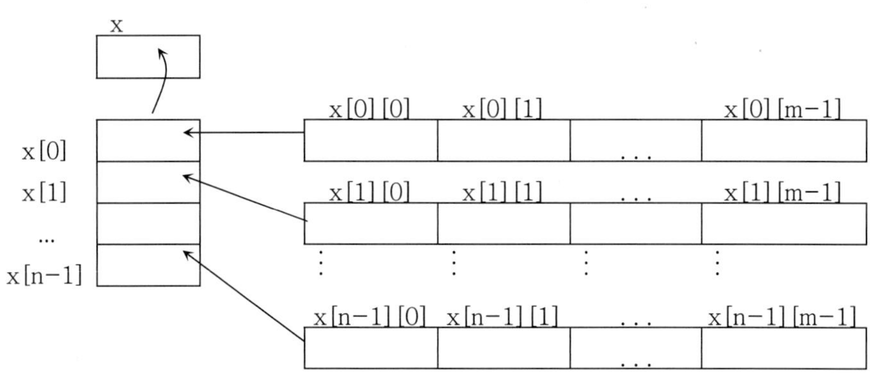

■ for(j=0; j<n; j++)
delete [] x[j];

주소형변수 x[j], j=0,1, . . . , n−1에 저장되어 있는 주소에서 시작하는 배열을 해제한다.

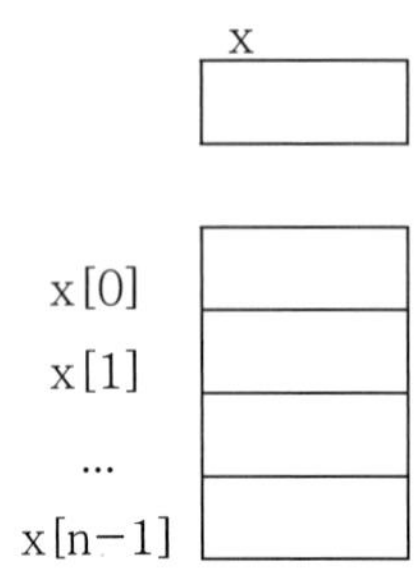

■ delete [] x;

겹주소형변수 x 에 저장되어 있는 주소의 배열을 해제한다. 여기서 해제되는 배열은 주소형배열이다.

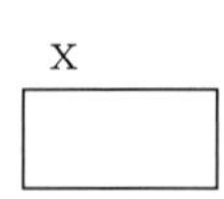

동적으로 할당된 이차원배열을 이용하여 이차원행렬에 값을 저장하고 이를 출력하는 프로그램은 다음과 같다.

프로그램 6.2

```
#include <stdio.h>
void main( )
{
    int n=2, m=3;
    int **x;
    x = new int * [n];
    for(int i=0; i<n; i++)
       x[i] = new int [m];

    for(i=0; i<n; i++)  {
      for(int j=0; j < m; j++) {
```

```
            x[i][j] = i+j;
            printf("%d  ", x[i][j]);
        }
        printf("\n");
    }

    for(i=0; i<n; i++)
        delete [] x[i];
    delete [] x;
}
```

프로그램 분석

■ x[i][j] = i + j ;

2차원배열 (i , j)원소에 값을 할당한다.

이차원 배열 동적할당 함수

이차원 배열의 동적할당이나 해제를 함수로 작성해 두면 편리할 때가 많다. 다음은 이차원 배열을 동적할당하고 해제하는 함수와 이를 이용하는 프로그램이다.

프로그램 6.3

```
#include <stdio.h>

int** allocArray(int row, int column ) {
    int **x = new int *[row];
    for(int i=0; i<row; i++)
        x[i] = new int [column];
     return x;
}

void deleteArray(int **x, int row) {
    for(int i=0; i<row; i++)
        delete [] x[i];
    delete []x;
}

void main( )
{
     int **A;
     A = allocArray(2, 3);
```

```
        for(int i=0; i<2; i++) {
            for(int j=0; j<3; j++) {
                A[i][j] = i+j;
                printf(" %3d ", A[i][j]);
            }
            printf("\n");
        }
    deleteArray(A, 2);
}
```

함수 allocArray 는 행의 크기와 열의 크기를 인수로 받아들여 이차원 배열을 할당한 후 그 포인터를 반환하고 있음에 유의하자.

한편, 생성된 2차원 배열을 인수로 반환하고자 하는 경우에는 함수 alloc Array와 main 함수를 다음과 같이 고쳐 쓸 수도 있다.

프로그램 6.4

```
#include <stdio.h>

void allocArrayT(int row, int column, int ***tda) {
    int **x = new int *[row];
    for(int i=0; i<row; i++)
        x[i] = new int [column];
    *tda = x;
}

void main( )
{
        int **A;
        allocArrayT(2, 3, &A);
        for(int i=0; i<2; i++) {
            for(int j=0; j<3; j++) {
                A[i][j] = i+j;
                printf(" %3d ", A[i][j]);
            }
            printf("\n");
        }
    // deleteArray(A, 2);
}
```

프로그램 분석

■ int **A;;

변수 A 는 이중주소형이다.

■ allocArrayT(2, 3, &A);

함수 allocArrayT 에 변수 A 의 주소를 넘겨준다.

■ void allocArrayT(int row, int column, int ***tda);

함수 allocArrayT 의 마지막 인수 tda 는 이중포인터 **tda 의 주소형 *(**tda)로 정의되어 있다.

■ *tda = x;

Tda 가 가르키는 기억장소에 이중주소형변수의 값을 저장한다. 실제로 tda 가 가르키는 변수 main 함수의 A 이다.

■ 전체 구도를 그림으로 그려 보면 다음과 같다.

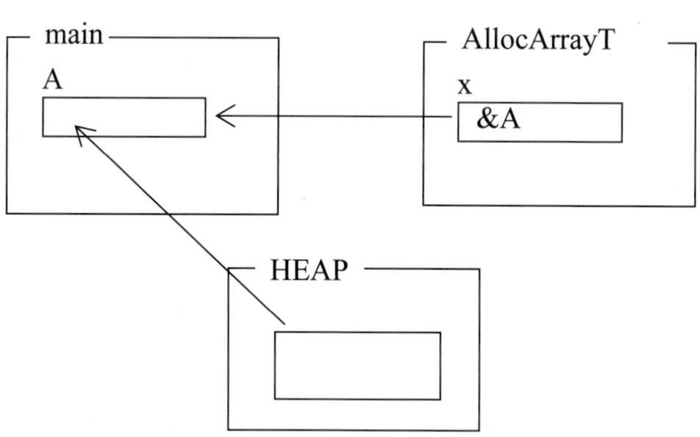

변수, 주소형변수, 이중 주소형변수

C 언어에서는 보통의 변수와 주소형변수, 그리고 이중주소형변수 등의 구별을 엄격하게 한다. 예를 들어

```
int a, *p, **q;
```

와 같이 정의되어 있는 경우, 변수 a 에는 int 형 상수값을 저장하고, 변수 p 에는 int 형 변수의 주소값을 저장한다. 또한, 변수 q 에는 int 형 변수의 주소를 저장하는 주소형변수의 주소값을 저장한다.

int 형 변수 a 에는 int 형 변수의 주소값를 저장할 수 없다. 즉,

```
int  a, b;
a = &b;
```

와 같이 int 형 변수 a 에 int 형 변수 b 의 주소를 저장하려고 하면 다음과 같은 종류의 오류가 발생한다.

```
cannot convert from 'int *' to 'int'
```

이 오류는 int 형 변수에 주소값을 할당하려 하기 때문에 발생하는 것이다. 한편, int 주소형변수에는 int 형 상수값을 할당할 수 없다. 예를 들어

```
int  *p;
p = 77;
```

과 같이 하면 다음과 같은 종류의 오류가 발생한다.

```
cannot convert from 'const int' to 'int *'
```

이는 int 주소형변수에 int 형 상수값을 할당하려는 데서 발생하는 오류이다. 만약 주소상수값을 직접 할당하려고 하면 다음과 같이 상수값을 주소형 상수값으로 강제형변환을 하여 할당할 수는 있다. 즉,

```
int  *p;
p = (int *) 798727;
```

그러나 이와 같이 상수값을 주소형변수에 할당하는 일은 프로그램 중에서 거의 일어나지 않는다.

이중주소형변수 혹은 더블포인터변수에는 주소형변수의 주소값을 저장하는 데 사용된다. 다음은 예이다.

```
int  *p, **q;
q = &p;
```

더블포인터형 변수에 상수값을 저장하려 하거나, 변수의 주소값을 저장하려고 하면 오류가 발생한다. 다음에서 세 개의 할당문은 모두 오류를 발생한다.

```
int  a, *p, **q;
q = 77;
q = p;
q = &a;
```

만약 더블포인터형 변수에 상수값을 직접 할당하려고 하면 다음과 같이 상수값을 이중 주소형 상수값으로 강제형변환을 하여 할당할 수는 있다. 즉,

```
int  **q;
p = (int **) 798727;
```

그러나 이와 같이 상수값을 주소형변수에 할당하는 일은 프로그램 중에서 거의 일어나지 않는다.

실습문제

1. 프로그램 6.1을 사용하여, 크기가 100×100인 이차열 배열을 동적생성하고 동적해제하는 프로그램을 작성하고 실행시켜 보아라. 생성된 배열에는 값을 할당할 필요는 없다.
2. 행의 크기 n 과 열의 크기 m 을 키보드로 받아들여, 크기가 n×m 인 이차원배열을 동적생성하고 해제하는 프로그램을 작성하고 실행시켜 보아라.
3. 다음의 이차원 배열에 대하여 모든 원소의 합을 구하는 프로그램을 작성하여라. 단, 배열의 동적생성과 해제를 이용하여라.

   행렬 $A = \begin{pmatrix} a & b \\ c & d \end{pmatrix}$ 에 대하여 a=1, b=2, c=3, d=4

4. 다음 행렬의 역행렬을 구하는 프로그램을 작성하고 실행시켜 보아라. 단, 배열에 대하여는 동적생성과 해제를 이용하여라. a=1, b=2, c=3, d=4

$$\text{행렬 } A=\begin{pmatrix} a & b \\ c & d \end{pmatrix} \text{에 대하여, 역행렬은 } A^{-1}=\begin{pmatrix} \dfrac{d}{ad-bc} & \dfrac{-b}{ad-bc} \\ \dfrac{-c}{ad-bc} & \dfrac{a}{ad-bc} \end{pmatrix}.$$

5. 두 배열 A, B 의 합을 구하고 출력하는 프로그램을 작성하여라. 단, 동적 배열을 사용하여라.

$$A=\begin{pmatrix} 1 & 1 \\ 0 & 1 \end{pmatrix},\quad B=\begin{pmatrix} -2 & 0 \\ -1 & -2 \end{pmatrix}$$

6. 두 배열 A, B 의 곱을 구하고 출력하는 프로그램을 작성하여라.

$$A=\begin{pmatrix} 1 & 1 \\ 0 & 1 \\ 0 & 1 \end{pmatrix},\quad B=\begin{pmatrix} -2 & 0 & 0 \\ -1 & -2 & 1 \end{pmatrix}$$

단, 파일에 배열의 행과 열의 크기와 배열의 원소의 값을 다음과 같이 저장한 다음 이 파일을 읽어서 배열을 동적생성한 후, 파일에서 원소의 값을 읽어 배열에 할당하여라.

```
 3   2
 1   1
 0   1
 0   1
 2   3
-2   0   0
-1  -2   1
```

7. 크기가 6×2인 int 형 이차원 배열에 대하여 첫 번째 열의 값의 크기에 따라 배열을 정렬하는 프로그램을 작성하여라. 단, 배열은 동적생성과 해제를 사용하여라. 배열의 각 원소는 함수 rand()%9를 사용하여 할당하여라.
8. 크기가 7×3인 int 형 이차원 배열에 대하여 두 번째 열의 값의 크기에 따라 배열을 정렬하는 프로그램을 작성하여라. 단, 배열은 동적생성과 해제를 사용하여라. 배열의 각 원소는 함수 rand()%9를 사용하여 할당하여라.

7. 함수 main 의 사용법

이제까지 사용한 main 함수의 형은 인수가 없는 void 형이었다.

```
void main( );
```

그러나 C 언어에서의 일반적 main 함수의 모양은

```
int main(int argc, char* argv[ ]);
```

와 같다. 즉, 반환형이 int 이고, 두 개의 인수를 가지고 있다. 함수 main 은 윈도우즈나 유닉스 혹은 리눅스와 같은 시스템에서 호출하여 사용하는 함수이므로, 일반적인 형태의 main 함수를 사용하면 시스템에서 프로그램 실행시 인수를 위한 값을 넘겨줄 수 있고, 또한 함수 main 의 계산 결과를 시스템에 반환할 수도 있다. 일반적 형태의 main 함수의 각 인수는

int argc	: 입력되는 인수의 수
char*argv[ ]	: 입력되는 문자열의 이차원 누더기형 배열, 크기는 argc

이다. 다음은 argc 와 argv 의 용법을 살펴보기 위한 예제 프로그램이다.

프로그램 7.1

```
#include <stdio.h>

int main(int argc, char* argv[ ])
{
    printf("  argc = %d\n", argc);
    for(int i=0; i<argc; i++)
        printf("  argv[ %2d ] = %s\n", i, argv[i]);
    getchar();
    return 0;
}
```

먼저 윈도우즈 환경에 대하여 설명한다. 이 프로그램의 실행 파일 gosu.exe 가

C:\My Documnets\gosu\Debug\gosu.exe

에 위치해 있다고 하자. 이 프로그램을 도스에서 실행하기 위해서 윈도우즈 메뉴의 실행 메뉴를 눌러 실행파일을 찾아 실행시키면 된다. 먼저 다음 메뉴를 누른다.

실행(R)...

그런 다음 찾아보기 버튼을 눌러 실행파일이 있는 곳을 찾아 실행파일을 선택한다.

열기(O): "C:₩My Documents₩gosu₩Debug₩gosu.exe"

확인 단추를 누르면 실행되는 데 실행결과는 다음과 같다.

```
argc = 1
argv[  0 ] = C:₩My Documents₩gosu₩Debug₩gosu.exe
```

여기서 보면 인수 argc 의 값은 1이 전달되었고, argv[0]의 값은 실행파일의 위치를 문자열로 나타낸 것이다. 만약 실행에서

"C:₩My Documents₩gosu₩Debug₩gosu.exe" test prog

라고 하고 실행을 시키면 실행결과는

```
argc = 3
argv[  0 ] = C:₩My Documents₩gosu₩Debug₩gosu.exe
argv[  1 ] = test
argv[  2 ] = prog
```

가 된다. 여기서 전달되는 인자를 보면 argc 는 3이 되고 문자형 주소형 배열 argv[] 의 크기는 3이 됨을 알 수 있다. argv[]의 각 원소는 실행시킬 때 빈 칸으로 구분되는 문자열의 개수임을 알 수 있다.

일반적 형태의 main 함수의 인수를 이용하면 프로그램 실행이 간편해질 수도 있다. 예를 들어 다음 프로그램을 보자.

프로그램 7.2

```
#include <stdio.h>
#include <stdlib.h>

int main(int argc, char* argv[ ])
{
    int sum = 0;
    for(int i=1; i<argc; i++) {
        sum +=atoi(argv[i]);
    }
    printf("sum = %d\n", sum);
    getchar();
    return 0;
}
```

이 프로그램의 실행 파일을 만든 후 실행창에서 다음과 같이 입력한 후 확인 단추를 누른다.

```
"C:₩My Documents₩gosu₩Debug₩gosu.exe" 1 2 3
```

그러면 출력결과는 다음과 같다.

```
sum = 6
```

실행 결과를 보면 인수 중에서 실행파일의 이름 다음에 나오는 세 수의 합을 구하고 있다.

프로그램 분석

■ #include <stdlib.h>

뒤에 나오는 함수 atoi 를 사용하기 위하여 필요하다.

■ atoi(argv[i])

문자형 상수값을 int 형 상수값으로 바꾼다. 만약 바꿀 수 없으면 0을 반환한다. 가령 atoi("12")라고 문자열 "12"를 인수로 사용하면 함수 atoi는 int 형 상수값 12를 반환한다.

한편, main 함수의 인수로 입력 받은 문자값들은, 적당한 형의 변수에 저장한 후에 일을 하는 것이 편리하다. 다음은 입력된 값들을 int 형 배열에 먼저 저장한 후 출력하고 합을 구하는 프로그램이다.

프로그램 7.3

```
#include <stdio.h>
#include <stdlib.h>

int main(int argc, char* argv[ ])
{
    int n = argc -1;
    int  *v = new int [n];

    for(int i=0; i<n; i++)
        v[i] = atoi(argv[i+1]);

    printf("n=%2d : v = ",n);
    for(i=0; i<n; i++)
        printf("%2d  ", v[i]);
    printf("\n");

      int sum=0;
    for(i=0; i<n; i++)
        sum += v[i];
    printf("sum=%4d\n",sum);

    getchar();
    return 0;
}
```

이 프로그램의 실행 파일을 만든 후 실행창에서 다음과 같이 입력한 후 확인 단추를 누른다.

```
"C:₩myProj₩aaa.exe" 12 54 7 90
```

출력결과는 다음과 같이 나타난다.

```
n= 4: v=12 54  7 90
sum= 163
```

실습문제

1. 세 개의 정수를 main 함수의 인수로 입력받아 이들의 평균을 구하여 출력하는 프로그램을 작성하여라. 프로그램 4.3 참조.
2. 여러 개의 정수를 main 함수의 인수로 입력받아 이를 크기 순으로 정렬하고 출력하는 프로그램을 작성하여라. 프로그램 4.3 참조.
3. 여러 개의 정수를 main 함수의 인수로 입력받아 이들 자료의 개수, 평균, 표준편차를 파일로 출력하는 프로그램을 작성하여 실행시켜 보아라.
4. 여러 개의 정수를 main 함수의 인수로 입력받아 이들의 중위수를 출력하는 프로그램을 작성하고 실행시켜 보아라.
5. 하나의 양수를 main 함수의 인수로 입력받아 제곱근을 구하는 프로그램을 작성하여라 함수 atof 를 사용하여라. 함수 atof 는 문자열을 double 형 값으로 변환해 준다. 사용법은 atoi 와 같다.

8. 포인터 사용의 필연성과 주의점

포인터를 사용하면 여러 가지 어려움을 겪게 된다. 그럼에도 불구하고 C 언어에서는 포인터를 사용한다. 포인터 사용의 어려움 때문에 포인터 기능을 삭제한 언어가 많이 사용되고 있다. 예를 든다면 자바, 베이직언어 등이다. 포인터를 사용하지 않고서도 프로그램이 가능한데도 불구하고, C 언어에서 사용법이 까다로운 포인터를 사용하는 이유가 무엇일까? 이 절에서는 포인터를 사용하는 것에 대한 필연성과 포인터 사용의 주의점에 대하여 설명한다.

메모리와 실행 속도

포인터 즉, 주소값을 사용해야 하는 환경은 대용량의 메모리를 다루어야 하는 경우이다. 예를 들어 크기가 10,000인 double 형 배열의 값을 받아들여 이들의 평균과 분산을 구하는 함수를 작성한다고 하자. 만약 배열의 모든 값을 넘겨받도록 함수를 작성한다면 10,000개의 double 형 메모리를 확보한 후에 10,000개의 값을 모두 복사해 와야 한다. 따라서 메모리 확보와 값의 복사에 걸리는 시간은 필연적이다. 그러나 함수를 작성할 때 배열의 주소만을 넘겨서 사용하면, 4바이트의 주소값 하나만 함수로 넘겨주면 된다. 따라서 포인터를 사용하면 메모리를 적게 사용하면서 실행 속도가 빠른 함수를 작성할 수 있다.

고등어와 포인터

실제 생활 속에서는 주소를 사용하는 경우가 많다. 특히 규모가 큰 일의 경우는 대개 주소를 사용한다고 보면 된다. 예를 들어 보자. '서문'시장에 가서 자반 고등어 한손을 산다고 하자. 어물전에 가서 진열된 고등어를 보고 마음에 드는 것을 골라 '이것 주세요'하고 돈을 지불하면 된다. 한편, 고등어 수입업자가 파키스탄에서 고등어 80톤을 수입하여 부산 항만의 한 창고에 저장하여 두고 이를 판매하려고 한다고 하자. 어물전에 가서 고등어 파는 방식으로 판매한다면, 10대의 8톤 트럭에 나누어 싣고 고등어를 살만한 고객을 찾아가서 보여주어야 한다. 만약 서울에 가서 판매를 하지 못했는데, 광주에서 고등어를 사고 싶다는 고객이 있으면 10대의 8톤 트럭은 다시 광주로 향해야 한다. 광주의 고객이 고등어를 보고 마음에 들어 하지 않으면...

사실 이렇게 고등어를 판매하는 수입업자는 없을 것이다. 도매상에게 이러이러한 고등어가 80톤이 있다고 이야기하고 구매하겠다고 하면, 대금을 받은 후, 고등어가 저장된 창고의 주소를 넘겨주게 된다. 도매업자는 다시 중도매업자에게 고등어 대금을 받고 창고의 주소를 넘겨주게 된다.

주소를 넘겨주는 과정에서 주소를 잘못 넘겨주면 심각한 문제가 발생한다. 도매업자가 잘못된 주소를 가지고 고등어를 가지러 갔다면, 엉뚱한 곳을 찾아가서 고생할 수 있다. 만약 그 주소가 부산경찰청의 주소였다고 하면 얼마나 황당하겠는가를 생각해 보라. 어떤 경우에는 그러한 주소를 가진 곳이 없어서 이리 저리 헤매다가 돌아오는 수밖에 없을 것이다.

한편, 주소는 정확한데, 그 창고 안에 고등어가 없는 경우도 있을 수 있다. "고등어가 어디 갔지?"로 끝날 일이 아닐 것이다. 따라서 여러 가지 심각한 문제가 야기될 것이라는 것은 쉽게 짐작할 수 있다.

실제 생활에서 잘못된 주소를 넘겨주는 것은 아주 심각한 문제를 야기하듯이 컴퓨터에서도 주소를 잘못 넘겨주면 대부분의 경우 아주 심각한 문제가 발생한다. 따라서 포인터를 사용할 때는 항상 주소가 정확한지, 혹은 그 주소를 위한 메모리가 할당되어 있는지, 그리고 그 주소에 적절한 값을 저장하여 두었는지를 확인하여야 한다. 포인터에 의한 오류를 수정하는 일은 상대적으로 어려운 일이다. 그러나 사용하는 주소의 값을 하나 하나 출력하거나 디버거를 사용하여 확인하면 생각보다 어려운 일이 아님을 경험하게 될 것이다.

실습문제

1. 실제 생활에서 주소를 사용하는 예를 하나 들어 보아라. 본문의 고등어 수입업자의 예에서와 같이 거래의 형태, 주소를 잘못 전달했을 때의 문제점 등을 나열하여 보아라.

제 12 장

전처리기

이 장에서는 #으로 시작하는 전처리 지시자에 대하여 설명한다. 전처리 지시자에는 파일포함을 위한 #include, 매크로 정의를 위한 #define 등 여러 가지가 있다. 먼저 전처리기에 대하여 살펴본다.

1. 전처리 지시자와 전처리기

전처리 지시자는 #include, #define등과 같이 #로 시작하는 예약어이다. 이러한 전처리 지시자는 컴파일 되기 이전에 C의 예약어로 된 코드로 바뀌어진다. 전처리 지시자들을 규칙에 맞게 C코드로 바꾸어 주는 일을 전처리라고 한다. 전처리는 컴파일 명령을 내리면 컴파일하기 전에 먼저 이루어진다. 전처리 시에는 #로 시작하는 전처리 지시자가 있는 줄의 규칙에 따라 처리한다.

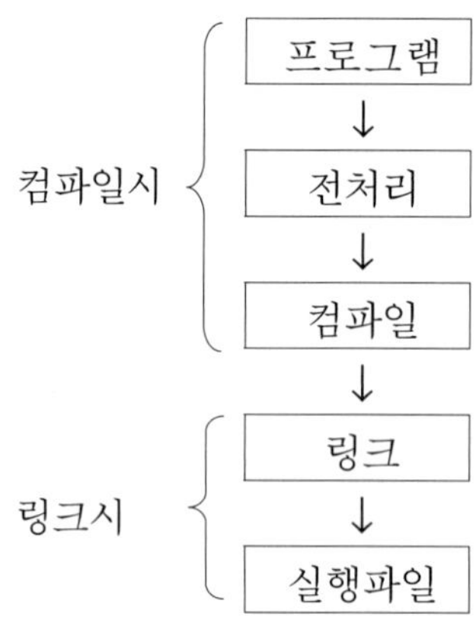

2. 파일포함 - #include

전처리 지시자 #include 는 파일 포함 기능을 수행한다. 다음은 사용 예이다.

```
#include <stdio.h>
```

전처리 지시자 #include 의 뒤에는 파일이름이 나오는데, 여기서는 파일이름을 꺽쇠 < >안에 두었다. #include 는 뒤에 나오는 파일의 내용을 복사하여 와서 대치하는 일을 한다. 예를 들어 다음 프로그램을 보자.

```
#include <stdio.h>
void main( )
{
        printf("Hello!\n");
}
```

이 프로그램을 컴파일하게 되면 전처리기는 파일 stdio.h 을 복사해와서 #include <stdio.h>가 있는 줄에 대치한다.

파일 포함 지시자

#include 에 사용되는 파일이 반드시 헤더파일일 필요는 없다. 예를 들어 다음과 같이 두 개의 파일 aaa.txt 와 bbb.cpp 가 작업 폴더 혹은 디렉토리에 저장되어 있다고 하자.

-파일 aaa.txt

```
int sum(int x, int y)
{
        return x+y;
}
```

-파일 bbb.cpp

```
#include "aaa.txt"
void main( )
{
        int s;
        s=sum(3,4);
}
```

이 경우에 파일 bbb.cpp 를 컴파일시키면 파일 'aaa.txt'의 내용이 파일 'bbb.cpp'

의 줄 #include "aaa.txt"줄에 대치되어 다음과 같이 된 후 컴파일 된다.

```
int sum(int x, int y)
{
        return x+y;
}
void main()
{
        int s;
        s=sum(3,4);
}
```

포함될 파일이 있는 위치지정 – 꺽쇠 < >와 겹따옴표 " "

#include 다음에 파일 이름을 쓸 때 꺽쇠 < > 안에 파일이름을 쓸 때도 있고 겹따옴표 " " 안에 파일 이름을 쓸 때도 있다. 즉,

```
#include <stdio.h>
#include "stdio.h"
```

꺽쇠 < >안에 파일이름을 쓰면 시스템에서 지정한 폴더에서 그 파일이 있는지를 검색하게 된다. 겹따옴표 안에 파일이름을 쓰면 현재 작업폴더 안에서 먼저 해당파일을 찾아보고 없으면 시스템이 정한 폴더에서 검색한다. 예컨대 stdio.h, math.h 등과 같은 표준 헤더파일은 시스템이 정한 폴더에 저장되어 있기 때문에 꺽쇠 < >를 사용하는 것이 좋다. 한편 프로그래머가 작성한 헤더파일은 현재의 작업 폴더 안에 저장하거나, 따로 정한 폴더에 있게 되므로 겹따옴표를 사용한 표현법을 쓰는 것이 일반적이다.

3. 단순 매크로

매크로는 문자열 대치를 위한 이름이다. 다음은 #define 을 이용하여 단순한 매크로를 정의하는 예이다.

```
#define   PI   3.14159
```

여기서 매크로 PI가 정의되었고 매크로 PI는 문자열 "3.14159"에 대한 이름이 된다. 매크로는 전처리시, 해당문자열로 대치된다. 매크로의 유효범위는 해당파일에서 매크로가 정의된 이후이다. 다음 프로그램을 보라.

```
#define   PI   3.14159
void main( )
{
        double x=PI;
        x*=PI;
}
```

이 프로그램은 전처리시 PI가 모두 3.14159로 대치된다. 따라서 전처리가 끝난 후에는 다음과 같이 된다.

```
void main( )
{
        double x=3.14159;
        x*=3.14159;
}
```

특정한 상수값을 단순매크로로 정의하여 사용하면 편리하다. 예를 들면

```
#define   EOF (-1)                     // 파일 종료 기호
#define   RAND_MAX   2147483647        // 최대 정수 값
```

매크로를 이용한 구문 변경

매크로를 이용하면 구문을 변경할 수 있다. 비교 연산자 == 를 사용할 때 = 를 잘못 사용하여 오류가 생기는 경우가 많다. 이와 같은 오류를 방지하기 위하여

```
#define  EQ      ==
```

와 같이 매크로를 정의하면 이와 같은 오류를 예방할 수 있다. 다음은 예이다.

```
#include <stdio.h>
#define   EQ   ==
void main( )
{
        int x=1, y=1;
        if(x EQ y)
            printf("%d %d\n",x,y);
}
```

이 경우에 프로그래머는 EQ 를 사용하고 전처리기는 EQ 를 ==로 대치하게 된다.

매크로를 몇 줄에 걸쳐서 쓰기 – 역슬래시 \

매크로 #define을 이용한 매크로 정의에서 줄의 마지막에 역슬래시 \ 를 써서 다음 줄에 계속해서 쓸 수 있다. 예를 들면

```
#define PI  \
        3.141592
```

역슬래시를 사용하는 경우는 정의가 길어 한 줄에 쓰는 것이 불편할 때이다.

매크로 정의의 해제

앞서서 정의된 매크로를 무효화 하려면 #undef 를 사용한다. 다음은 예이다.

```
void main( )
{
        double x, y;
        #define  PI  3.1415926
        x = PI;
        #undef  PI
        y = PI;
}
```

위의 프로그램을 컴파일하면 PI 가 정의되지 않고 사용되었다는 오류가 발생한다. 이는 앞서 정의된 PI 를 #undef 으로 해제하였기 때문이다.

미리 정의된 매크로

ANSI C에는 5개의 미리 정의된 매크로가 있다. 이 매크로는 항상 사용할 수 있으며, 프로그래머가 해제할 수 없다. 각 매크로 이름은 두 개의 밑줄문자로 시작해서 두 개의 밑줄문자로 끝난다.

미리 정의된 매크로	값
__DATE__	현재 날짜를 포함하는 문자열
__FILE__	파일 이름을 포함하는 문자열
__LINE__	줄 번호를 나타내는 정수
__STDC__	ANSI C 표준의 경우 0이 아닌 값
__TIME__	현재 시간을 포함하는 문자열

다음은 사용 예이다.

```
printf("%s\n", __DATE__);
```

또한 매크로 NULL 은 흔히 다음과 같이 정의되어 있다.

```
#define  NULL    ((void*) 0)
```

typedef – 형 이름 추가하기

C 에서는 변수형에 대하여 별명을 붙일 수 있다. 별명을 붙이기 위해서는 예약어 typedef 을 사용한다. 예를 들어

```
typedef char munja;
```

와 같이 하면 munja 는 char 형의 별명이 된다. 이와 같은 변수형의 별명은 변수의 정의에 사용될 수 있다. 예를 들면

```
munja c;
```

의 경우에 변수 c 는 munja 형이 된다. 한편 munja 형은 char 형의 별명이므로 실제로는 변수 c 는 char 형 변수이다. 이와 같은 형의 별명은 배열이나 포인터형 변수 등을 정의할 때에도 사용할 수 있다.

typedef 는 흔히 전처리 지시자처럼 프로그램의 시작 부분에서 사용되기는 하지만 전처리기에 의해 처리되는 것이 아니라 컴파일러에 의해 처리된다. 즉, typedef 로 시작하는 줄은 전처리지시자가 아니다. 그러나 프로그래머의 입장에서 보면 단순매크로를 정의하는 전처리지시자 #define 과 비슷한 기능을 수행한다.

표준 헤더 파일 stddef.h 에는 여러 가지 형이 정의가 되어 있다. 예를 들면

```
typedef unsigned size_t;
```

가 정의되어 있는 데, 별명 size_t 는 sizeof 연산자의 결과값을 저장하기 위하여 흔히 사용된다.

실습문제

1. 미리 정의된 매크로 __STDC__, __LINE__, __TIME__을 출력하는 프로그램을 작성하여 실행시켜 보아라. 만약 __STDC__가 정의되어 있지 않다면 이를 제외하여라.
2. 다음 프로그램에서 사용된 정수 1000을 매크로를 정의하여 대치하도록 수정하여 실행시켜 보아라.

```
int randx(){
        static x=7;
        x=x*16097+1;
        return x;
}
void main(){
        for(int i=0; i<1000; i++)
                printf("%d\n", randx());
}
```

3. 세 개의 매크로

```
#define manyak if
#define animyum else
#define EQ ==
```

를 사용하여 다음 프로그램을 고쳐 쓰고 실행시켜 보아라. 필요하다면 적당한 헤더 파일을 포함시켜라.

```
void main(){
        char c=getchar();
        if(c=='1')
                printf("성공\n");
        else
                printf("실패\n");
}
```

4. 다음 프로그램은 매크로 XYZ 를 사용한다. 처음에는 XYZ 의 "123"으로 두 번째에서는 "−123"으로 하려고 한다. 이 프로그램을 실행시켜 보아라. 오류를 #undef 을 이용하여 고쳐 보아라.

```
void main(){
#define XYZ 123
    printf("%d\n", XYZ);
#define XYZ    123
```

```
    printf( "%d\n" , XYZ);
}
```

4. 함수형 매크로

매크로를 정의할 때 매개변수를 가지는 함수형 매크로를 정의할 수 있다. 함수형 매크로를 사용하면 매크로의 기능이 크게 확대된다.

함수형 매크로의 정의와 사용

매크로 지시자 #define 을 사용하여 매개변수를 갖는 함수형 매크로를 정의할 수 있다. 먼저 함수형 매크로 정의의 예를 보자.

```
#define SQR(x)   ((x) * (x))
```

#define 다음에 나오는 SQR 은 매크로 이름이고 소괄호 안의 식별자 x 는 그 뒤에 나오는 ((x) * (x))에서 대치되는 매개변수이다. 다음은 매개변수를 가지는 매크로 SQR(x)의 사용 예와 문자열로 대치된 이후의 모양이다.

매크로 사용	대치 후의 모양
SQR(5-x)	((5-x)*(5-x))
SQR(SQR(*q))	((((*q) * (*q))) * (((*q) * (*q))))

괄호의 사용

매개변수를 가지는 함수형 매크로에서는 괄호를 사용하는 것이 문자열 대치에 따른 오류를 방지하는 데 도움이 된다. 예를 들어, 매크로가 다음과 같이 정의되었다고 하자.

```
#define SQR(x)   x*x
```

이 경우에 SQR(a-b)는 다음과 같이 대치된다.

```
a - b * a - b
```

만약

```
(a - b) * (a - b)
```

와 같은 수식을 마음 속으로 생각하고 있었다면, 원하는 것과는 다른 결과를 얻게 되는 것이다. 매크로를 정의할 때는 모양이 조금 복잡해지더라도 괄호를 사용하는 것이 좋다.

빈 칸의 사용

매크로를 정의할 때, 매크로 이름과 그 다음의 괄호 사이에는 빈칸이 없어야 한다. 예를 들어 매크로 SQR 을

```
#define SQR (x)   ((x) * (x))
```

과 같이 정의하였다고 하자. 즉, 매크로 이름 SQR 과 그 다음의 열린 소괄호 사이에 공백이 있다고 하자. 그러면 SQR(5)의 경우 다음과 같은 문자열로 대치된다.

```
(x)   ((x) * (x)) (5)
```

이렇게 되는 이유는 SQR 다음에 공백이 있어 공백 다음에 나오는 문자열 전체를 SQR 대신에 대치한 문자열로 하는 단순 매크로가 정의되었기 때문이다. 즉 SQR 대신에 (x) ((x)*(x))를 대치하기 때문이다. 따라서 매개변수를 가지는 함수형 매크로를 정의할 때는 매크로 이름과 괄호 사이에 공백이 없도록 주의해야 한다.

자주 발생하는 오류

매크로를 정의할 때 자주 발생하는 오류는 줄 마지막에 세미콜론을 붙이는 것이다. 이렇게 하면 세미콜론까지가 대치될 문자열이 된다. 예를 들어

```
#define   SQR(x)   ((x) * (x));
```

와 같이 매크로를 정의하는 경우에 대치될 문자열은 세미콜론을 포함한 ((x)*(x)); 가 된다. 따라서

```
if(x == 2)
        x = SQR(y);
else
        x++;
```

은 문자열 대치과정을 거친 후에는

```
if(x == 2)
    x = ((y)*(y)); ;
else
    x++;
```

가 된다. 이렇게 되면 if 조건문 뒤의 두 개의 세미콜론 때문에 else 문과 연결이 되지 않아 오류가 발생된다.

함수형 매크로를 사용하는 이유

함수형 매크로는 함수의 인라인 코드로 대치하기 위해 사용된다. 예를 들어, 두 수의 최소 값을 구하는 함수형 매크로가

```
#define max(x, y)   (((x) > (y)) ? (x) : (y))
```

로 정의되어 있는 경우에 프로그램

```
void main()
{
        double u=1., v=2., w;
        w=max(u, v);
}
```

는 전처리기를 거친 후 다음과 같이 함수 max(u,v)가 인라인 코드로 대치된다.

```
void main()
{
        double u=1., v=2., w;
        w=(((u) > (v))?(u) : (v));
}
```

이렇게 인라인 코드로 작성된 프로그램은 그렇지 않은 프로그램에 비해 실행속도가 빠르다고 알려져 있다.

함수형 매크로를 사용하는 경우 프로그램 작성 시에는 마치 함수를 사용하는 것처럼 보여 프로그래밍이 효율적으로 되고, 전처리를 거쳐 함수형 매크로가 문자열로로 대치된 후에는 인라인 코드가 된다.

함수형 매크로를 이용한 매크로의 정의

이미 정의된 매크로는 다른 매크로를 정의하는 데 사용될 수 있다. 예를 들어, 4개의 값 중 최소 값을 구하는 매크로는 매크로 max(x,y)를 이용하여 다음과 같이 작성할 수 있다.

```
#define max4(a, b, c, d)   max(max(a, b), max(c, d))
```

한편, 매크로를 정의할 때는, 이미 정의되어 있는 함수를 사용할 수 있다. 다음은 예이다.

```
#define    SQR(x)       ((x) * (x))
#define    QUAD(x)      ((SQR(x) * power(x,2.))
```

인수의 문자열화 – # 연산자

단항 연산자 #는 함수형 매크로 정의에서 인수를 문자열로 바꾼다. 다음은 예이다.

```
#define printf_for(a,b) \
        printf(#a  " and " #b ": 사랑해! \n")

void main( )
{
        printf_for(mija, yougpil);
}
```

전처리 때, 함수형 매크로의 인수는 매크로 정의의 각 인수의 대응되는 인자로 배정되는데, #의 기능에 의해 큰따옴표(" ")로 묶인다. 따라서 전처리 후에는 다음과 같이 된다.

```
void  main ( )
{
        printf("mija" "  and " "yongpil" ": 사랑해!\n");
}
```

함수 printf에서는 공백 문자에 의해 분리된 문자열 상수는 결합되기 때문에 위의 printf() 문은 다음과 같다.

```
printf("mija and yongpil : 사랑해!\n");
```

토큰 결합 연산자

이항 연산자 ##는 토큰을 결합하는 데 사용된다. 다음은 연산자 ##의 사용 예이다.

```
#define X(i)    X##i
X(1) = X(2) = X(3);
```

전처리기 후에는 다음과 같이 대치된다.

X1 = X2 = X3;

대응 함수

ANSI C에서는 표준 헤더파일에 정의되어 있는 함수형 매크로에 대응되는 함수를 가지고 있다. 예를 들면 함수형 매크로 isalpha() 대신에 같은 이름의 함수 isalpha( )를 사용하고 싶다면, 먼저 매크로 isalpha를 해제하면 된다.

```
#undef isalpha
```

혹은 함수형 매크로 대신에 함수를 사용한다는 것을 다음과 같이 나타내면 된다.

```
(isalpha) (c)
```

함수형 매크로의 예

평균을 구하는 함수형 매크로의 정의와 이를 사용하는 main 함수이다.

프로그램 4.1

```
#include <stdio.h>
#define mmean(n,x,sum)          \
{                               \
    sum = 0;                    \
    for(int i=0; i<n; i++)      \
      sum+=x[i];                \
}

void main( ){
    int k=3, sum;
    int d[3]={1,2,3};
    mmean(k,d,sum);
    printf("%d\n", sum);
}
```

실습문제

1. 주어진 수의 절대값을 구하는 함수형 매크로 MABS를 이용한 다음 프로그램을 실행시켜 보아라. 결과는 정확한가? 매크로 MABS가 전처리를 거친 후의 코드를 적어 보아라.

```
#define  MABS(x) ((x > 0)? (x): (-x))
void main( ) {
    int x;
    scanf("%d", &x);
    printf("%d\n", MABS(x));
}
```

2. 다음 프로그램의 전처리 후의 코드를 적고 실행시켜 보아라.

```
#define  MHELLO(a, b, c)\
      printf("Happy New Year! " \
            #a  " and "  #b  " and "  #c  "\n")
void main(  ) {
    MHELLO(Sujin, Hoon, Min);
}
```

3. 다음 프로그램을 생각하자.

```
#include <stdio.h>
#define PRN(x) printf("%d\n", x)
void main(void)
{
      PRN(main());
}
```

위의 프로그램을 컴파일시켜 보아라. 어떤 결과를 얻었는가? 이유를 설명하여라. 전처리를 거친 후의 코드를 적어 보아라.

4. 다음 프로그램을 생각하자.

```
#define printv(x)
void main() {
```

```
        double x=3.14;
        printv(x);
}
```

이 프로그램의 출력이 x 의 값은 3.14 같이 되도록 매크로 printv(x)를 정의를 완성하고 실행시켜 보아라. 필요하다면 적당한 헤더 파일을 포함시켜라.

5. 연산자 #는 매크로에 전달되는 인자를 큰 따옴표(“ ”)로 묶는다. 이 때 인자가 이미 큰따옴표로 묶여 있다면 어떻게 될까? 다음과 같은 프로그램의 전처리 후의 모습을 적어라.

```
#define CELEB(x) s = #x
void main( ) {
        char *s;
        CELEB("Celebration, Daddy!");
        printf("%s\n", s);
}
```

6. 크기가 n 인 일차원 배열의 이름 x 를 넘겨받아 크기 순으로 배열의 원소를 정렬하는 함수형 매크로 MSORT(n,x)를 정의하고 이를 이용하여 다음 프로그램을 실행시켜 보아라.

```
#define   MSORT(n,x)
void main( ) {
      int x[3] = {2, 3, 1};
      MSORT(3,x);
      for(int i=0; i<3; i++)
            printf("c=%d   %d\n", i, x[i]);
}
```

5. 조건부 컴파일

조건부 컴파일을 위해서 사용되는 전처리 지시자는

```
#if    #elif    #endif    #ifdef    #ifndef
```

이다. 디버깅할 때 printf() 함수를 사용하는 경우가 많은데, 디버깅이 끝나면 printf 함수를 사용하지 않도록 하는 방법 중에 조건부 컴파일을 사용하는 방법이 있다. 먼저 파일의 첫 부분에 다음과 같은 매크로를 정의한다.

```
#define  DEBUG  1
```

그런 다음 다음과 같이 #if와 #endif를 사용한다.

```
#if DEBUG
printf("debug : a = %d\n", a);
#endif
```

기호 상수 DEBUG가 0이 아닌 값을 가지면 #if와 #endif 사이의 명령줄은 컴파일된다. 나중에 printf(..)문을 실행하지 않으려면, 매크로 DEBUG의 정의를

```
#define  DEBUG  0
```

으로 바꾸면 #if DEBUG와 #endif 사이의 명령줄은 컴파일 되지 않는다.

조건부 컴파일의 다른 방법은 대치문자열이 없는 매크로를 사용하는 것이다. 먼저 다음과 같이 매크로 DEBUG를 정의한다.

```
#define        DEBUG
```

이 때 매크로 DEBUG에는 대치할 문자열이 지정되어 있지 않다. 이러한 매

크로 DEBUG에 대하여

```
#ifdef DEBUG
printf("hello");
#endif
```

라고 쓰면 #ifdef 와 #endif 사이의 줄들이 컴파일 된다. 디버깅이 끝난 후에는 매크로 DEBUG 를 정의한 줄을 삭제하면 된다.

6. 전처리의 여러 사항

전처리에 관련된 여러 사항들을 살펴보자.

assert() 매크로

매크로 assert()는 식의 값이 기대한 값인가를 확인하는 데 사용된다. 다음은 assert( )의 사용 예이다.

```
#include <assert.h>
void f(int x)
{
        ...
        assert(x > 0);
        ...
}
```

만약 x>0이 아니면 즉, 확인에 실패하면 시스템은 메시지를 출력하고 프로그램을 종료한다.

만약 NDEBUG가 정의되어 있다면 assert( )는 무시된다. 따라서 프로그래머는 프로그램을 개발하는 동안에는 매크로 함수 assert를 사용하고 오류수정이 끝나면 NDEBUG를 정의하여 assert의 기능을 무효화시키는 방법을 사용할 수 있다.

#error

#error 문을 사용하여 콘솔창에 오류발생을 알릴 수 있다. 다음은 #error 의 사용 예이다.

```
#if A < B
        #error “wrong ”
#endif;
```

전처리기가 #error를 만나면, 이 지시자 다음의 문자열이 출력되고 컴파일 오류가 발생한다.

#pragma

#pragma은 윈도우나 유닉스 혹은 리눅스와 같은 시스템에서 특정한 형태의 일을 하기 위해 사용되며 일반적인 형태는 다음과 같다.

```
#pragma 토큰
```

이 #pragma는 컴파일러에 따라 동작이 달라진다. 컴파일러가 인식하지 못하는 토큰이 있는 #pragma는 무시된다.

실습문제

1. 매크로 assert()는 매크로 NDEBUG가 정의되면 해제된다. 다음 프로그램을 실행시켜 보아라.

```
#define NDEBUG
#include <assert.h>
    void main( )
    {
            int x=1, y=2;
            assert(x > y);
```

```
}
```

처음 두 줄을 서로 바꾸면 어떻게 되는가?

7. 주석문

프로그램에는 주석이나 설명 등을 적어 넣을 수 있다. 이러한 것을 주석문이라고 하는 데, 프로그램을 작성하는 사람이나 그 프로그램을 읽는 사람의 이해를 높이기 위하여 사용된다.

주석문

주석문을 적기 위해서는 /* 와 */ 사이에 원하는 글을 적으면 된다. 즉,

```
/*     다음은 평균을 구하는 함수이다          */
```

이렇게 적을 때는 여러 줄에 걸쳐서 주석문을 쓸 수도 있다.

```
/*     다음은 평균을 구하는 함수이다
       변수 x 는 배열의 주소
       변수 n 은 배열의 크기                 */
```

이렇게 적을 때는 몇 줄에 걸쳐서 주석문을 쓸 수도 있다.

한편 한 줄 짜리 주석문은 // 를 사용하여 나타낼 수 있다. 예를 들면

```
// 다음은 평균을 구하는 함수이다
```

만약 여러 줄의 주석문을 사용하려고 하면 이를 반복하면 된다. 즉,

```
// 다음은 평균을 구하는 함수이다
// 변수 x 는 배열의 주소
// 변수 n 은 배열의 크기
```

어떤 스타일의 주석문을 사용할지는 그 때 그 때의 형편을 봐서 정하면 된다.

주석문과 전처리기

주석문은 프로그래머 즉, 사람의 편리성을 위해 제공되는 기능이다. 따라서 컴퓨터의 입장에서 보면 아무런 의미가 없는 문장들이므로 전처리시 이들 주석문은 모두 삭제된다.

주석문은 전처리시 모두 삭제된다

따라서 주석문에 어떤 글을 쓰더라도 아무 상관이 없다. 예를 들어 프로그램을 하다가 문법 오류, 논리오류 등 버그 수정에 지쳐

```
// 존경하는 컴퓨터님, 제발 답 좀 내주세요!
```

라고 주석문을 달아 아부를 한다고 해도 컴퓨터가 알아서 오류를 수정해서 답을 내주거나 하지 않는다. 왜냐하면 컴퓨터가 전혀 이해하지 못하기 때문이다.

8. 열거형

요일에 따라 일을 처리하는 프로그램을 작성할 때는 다음과 같이 매크로를 정의하여 사용하면 편리하다.

```
#define SUN  0
#define MON  1
#define TUE  2
#define WED  3
#define THU  4
#define FRI  5
#define SAT  6
```

이 매크로의 특징은 요일을 유한 개의 연속된 정수에 문자열을 대응시키려고 하는 것이다. 이러한 경우, 즉,

유한 개의 연속된 정수를 매크로로 정의하고자 하는 경우

에는 **열거형**을 사용하면 간편하다.

열거형 선언 변수 정의

앞에서 요일을 열거형으로 나타내고자 하면 먼저 열거형을 선언하여야 한다. 열거형 이름을 DAY로 하는 열거형 선언은 다음과 같다.

```
enum   DAY   {SUN, MON, TUE, WED, THU, FRI, SAT};
```

여기서 괄호 안의 SUN, MON, ... 을 **열거형** 상수라고 한다. 열거형 상수는 나열된 순서대로 0, 1, 2, . . . 에 대응된다. 이를 그림으로 나타내어 보면 다음과 같다.

```
enum   DAY  {  SUN   MON   TUE   WED   THU   FRI   SAT  }
                ↑     ↑     ↑     ↑     ↑     ↑     ↑
                0     1     2     3     4     5     6
```

열거형 DAY가 선언된 후에는 DAY 형 변수를 다음과 같이 정의할 수 있다.

```
enum   DAY   nextday;
```

변수 nextday는 정수형 상수값 0, 1, 2, 3, 4, 5, 6 만을 가지는 변수가 된다. 열거형 변수를 선언할 때 예약어 enum을 쓰는 것이 불편하다면 다음과 같이 typedef를 사용하면 된다.

```
enum   DAY   {SUN, MON, TUE, WED, THU, FRI, SAT};
typedef   enum DAY   DAY;
DAY   nextday;
```

열거형 상수값의 조정

열거형에서는 열거형 상수값은 기본적으로 0, 1, 2, ... 이지만, 초기값이나 중간의 값을 조정할 수 있다. 만약

```
enum grade {first=1, second, third, forth};
```

라고 선언하면 열거형 상수값은 1, 2, 3, 4에 대응된다. 즉, 초기값이 1이 된다. 다음과 같이 선언된 경우에는

```
enum grade {first, second=10, third, forth};
```

열거형 상수값에 대응되는 정수는 0, 10, 11, 12가 되고,

```
enum grade {first=7, second, third=3, forth};
```

의 경우에는 대응되는 정수값은 7, 8, 3, 4가 된다.

열거형 선언과 변수 정의를 동시에 하기

열거형을 선언하면서 동시에 변수를 정의할 수 있다. 이 때는 선언부의 닫는 중괄호 다음에 변수 이름을 나열하면 된다. 예를 들면

```
enum    DAY    {SUN, MON, TUE, WED, THU, FRI, SAT} d1, d2;
```

이 경우 변수 d1과 d2는 열거형 DAY 형 변수가 된다. 한편

```
enum    {SUN, MON, TUE, WED, THU, FRI, SAT} d1, d2;
```

와 같이 열거형 이름을 생략해도 되지만 이렇게 하면 나중에 추가로 변수를 정의할 수 없게 된다. 다음은 열거형 변수를 이용한 예제 프로그램이다.

프로그램 8.1

```
#include <stdio.h>

enum numtype {EVEN, ODD};
typedef enum numtype    numtype;

void main( )
{
    numtype ntype;
    unsigned x;

    printf("정수 입력 : ");
    scanf("%u", &x);

    if(x%2 ==0)
            ntype = EVEN;
    else
            ntype = ODD;

    switch(ntype) {
    case EVEN:
            printf("짝수\n");
            break;
    case ODD:
            printf("홀수\n");
            break;
    }
}
```

열거형을 사용하면, 프로그램할 때 정의된 상수값에 의해 연상 작용이 일어나므로 숫자 1을 쓸지 2를 쓸지에 신경쓰는 일을 하지 않아도 된다. 그리고 작성된 프로그램을 읽고 이해하는 데도 도움이 된다.

제 13 장

구조체와 공용체

1. 구조체형 선언과 변수의 정의 - I
2. 구조체형 선언과 변수의 정의 - II
3. 구조체형 배열
4. 구조체 주소형 변수
5. 함수에서 구조체 사용
6. 공용체

C 언어에서는 기본 자료형을 이용하여 새로운 자료형을 정의할 수 있다. 배열형은 같은 형의 자료들을 표현하기 위한 자료형이다. 구조체형은 여러 가지 형태의 자료형들을 묶어 표현하는 자료형이다.

1. 구조체형 선언과 변수의 정의 - I

구조체는 여러 가지 형의 변수들을 묶어 새로운 형을 선언하며, 새로운 구조체형이 선언되고 나면 이를 이용해서 구조체형 변수를 정의하여 사용할 수 있다.

구조체형의 선언

구조체를 선언하기 위해서는 예약어 struct 을 사용하며 구조체의 이름을 정한다. 다음은 블록 안에 구성원 변수를 나열한다. 구조체형의 선언이 끝났음을 알리기 위해 제일 마지막에 세미콜론을 덧붙인다. 다음은 구조체 선언의 일반적 형태이다.

```
struct  구조체이름
{
        구성원변수;
        ...
};
```

예를 들어 학생들의 이름과 나이를 나타내는 두 개의 변수를 묶어 새로운 자료형을 만드는 구조체를 선언하려면 다음과 같이 한다.

```
struct student {
        float height;
        int age;
};
```

여기서 구조체 형의 이름은 student 이다. 구조체의 이름을 만드는 법은 변수의 이름을 만드는 법과 같다. 구성원변수는 float 형 변수 height 와 int 형 변수 age 두 개가 있다. 구성원 변수는 세미콜론을 이용하여 구분한다.

구조체의 구성원변수로 사용될 수 있는 변수형은 int, double, char 등 모든 변수형이다. 또한 이들의 배열도 사용할 수 있으며 포인터형 변수도 사용할 수 있다. 다음은 예이다.

```
struct people {
        char name[20];
        unsigned age;
        float score[2][3];
        short *category;
};
```

만약 구조체의 구성원 변수 중 같은 형이 있다면 이들은 컴마를 사용하여 한꺼번에 나타낼 수 있다. 예를 들어,

```
struct sametype {
        int x;
        int y;
        float z;
}:
```

와 같은 선언은 다음과 같이 표현할 수도 있다.

```
struct sametype {
        int x, y;
        float z;
}:
```

구조체형 변수의 정의

구조체형이 선언되고 나면 이를 이용하여 구조체형 변수를 정의하여 사용할 수 있다. 앞의 구조체형 student에 대하여 구조체형 변수는 보통의 변수를 정의하듯이

하면 된다.

```
struct   구조체형이름    변수이름, 변수이름, ...;
```

여기에서 예약어 struct 은 생략할 수 있다. 다음은 구조체형 student 에 대하여 세 개의 변수를 정의하는 것이다.

```
struct student {
        float height;
        int age;
};
student  sujin, jongmin, sangwoo;
```

여기서 sujin, jongmin, sangwoo 는 구조체 student 형 변수가 된다.

구조체형 변수의 바이트 수

변수형은 메모리에서 차지하는 바이트 수가 결정되어 있다. 예를 들면 int 형은 4바이트, double 형은 8바이트, char 형은 1바이트이다. 구조체형은 구성원 변수의 바이트 수를 모두 합하면 그 구조체의 바이트 수가 된다. 예를 들어 구조체 student 형

```
struct student {
        float height;
        int age;
};
```

의 바이트 수는, float 형 구성원 변수 height 에 4 바이트, int 형 구성원 변수 age 에 대하여 4 바이트를 할당해서 모두 8 바이트가 차지한다. 이를 그림으로 나타내면 다음과 같다.

구조체 student 형의 바이트 수는 sizeof 연산자를 사용하여 구할 수 있다. 다음은 예제 프로그램이다.

프로그램 1.1

```
#include <stdio.h>
struct student {
     float height;
     int age;
};
void main( )
{
     printf(“바이트 수 = %d\n”, sizeof(student));
}
```

프로그램의 실행결과는 다음과 같다.

```
바이트 수 = 8
```

한편, 구조체 형

```
struct student {
     int weight;
     char c;
};
```

의 바이트 수는 8 바이트가 된다. 이는 먼저 크기가 큰 int 형 구성원 변수의 바이트 수에 맞추어 4+4=8 바이트를 할당하고, char 형에 대하여는 1 바이트만 사용하는 구조를 가지고 있기 때문이다. 따라서 구조체형의 바이트 수는 반드시 sizeof 를 이용하여 확인하는 것이 좋다.

구조체형 변수의 구성원 표기 방법

구조체형 변수의 구성원은 구조체형 변수의 이름 다음에 점을 찍고 구성원변수의 이름을 적어 나타낸다. 예를 들면 앞에서 정의된 student 형 변수 sujin 에 대하여 구성원 변수는 다음과 같이 나타낸다.

sujin.height, sujin.age

이렇게 나타내어진 구성원 변수는 일반 변수와 같은 방법으로 사용된다. 예를 들어

sujin.height = 170;
sujin.age = 21;
var = sujin.age;

와 같이 하여 값을 할당하거나 저장되어 있는 값을 사용할 수 있다. 다음은 구조체 student 형 변수를 사용하는 예제 프로그램이다.

프로그램 1.2

```
#include <stdio.h>
struct student{
        float height;
        int age;
};
void main( )
{
        student  x;
        x.height = 170.;
        x.age = 21;
        printf("키 =%4.0f, 나이=%2d\n", x.height, x.age);
}
```

프로그램 분석

■ student x;

구조체 student 형 변수 x 를 정의한다.

■ x.height = 170.;

변수 x 의 구성원변수 height 에 170을 할당한다.

■ printf("키 =%4.0f, 나이=%2d\n", x.height, x.age);

구성원 x.height 와 x.age 에 저장되어 있는 값을 함수 printf 를 이용하여 출력한다.

구조체형 변수 값 복사 – 할당연산자

할당 연산자 = 는 구조체형 변수에 대하여서도 사용될 수 있다. 즉 두 개의 같은 구조체형 변수 x 와 y 가 있을 때,

x=y;

는 x 의 각 구성원의 값을 y 의 대응되는 구성원 값으로 할당한다. 다음은 예이다.

프로그램 1.3

```
#include <stdio.h>
struct student{
        int age;
        int height;
};
void main( )
{
        student x, y;
        x.age = 23; x.height = 165;
        y=x;
        printf("%d %d\n", y.age, y.height);
}
```

프로그램의 실행결과는 다음과 같다.

```
23 165
```

프로그램 분석

■ y=x;

구조체 변수 x 를 구조체 변수 y 에 할당한다. 이 경우 x 의 구성원 변수의 값은 모두 y 의 대응되는 구성원 변수에 할당한다. 실제로

```
y.age = x.age;
y.height = x.height;
```

와 같이 쓰는 것과 마찬가지이다.

구조체형 변수 값 복사 – memcpy

함수 memcpy 를 사용하여 구조체변수에 대한 할당연산자의 기능을 대신할 수도 있다. 즉, 프로그램 1.3에서 명령줄 x=y;를 다음과 같이 바꾸어도 결과는 같다.

```
memcpy(&x, &y, sizeof(student));
```

함수 memcpy 를 사용하기 위하여는 헤더파일 memory.h 를 포함시켜야 한다. 함수 memcpy 는 구조체 형 변수의 값을 복사할 때 유용하게 사용되며, 보통의 변수 값을 복사할 때에도 사용할 수 있다.

흔히 하는 실수

구조체형 변수에 대하여는 비교연산자 ==가 사용될 수 없다. 따라서 두 개의 구조체형 변수 x 와 y 에 대하여

```
x==y
```

와 같은 표현은 오류를 발생한다.

실습문제

1. 다음 구조체 형의 바이트 수를 출력하는 프로그램을 작성하고 실행시켜 보아라.

struct a {	struct b {	struct b {
char c;	char c, d, e, f;	char c, d, e, f, g;
float x;	float x;	float x;
};	};	};

2. 사각형의 가로와 세로를 구성원으로 하는 구조체 struct rect {double w, h;}; 를 사용하여 가로 3, 세로 5인 사각형의 넓이를 구하는 프로그램을 작성하고 실행시켜 보아라.
3. 두 개의 복소수 x=a+ib, y=c+id 의 곱은

$$xy = (ac-bd)+i(ad+bc)$$

로 정의된다. 구조체 struct complex {double re, im;}; 를 이용하여 복소수 1+i 와 2−3i 의 곱을 구하는 프로그램을 작성하고 실행시켜 보아라.
4. 다음 프로그램에서 구조체 grade 형 변수 kim 과 park 에 저장되어 있는 값을 서로 교환한 후 두 변수 kim 과 park 에 저장되어 있는 값을 출력하는 부분을 추가하여 실행시켜 보아라.

```
struct grade { int id; int math;};
void main( ) { grade  kim, park;
    kim.id = 1, kim.math=95; park.id=2, park.math = 99;
    printf("%d %d %d %d\n", kim.id,kim.math,park.id, park.math);}
```

5. 예제 프로그램 1.3을 함수 memcpy 를 이용하여 다시 작성하여 실행시켜 보아라.

2. 구조체형 선언과 변수의 정의 − II

이 절에서는 구조체를 구성원변수로 가지는 구조체에 대해서도 설명한다. 또한 구조체형의 선언과 정의에 관한 추가적 사항들을 다룬다.

구조체를 구성원 변수로 가지는 구조체

구조체는 다른 구조체형 변수를 구성원 변수로 가질 수 있다. 다음의 예를 보자.

```
struct information {
    char name[20];
    unsigned idnum;
};


struct people {
    information info;
    float height;
};
```

여기에서는 먼저 구조체 information 형을 선언하였다. 그 다음에 구조체 people 형을 선언할 때 구조체 information 형 변수 info 를 구성원변수로 선언하였다. 구조체 people 형 변수 person 을 다음과 같이 정의하자.

```
people person;
```

이 때 변수 info 의 구성원변수 name 과 idnum 은 다음과 같이 접근할 수 있다.

```
person.info.name,        person.info.idnum
```

다음은 구조체 people 을 사용하는 예제 프로그램이다.

프로그램 2.1

```
#include <stdio.h>
#include <string.h>

struct information {
    char name[20];
    unsigned idnum;
```

```
};

struct people {
        information info;
        float height;
};

void main ( )
{
        people person;
        strcpy(person.info.name, "Kim");
        person.info.idnum = 23;
        person.height = 179.5;
        printf("%s, %d, %f \n", person.info.name,
                            person.info.idnum, person.height);
}
```

구조체형의 선언과 변수 정의를 동시에 하기

한편, 구조체형 변수는 구조체형의 선언과 동시에 정의할 수 있다. 다음은 예이다.

```
struct student{
        float height;
        int age;
} Sora;
```

여기에서는 구조체 형 student 를 선언하면서 변수 Sora 를 정의하였다. 블록 뒤에 정의할 변수의 이름을 적는다. 이런 경우에 해당 구조체형 변수를 여러 개를 정의할 수 있다. 다음은 예이다.

```
struct student{
        float height;
        int age;
} Sora, Kim, Park, Lee;
```

이렇게 선언된 구조체 형은 student는 나중에 변수를 정의하는 데에도 사용될 수 있다.

구조체의 형의 이름이 없는 구조체형 변수

한편, 다음과 같은 방식으로 구조체 변수를 정의할 수 있다.

```
struct {
        float height;
        int age;
} Kim;
```

이 경우, 구조체의 형 이름은 없다. 다만 변수 Kim은 구조체 형 변수이며, 구성원 height와 age를 가지고 있다. 즉, Kim.height 혹은 Kim.age와 같은 변수를 사용할 수 있다.

typedef를 이용한 구조체형의 선언

구조체 형을 선언할 때, typedef를 이용하면 하나의 구조체 형에게 여러 개의 이름을 붙일 수 있다.

```
typedef struct complex{
        float real;
        float imagy;
} comp, cmpx;
```

여기에서 이 구조체는 세 개의 형 이름을 가진다. 즉, complex, comp, cmpx 이다. 따라서 다음에서 정의된 변수 c1, c2, c3는 모두 같은 구조체 형의 변수이다.

```
complex c1;
comp c2;
cmpx c3;
```

구조체 형을 선언할 때, typedef 를 덧붙여 사용하는 경우에는 구조체형의 선언과 변수의 정의를 동시에 할 수 없다.

구조체형 변수의 초기화

구조체형 변수를 정의하면서 초기화시킬 수 있다. 다음은 구조체 student 형 변수를 정의하면서 초기화하는 예이다.

student kim={170.0, 19}

이 경우, 구성원 변수 height 는 170.0으로, age 는 19로 초기화된다.

다음은 복소수를 위한 구조체를 선언하고 이를 이용하여 두 복소수의 합과 차를 구하는 예제 프로그램이다.

프로그램 2.2

```
#include <stdio.h>
struct complex{
        float real;
        float imagy;
};
void main( )
{
        complex a={1,1}, b={2,2}, c;
        c.real = a.real + b.real;
        c.imagy = a.imagy + b.imagy;
        printf("%f + %f\n", c.real, c.imagy);
}
```

실습문제

1. 그림과 같은 화면 좌표 평면을 생각하자. 화면 좌표 평면은 좌상모서리가 원점 (0, 0)가 되며 세로축은 아래로 방향을 잡고 있다. 이 평면에서의 좌표 (x, y)는 원점으로부터 떨어진 거리이다. 이 화면 좌표 평면 상의 점을 나타내기 위하여 구조체

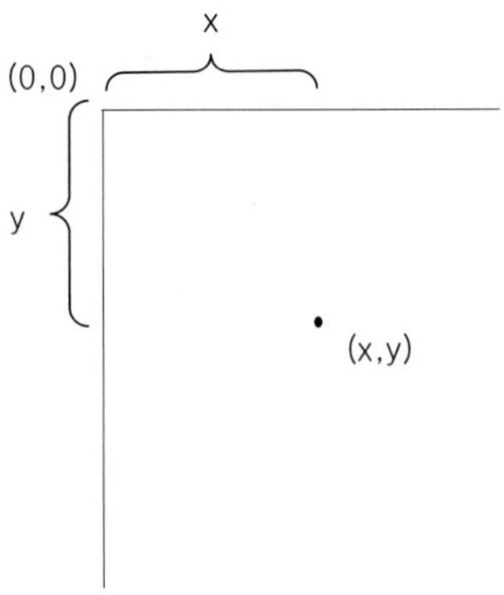


```
struct POINT {
    unsigned x;
    unsigned y;
};
```

를 선언한 후 화면좌표평면 상의 두 점 (1, 1)과 (2, 2) 사이의 거리를 구하는 프로그램을 작성하고 실행시켜 보아라. 구조체형 변수를 정의할 때 초기화기법을 사용하여라.

2. 화면 좌표 평면 상의 점의 사각형은 두 개의 꼭지점을 이용하여 정의하자. 그림에서와 같은 사각형은 R{(x1, y1), (x2, y2)}로 기호화하기로 하자.

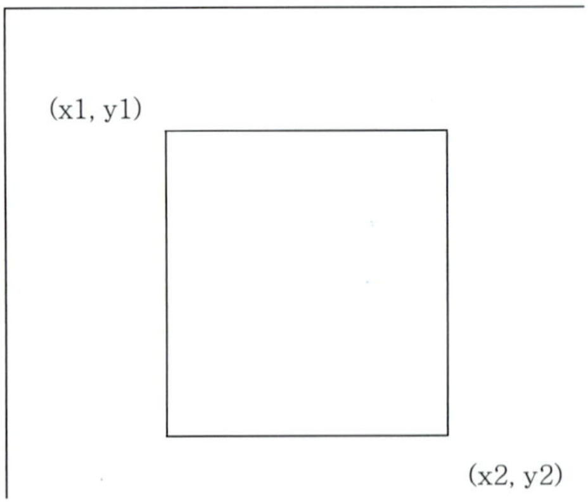

사각형 R{(x1, y1), (x2, y2)}를 나타내기 위한 구조체

```
struct RECT {
        unsigned  x1, y1;
        unsigned  x2, y2;
};
```

를 사용하여 좌표평면 상의 사각형 R{(1, 1), (2, 2)}의 넓이를 구하는 프로그램을 작성하여 실행시켜 보아라.

3. 앞의 문제 1과 2을 이용하여 사각형은 R{(1, 1), (2, 2)}의 면적을 구하는 프로그램을 작성하고 실행하여라. 여기에서는 구조체

```
strutct RECTP {
        POINT p;
        POINT q;
};
```

를 사용하여라.

3. 구조체형 배열

일반형의 변수와 마찬가지로 구조체형 변수도 배열을 정의하여 사용할 수 있다. 일반형의 배열의 사용법과 거의 같으나 구조체가 가지는 특징이 있다.

구조체형 배열

구조체 형이 선언되고 나면 이를 이용하여 구조체형 배열을 정의를 할 수 있다. 구조체형의 배열의 정의는 대괄호 사이에 배열의 크기를 적는다. 구조체 student 형

```
struct student{
        float height;
        int age;
};
```

에 대하여 배열의 크기가 3인 배열은 다음과 같이 정의한다.

```
student grp[3];
```

이렇게 배열이 정의되고 나면 이 배열의 세 개의 구성원

grp[0], grp[1], grp[2]

은 모두 구조체 student 형 변수가 된다. 이 때 grp[0]의 구성원변수는 다음과 같이 나타낸다.

grp[0].height, grp[0].age

마찬가지로, grp[1] 혹은 grp[2]의 구성원변수도 나타낼 수 있다. 다음은 구조체형 배열을 사용하는 예제 프로그램이다.

프로그램 3.1

```
#include <stdio.h>
struct student{
        float height;
        int age;
};
void main( )
{
        student grp[3];
        grp[0].height = 170., grp[0].age = 19;
        grp[1].height = 172., grp[1].age = 20;
        grp[2].height = 160., grp[2].age = 18;
        for(int i=0; i<3; i++) {
            printf("%5.f %3d\n", grp[i].height, grp[i].age);
        }
}
```

한편, 구조체형에 대하여 이차원배열이나 삼차원배열 등도 정의하여 사용할 수 있다. 예를 들면

student gp[2][3];

구조체형 배열의 초기화

구조체형 배열의 초기화는 구조체형 변수의 초기화가 비슷한 방법으로 할 수 있다.

```
complex x[2] = {{1,0},{1,-1}};
complex y[2] = {1, 0,  1, -1};
```

만약 배열의 각 원소의 모든 구성원 변수의 값을 0으로 초기화하기 위한다면 다음과 같이 0을 하나만 써도 된다.

```
complex c1[2] = {0};
```

한편, 구조체형 이차원 배열의 초기화는 다음과 같은 형식을 취하면 된다.

```
complex za[2][2]={{{1,0}, {0,1},{1,-1},{-1,1}}};
complex zb[2][2]={1, 0,    0, 1,   1, -1,   -1, 1};
```

다음은 구조체 배열의 사용 예제 프로그램이다.

프로그램 3.2

```
#include <stdio.h>

struct score {
        char name[20];
        unsigned id;
        int grade;
};

#define N 3
void main ( ) {
        score cla[N] = {{"kim", 22, 95}, {"park", 68, 90},
                                                 {"lee", 15, 93}};
        for(int i=0; i<N; i++)
```

```
            printf("%s  %d  %d\n",
                        cla[i].name, cla[i].id, cla[i].grade);
}
```

다음은 구조체형 배열을 사용하는 예제 프로그램이다.

프로그램 3.3

```
#include <stdio.h>
struct COMPLEX{
        double x;
        double y;
};
void main( )
{
        COMPLEX num[2];
        COMPLEX result;
        num[0].x = 1., num[0].y=1.;
        num[1].x = 2., num[1].y=3.;
        result.x = num[0].x+num[1].x;
        result.y = num[0].y+num[1].y;
        printf("%4.2lf %4.2lf\n", result.x, result.y);
}
```

프로그램의 실행결과는 다음과 같다.

```
3.00 4.00
```

프로그램 분석

- num[0].x = 1., num[0].y=1.;

배열의 구성원 변수 num[0]의 구조체 구성원 변수 x 와 y 에 값을 할당한다.

- result.y = num[0].y+num[1].y;

배열의 구성원변수의 구조체 구성원변수 y 의 값을 더한다.

다음은 구조체 배열을 이용한 응용 예제이다.

예제

파일 "data.txt" 에 다음과 같이 이름, 학번, 성적이 저장되어 있다고 하자.

Kim	22	A
Park	68	C
Lee	21	B
Kwon	41	A

이 파일에서 자료를 읽어 struct score 형 배열에 저장한 후 배열을 성적 순으로 정렬하여 출력하는 프로그램을 작성하여 본다.

프로그램 3.4

```
#include <stdio.h>
#include <string.h>

struct score {
        char name[20];
        int id;
        char grade;
};

void main( )
{
        score sc[4];
        char name[20];
        int id;
        char grade;

        FILE *fp=fopen("data.txt", "r");
```

```
for(int i=0; i<4; i++) {
        fscanf(fp, "%s %d %c", name, &id, &grade);
        // 읽은 값을 구조체에 저장
        strcpy(sc[i].name, name);
        sc[i].id = id;
        sc[i].grade = grade;
}
fclose(fp);

printf("구조체에 저장된 값 \n");
for(i=0; i<4; i++) {
        printf("%8s %4d %2c\n", sc[i].name, sc[i].id,
              sc[i].grade);
}

// 성적 순으로 정렬
int n=4;
score tempsc; // 임시 저장용
for(i=0; i<n-1; i++) {
   for(int j=i+1; j<n; j++) {
      if(sc[i].grade >sc[j].grade) {
        memcpy(&tempsc, &sc[i], sizeof(score));
        memcpy(&sc[i], &sc[j], sizeof(score));
        memcpy(&sc[j], &tempsc, sizeof(score));
      }
   }
}

printf("정렬된 구조체 값 \n");
for(i=0; i<4; i++) {
  printf("%8s %4d %2c\n", sc[i].name, sc[i].id,
        sc[i].grade);
}
```

```
}
```

실습문제

1. 파일 "restaurant.txt"에 다음과 같은 식당자료가 저장되어 있다고 하자. 각 식당에 대하여 세 줄씩 정보가 주어져 있다.

    전원식당
    정평동_산_1
    2000 한식
    동궁식당
    대동_214
    5000 중식
    영양식당
    대천동_123
    3000 일식

    자료에서 각 식당은 세 줄을 차지하고 있으며, 첫째 줄에는 식당이름, 둘째 줄에는 주소, 셋째 줄에는 평균음식가격과 음식종류가 적혀있다. 이 자료를 읽어 평균음식가격이 낮은 순으로 정렬하여 파일 "sorted.txt"에

    전원식당 정평동_산_1 2000 한식
    영양식당 대천동_123 3000 일식
    동궁식당 대동_214 5000 중식

    와 같이 출력하는 프로그램을 작성하여라. 단, 구조체 restau 를 사용하여라.

    struct restau { char name[20]; char address[200];
    int price; char type[10];};

2. 세 명의 학생의 이름, 영어중간고사점수, 영어기말고사점수가 다음과 같이 주어져 있다.

    kim 98 95
    Lee 92 97
    Park 97 96

    이들 각 학생의 중간 및 기말고사 성적의 합을 구하여 원래의 자료와 함께 콘솔

창에 출력하는 프로그램을 작성하여 실행시켜 보아라. 적절한 구조체를 선언한 후, 구조체의 배열을 사용하여라.

3. 왼쪽의 좌표평면에서 타원은 직사각형에 내접하는 타원으로 정의된다. 직사각형 R{(a, b), (c, d)}에 대하여 내접타원을 E{(a, b), (c, d)}로 나타내기로 하자. 세 개의 타원 E{(−1, −1), (1, 2)}, E{(1, 3), (3, 5)}, E{(3, 2), (4, 3)} 의 중심과 원점 (0, 0)과의 거리를 구하는 프로그램을 작성하고 실행시켜 보아라. 타원을 표현하기 위하여 구조체 struct ELLIPSE {...};를 적절히 선언하여 사용하여라. 또한 구조체형 배열을 사용하여라.

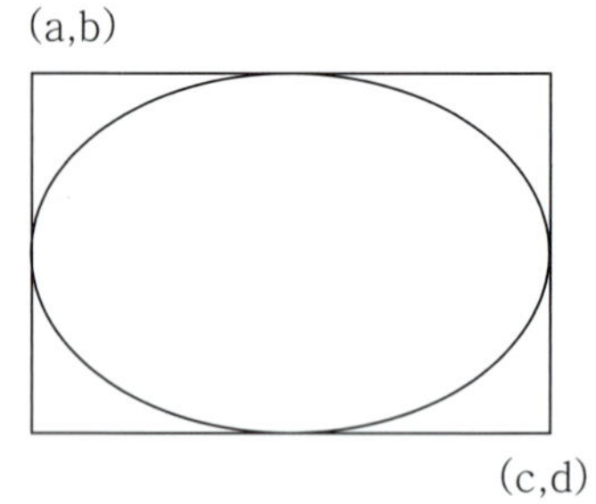

4. 구조체 주소형 변수

일반형의 변수와 마찬가지로 구조체형 변수도 주소형 변수를 정의하여 사용할 수 있다. 일반형의 주소형변수의 사용법과 거의 같으나 구조체가 가지는 특징이 있다.

구조체의 주소형 변수

구조체의 주소형 변수는 * 를 사용하여 정의한다. 다음은 예이다.

```
struct student {
    float height;
    int age;
};
student *pstud;
```

이렇게 정의된 변수 pstud 에는 구조체 student 형 기억장소의 주소를 저장하는 주소형 변수이다. 다음은 구조체 주소형 변수를 사용하는 예제 프로그램이다.

프로그램 4.1

```
#include <stdio.h>
struct student{
        float height;
        int age;
};
void main( )
{
        student *pstud, *qstud;
        student kim={170., 19}, park={160., 18};
        pstud = &kim;  qstud = &park;
        printf("%p %p\n", pstud, qstud);
}
```

```
0012FF70 0012FF68
```

프로그램 분석

■ student *pstud, *qstud;

구조체 주소형 변수 pstud 와 qstud 를 정의한다.

■ student kim={170., 19}, park={160., 18};

구조체형 변수 kim 과 park 을 정의하고 초기화한다.

■ pstud = &kim; qstud = &park;

구조체 주소형 변수 kim 의 주소를 pstud 에, park 의 주소를 qstud 에 할당한다. 구조체형 변수의 주소도 연산자 &를 사용하여 구한다.

■ printf("%p %p\n", pstud, qstud);

출력형식 %p 를 이용하여 구조체 주소형 변수 pstud 와 qstud 에 저장되어 있는 값을 출력한다.

구조체 주소형 변수에 대한 구성원은 연산자 ->를 사용하여 접근하게 된다. 다음은 예이다.

프로그램 4.2

```
#include <stdio.h>
struct student{
        float height;
        int age;
};
void main( )
{
        student *pstud, stud={170., 19};
        float ki;
        int nai;
        pstud = &stud;
        ki = pstud->height;
        nai = pstud->age;
        printf("키 = %f  나이 = %d\n", ki, nai);
}
```

```
키 = 170.000000  나이 = 19
```

프로그램 분석

■ student *pstud, stud={170., 19};

구조체 주소형 변수 pstud 와 구조체 형 변수 stud 를 정의한다. 또한 변수 stud 를 초기화한다.

■ pstud = &stud;

구조체 주소형 변수 stud 의 주소를 pstud 에 할당한다.

■ ki = pstud->height;

구조체 주소형 pstud 의 구성원 height 의 값을 ki 에 저장한다. 이 때 주소형 변수 pstud 의 구성원에 접근하기 위하여 ->를 사용하고 있다.

■ nai = pstud->age;

구조체 주소형 pstud 의 구성원 age 의 값을 변수 int 형 변수 nai 에 저장한다. 이 때 주소형 변수 pstud 의 구성원에 접근하기 위하여 ->를 사용하고 있다.

프로그램 4.2에서 다음 세 가지 표현은 모두 같은 기억장소를 나타낸다.

stud.age　　pstud-> age　　(*pstud).age

여기에서 (*p)는 실제로 stud 를 나타냄에 유의하자.

다음은 구조체 주소형 변수를 사용하여 구조체 배열의 구성원의 값을 출력하는 프로그램이다.

프로그램 4.3

```
#include <stdio.h>

struct scr {
        char name[20];
        unsigned id;
};

#define N 3
void main ( ) {
        scr cla[N] = {{"kim", 22}, {"park", 68}, {"lee", 15}};
        scr *tmp;
        for(int i=0; i<N; i++) {
                tmp = &cla[i];
                printf("%s   %d\n", tmp->name, tmp->id);
        }
}
```

```
kim    22
park    68
lee    15
```

프로그램 분석

■ scr cla[N] = {{"kim", 22}, {"park", 68}, {"lee", 15}};
구조체 형 배열을 정의하고 초기화한다.

■ scr *tmp;
구조체 주소형 변수 tmp 를 정의한다.

■ tmp = &cla[i];
구조체형 배열의 ,i 원소의 주소를 tmp 에 할당한다.

메모리의 동적할당과 해제 - new 와 delete

예약어 new 를 사용하면 HEAP 영역에 메모리를 동적할당하고 그 시작번지를 받아올 수 있다. 다음은 구조체 student 형 기억장소를 동적할당하고 그 시작번지를 받아와서 구조체 주소형 변수 pstud 에 저장하는 일을 한다.

```
pstud = new student;
```

이 명령문은 두 가지 일을 수행한다. 즉, student 형 기억장소를 HEAP 영역에 할당하고 그 시작번지를 pstud 에 저장한다. 한편, HEAP 영역에 할당된 구조체형 기억장소는 일이 끝난 후 예약어 delete 를 이용하여 해제하여야 한다. 즉,

```
delete pstud;
```

다음은 new 와 delete 를 사용하는 예제 프로그램이다.

프로그램 4.4

```
#include <stdio.h>
struct student{
        float height;
        int age;
};
void main( )
```

```
{
        student *x;
        x = new student;
        x-> height = 175.;   x-> age = 20;
        printf("%5.0f %d\n", x->height, x->age);
        delete x;
}
```

메모리의 동적할당과 해제 – calloc, malloc 과 free

한편, 구조체를 메모리 할당에는 calloc 과 malloc 을 사용할 수도 있다. 이 때는 sizeof 를 사용하여 구조체형의 바이트 수를 구하여야 한다. 다음은 예제이다.

프로그램 4.5

```
#include <stdio.h>
#include <stdlib.h>
struct student{
        float height;
        int age;
};
void main( )
{
        student *x;
        x = (student *) calloc(1, sizeof(student));
        x-> height = 175.;   x-> age = 20;
        printf("%5.0f %d\n", x->height, x->age);
        free(x);
}
```

프로그램 분석

- calloc(1, sizeof(student));

sizeof(student)에서 구조체 형 student 의 바이트 수를 구하여, 그 크기 만큼을

HEAP 영역에서 동적할당한다.

■ (student *) calloc(1, sizeof(student));
동적할당된 메모리를 구조체 student 주소형으로 형변환한다. 함수 calloc 에 의해 할당된 메모리는 void *형이므로 이와 같은 형변환이 필요하다.

■ x = (student *) calloc(1, sizeof(student));
할당된 구조체 student 형 메모리의 주소를 구조체 주소형 변수 x 에 저장한다.

■ free(x);
주소형 변수 x 에 연결되어 있는 메모리를 해제한다.

프로그램 4.5에서 calloc 을 이용한 메모리 할당 부분은 다음과 같이 malloc 함수를 사용할 수도 있다.

```
x = (student *) malloc(1*sizeof(student));
```

구조체형 동적 배열

한편, 구조체의 동적배열도 사용할 수 있다. 배열의 동적 할당에는 예약어 new 를, 동적 해제에는 예약어 delete 를 사용한다. 다음은 예이다.

```
student *grp;
grp = new student [10];
...
delete [] grp;
```

여기서 배열의 해제를 위하여 delete 에서 대괄호 []를 사용하였다. 변수 정의와 메모리 할당하는 처음 두 줄은 다음과 같이 한 줄로 줄여서 나타낼 수 있다.

```
student *grp = new student [10];
```

한편, 배열의 동적생성은 함수 calloc 또는 malloc 을 사용하고 해제에는 free 를 사용할 수 있다. 즉,

```
student *grp;
grp = (student *) calloc(10, sizeof(student));
...
free(grp);
```

의 경우에는 크기가 10인 배열을 동적할당하는 것이다. 할당에서 malloc 을 사용하는 경우는 다음과 같이 한다.

```
grp = (student *) malloc(10*sizeof(student));
```

동적배열의 원소의 사용 방법은 일반형의 배열의 사용법과 같다. 다음은 예제 프로그램이다.

프로그램 4.6

```
#include <stdio.h>
struct student{
        float height;
        int age;
};
void main( )
{
        student *x = new student [3];
        x[0].height = 175;   x[0].age = 22;
        x[1].height = 177;   x[1].age = 23;
        x[2].height = 165;   x[2].age = 17;
        for(int i=0; i<3; i++ ) {
                printf("%f %d\n", x[i].height, x[i].age);
        }
        delete [] x;
}
```

실습문제

1. 파일 “restaurant.txt”에 다음과 같은 식당자료가 저장되어 있다고 하자.

```
전원식당
정평동_산_1
2000 한식
동궁식당
대동_214
5000 중식
대덕식당
대천동_123
3000 일식
```

자료에서 각 식당은 세 줄을 차지하고 있으며, 첫째 줄에는 식당이름, 둘째 줄에는 주소, 셋째 줄에는 평균음식가격과 음식종류가 적혀있다. 이 자료를 읽어 평균음식가격이 낮은 순으로 정렬하여 파일 “sorted.txt”에

```
전원식당    정평동_산_1    2000  한식
영양식당    대천동_123     3000  일식
동궁식당    대동_214       5000  중식
```

와 같이 출력하는 프로그램을 작성하여라. 단, 구조체

```
struct restau {  char name[20];  char address[200];
                 int price;  char type[10];};
```

의 주소형 변수를 사용하고 메모리 동적할당 방법 new 와 delete 를 사용하여라. 그리고 값을 읽어 들일 때 함수 fscanf()를 사용하여라.

2. 앞의 1번 문제에서 메모리의 할당 및 해제를 위하여 malloc 과 free 를 사용하여라.
3. 세 명의 학생의 이름, 영어중간고사점수, 영어기말고사점수가 다음과 같이 주어져 있다.

```
kim  98  95
Lee  92  97
Park  97  96
```

이들 각 학생의 중간 및 기말고사 성적의 합을 구하여 원래의 자료와 함께 콘솔창

에 출력하는 프로그램을 작성하여 실행시켜 보아라. 구조체의 동적배열을 사용하여라. 함수 malloc 과 free 를 사용하여라.

4. 화면 좌표평면에서 타원은 직사각형에 내접하는 타원으로 정의된다. 직사각형 R{(a, b), (c, d)}에 대하여 내접타원을 E{(a, b), (c, d)}로 나타내기로 하자. 세 개의 타원 E{(−1, −1), (1, 2)}, E{(1, 3), (3, 5)}, E{(3, 2), (4, 3)} 의 중심과 원점 (0, 0)과의 거리를 구하는 프로그램을 작성하고 실행시켜 보아라. 타원을 표현하기 위하여 구조체 struct ELLIPSE {...};를 적절히 선언하여 사용하여라. 또한 구조체형 배열의 동적할당을 사용하여라.

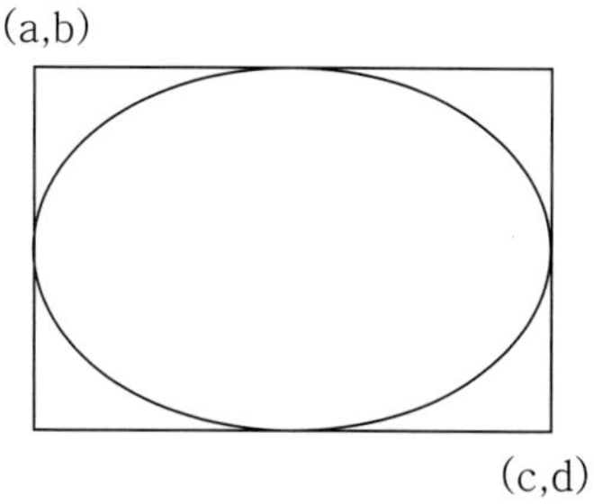

5. 함수에서 구조체 사용

C 언어에서는 구조체를 함수의 인수로 전달할 수 있고, 함수의 결과로 반환할 수 있다. 함수의 인수나 반환값으로 사용될 때는 구조체의 값이나 포인터 둘 다 이용할 수 있다. 다음은 예이다.

프로그램 5.1

```
#include <stdio.h>
struct student{
        double height;
        double age;
};
student mean(student *st, int n)
{
        student temp = {0.,0.};
        for(int i=0; i<n; i++)
        {
            temp.height += st[i].height;
            temp.age += st[i].age;
```

```
        }
        temp.height /= n;
        temp.age /= n;
        return temp;
}
void main( )
{
      student mc,
              classA[3] = {{170., 20.}, {165., 19.}, {179., 21.}};
      mc = mean(classA, 3);
      printf("%3.0lf, %3.0lf\n", mc.heights, mc.age);
}
```

프로그램 분석

■ student mean(student *st, int n)

함수 mean 의 반환형은 구조체 student 형이다. 그리고 첫 번째 인수는 구조체 student 형의 주소값이다.

■ return temp;

함수 mean 에서 구조체 student 형의 값을 반환한다.

■ mc = mean(classA, 3);

함수 mean 에서 넘겨 받은 구조체 student 형의 변수값을 mc 에 할당한다.

한편, 다음은 복소수 연산을 위한 프로그램이다.

프로그램 5.2

```
#include <stdio.h>
struct complex {
        float real;
        float imagy;
};
```

```
void add(complex *x, complex *y, complex *z) {
        z -> real = x->real + y->real;
        z -> imagy = x->imagy + y-> imagy;
}
void main( )
{
        complex *a, *b, *c;
        a=new complex;
        b=new complex;
        c=new complex;
        a->real = 1; a->imagy = 1;
        b->real = 2; b->imagy = 2;
        add(a,b,c);
        printf("%f + %f\n", c->real, c->imagy);
        delete a, b, c;
}
```

프로그램 분석

■ void add(complex *x, complex *y, complex *z) { ... }

함수 add 는 세 개의 인수를 가지고 있다. 이들은 모두 구조체 complex 주소형이다. 반환값은 없다. 즉, void 형이다.

■ void add(complex *x, complex *y, complex *z) {

```
        z -> real = x->real + y->real;
        z -> imagy = x->imagy + y-> imagy;
  }
```

함수 몸체에서 계산의 결과를 주소형 변수 z 의 구성원에 저장한다.

■ complex *a, *b, *c;

```
  add(a,b,c);
  printf("%f + %f\n", c->real, c->imagy);
```

함수 add 를 호출한다. 이 때 인수로는 주소형 변수를 사용한다. 함수 실행 후 변수 c 에는 함수 실행 결과가 저장되어 있다.

실습문제

1. 두 복소수의 뺄셈을 수행하는 다음과 같은 원형을 가지는 함수를 작성하여라.

   ```
   complex subcomplx(complex a, complex b);
   ```

   이 함수를 이용하여 두 복소수 1−i 와 1+i 의 뺄셈을 하는 프로그램을 작성하고 실행하여라.

2. 앞의 1번 문제에서 두 복소수의 뺄셈을 수행하는 다음과 같은 원형을 가지는 함수를 작성하여라.

   ```
   complex subcomplx(complex *a, complex *b);
   ```

   이 함수를 이용하여 두 복소수 1−i 와 1+i 의 뺄셈을 하는 프로그램을 작성하고 실행하여라.

3. 타원을 위한 구조체 ELLIPSE 를 선언하고 이를 이용하여 타원의 중심이 원점 (0, 0)과 떨어져 있는 거리를 계산하여 반환하는 함수

   ```
   double ellipseDist(ELLIPSE *e);
   ```

   를 작성하여라, 이를 이용하여 타원 E{(3, 1), (5, 4)}의 중심과 원점과의 거리를 구하는 프로그램을 작성하여 실행시켜라.

4. 학생의 인적사항을 관리하는 프로그램을 작성하기 위하여 학생의 이름, 학번, 주소, 우편번호를 구성원변수로 하는 구조체를 선언하여라. 이 구조체의 주소값을 인수로 넘겨 받아 이름, 학번, 주소, 우편번호를 콘솔창에 출력하는 함수를 작성하여라. 이 함수의 반환형은 void 로 하여라. 주변의 네 명의 학생에 관한 자료를 수집하여 파일에 저장한 후 이 파일을 읽고 콘솔창에 출력하는 프로그램을 작성하고 실행시켜 보아라. 구조체는 다음과 같은 모양이 될 수도 있다.

   ```
   struct student{ char name[20]; char id[10];
   char addr[100]; char zip[7];};
   ```

6. 공용체

공용체는 구조체와 같은 형식으로 선언된다. 공용체를 선언하기 위해서는 예약어 union 다음에 사용할 공용체의 이름을 적고, 그 다음에 블록 안에 구성원변수를 나

열한다.

```
union  공용체이름 {
  구성원변수;
   ...
};
```

다음 예는 공용체형 char_int 를 선언한다.

```
union char_int{
        char c;
        int m;
};
```

여기서 구성원 변수는 char 형 c 와 int 형 m 이다.

공용체형이 선언되고나면 이를 이용하여 공용체형 변수를 정의할 수 있다. 공용체형 char_int 형 변수는 다음과 같이 정의할 수 있다.

```
char_int x;
```

공용체 char_int 형 변수 x 를 정의하면 기억장소에 구성원 변수 중 가장 큰 기억장소를 요구하는 변수의 기억장소의 크기 만큼 메모리를 할당한다. 따라서 공용체 char_int 형 변수 x 는 기억장소에 구성원 변수 m 을 크기인 4바이트를 차지한다.

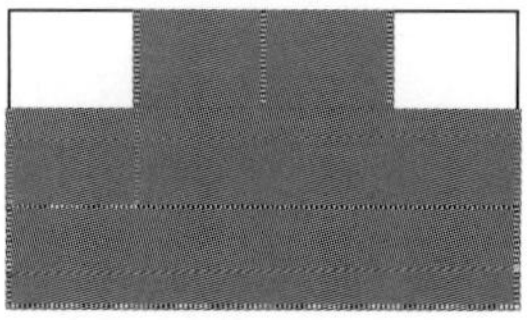

그림에서 보면 공용체 변수 x 의 메모리에서 구성원 변수 c 는 첫 번째 바이트를 사용하고 구성원 변수 m 은 4바이트 모두를 사용한다. 따라서 첫 번째 바이트는 c 와 m 이 같이 사용한다. 다음은 공용체 변수의 사용법이다.

프로그램 6.1

```
union char_int{
        char c;
        int m;
};
void main( )
{
        char_int x;
        x.c = 'A';
              printf("c=%c m=%d\n", x.c, x.m);
        x.m = 84;
              printf("c=%c m=%d\n", x.c, x.m);
}
```

프로그램의 실행결과는 다음과 같다.

```
c=A m=-858993599
c=T m=84
```

프로그램 분석

- char_int x;

공용체 char_int 형 변수 x 를 정의한다. 변수 x 의 구성원 변수 c 와 m 중 바이트 수가 큰 m 의 바이트 수가 변수 x 의 바이트 수가 된다. 즉, 변수 x 의 바이트 수는 4이다.

- x.c = 'A';

공용체형 변수 x 의 구성원 변수 c 에 문자값 'A'를 저장한다.

- printf("c= %c m=%d\n", x.c, x.m);

구성원 변수 x.c 와 x.m 의 값을 출력한다. x.c 는 'A'를 출력하지만 x.m 은 저장되어 있는 값을 int 형으로 해석하여 출력한다.

■ x.m = 84;
공용체의 기억장소에 정수값 84를 저장한다.

■ printf("c=%c m=%d\n", x.c, x.m);
구성원 변수 x.m 은 84로 출력되지만 x.c 의 출력은 첫 번째 바이트 메모리에 저장되어 있는 값을 char 형으로 해석하여 출력하게 된다.

공용체를 사용할 때는 메모리의 해석이 어떻게 되는지는 프로그래머가 정확하게 이해하여야 한다.

공용체는 하나의 기억장소에 대하여 여러 가지로 해석해야 하는 프로그램에 사용하면 편리하다. 또한 공용체를 사용하면 메모리를 절약할 수 있는 경우가 있다.

구성원변수로서의 공용체

공용체의 구성원은 다른 구조체나 공용체가 될 수도 있다. 다음은 예이다.

```
struct book{
        char *name;
        int pages;
};
struct color_paper{
         char *name;
         char color;
};
union item{
        book b;
        color_paper cp;
};
```

공용체 item 형 변수

```
item  bookpaper;
```

가 정의되어 있으면 구성원 변수는

```
bookpaper.b.pages =257;
```

과 같이하여 접속할 수 있다.

실습문제

1. 프로그램 6.1을 실행시켜 보아라.

제 14 장

구조체와 리스트

1. 자기참조 구조체
2. 선형연결리스트
3. 선형연결리스트 처리 함수

구조체형 변수는 필요할 때마다 연결하여 사용할 수 있다. 구조체형 변수의 연결을 위하여 C 언어에서는 자기참조 구조체가 사용된다. 자기참조구조체는 자기 자신과 같은 형의 구조체의 포인터형 구성원변수를 가지는 구조체이다. 자기참조구조체는 동적 자료구조를 위해 사용된다.

1. 자기참조 구조체

구조체는 구성원변수로서 구조체 자신의 형이나 포인터 형을 사용할 수 있다. 즉,

```
struct   구조체이름 {
     구성원변수 ;
     ...
     구조체이름    *next;
};
```

에서와 같이 선언되고 있는 구조체형을 구성원변수의 선언에 사용하고 있다. 예를 들어 다음의 구조체 myList 형의 선언을 보자.

```
struct myList {
     int id ;
     char name[20];
     myList *next;
};
```

이 선언에서는 구조체 myList 형을 선언하면서 구조체 myList 형의 주소형 변수를 구성원 변수의 정의에 사용하고 있다. 즉, 구조체 myList 의 형 선언이 덜 된 상황에서 이를 사용하고 있다. 이와 같이 구조체형의 선언에서 자기 자신의 포인터형 변수를 구성원 변수로 정의하는 구조체를 자기참조구조체라고 한다.

자기참조구조체에서 자신과 같은 형의 주소형 변수를 연결변수 혹은 링크라고 한다. 위의 구조체 myList 형에서 연결변수는 next 가 된다. 이 연결 변수는 구조체형 변수들을 연결하는 데 사용된다.

먼저 자기참조구조체를 사용하는 프로그램을 보자.

프로그램 1.1

```
#include <stdio.h>
#include <string.h>

struct myList {
    int id ;
    char name[20];
    myList *next;
};

void main( )
{
    myList  head, tail;

    head.id = 1;
    strcpy(head.name, “Kim”);
    head.next = NULL;

    tail.id = 2;
    strcpy(tail.name, “Park”);
    tail.next = NULL;

    printf(“head :  %2d   %s   \n”, head.id, head.name);
    printf(“tail    :  %2d   %s   \n”, tail.id, tail.name);
}
```

프로그램의 출력결과는 다음과 같다.

```
head :  1   Kim
tail :  2   Park
```

프로그램의 분석

■ myList head, tail;

구조체 myList 형 변수 head 와 tail 을 선언한다.

■ head.next = NULL;

구조체 head 의 연결 변수 head.next 에 값 NULL 을 저장한다. 연결리스트에서 값 NULL 은 연결된 변수가 없음을 나타내는 값으로 사용된다.

프로그램 1.1에서 두 개의 myList 형 변수 head 와 tail 을 연결변수 next 를 강조하여 그림으로 나타내면 다음과 같다.

이들 두 개의 변수 head 와 tail 을 연결하는 방법은 head 의 연결변수 head.next 에 구조체형변수 tail 의 주소를 저장하는 것이다. 즉,

head.next = &tail;

이를 그림으로 나타내면 다음과 같다.

이렇게 head.next 에 변수 tail 의 주소가 저장되면 이를 이용하여 변수 tail 의 구성원을 접근할 수 있다. 예컨대 다음의 두 표현은 같은 기억장소를 나타낸다.

head.next->id   tail.id

마찬가지로 head.next->name 과 tail.name 도 같은 기억장소를 나타낸다. 이러한 의미에서 두 구조체변수 head 와 tail 은 연결되어 있다고 말한다. 이렇게 연결된 것을 그림으로 다음과 같이 나타낸다.

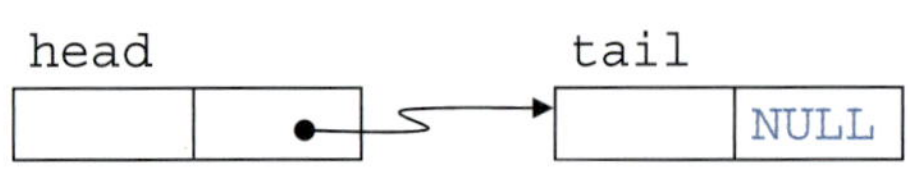

이와 같이 연결되는 구조체 변수 head 와 tail 을 노드라고 한다. 다음은 구조체 myList 형 변수를 연결하여 사용하는 예제 프로그램이다.

프로그램 1.2

```
#include <stdio.h>
#include <string.h>

struct myList {
    int id ;
    char name[20];
    myList *next;
};

void main( )
{
    myList  head, tail;

    head.id = 1;
    strcpy(head.name, "Kim");

    head.next = &tail;

    tail.id = 2;
    strcpy(tail.name, "Park");
    tail.next = NULL;

    printf("head : %2d %s\n", head.id, head.name);
    printf("tail : %2d %s\n", tail.id, tail.name);
    printf("head.next-> : %2d %s\n", head.next->id,
                                      head.next->name);
}
```

프로그램의 출력결과는 다음과 같다.

```
head :  1 Kim
tail :  2 Park
head.next-> :  2 Park
```

프로그램의 분석

■ head.next = &tail;

주소형 변수 head.next 에 구조체 형 변수 tail 의 주소를 저장하였다.

■ printf("head.next-> : %2d %s\n", head.next->id, head.next->name);

head.next->id 와 head.next->name 을 출력한다. 실제로 이들 값은 tail.id 와

tail.name 의 값이다.

다음 프로그램은 세 개의 노드를 연결하는 예제이다.

프로그램 1.3

```
#include <stdio.h>

struct myList {
     int id;
     char name[20];
     myList *next;
};

void main()
{
     myList  a = {1, "kim", NULL}, b = {2, "park", NULL},
             c = {3, "lee", NULL};
     a.next = &b;
     b.next = &c;
     printf("%d   %d   %d\n", a.id, b.id, c.id);
     printf("%d   %d   %d\n",
                        a.id, a.next->id, a.next->next->id);
}
```

이 프로그램의 실행 결과는 다음과 같다.

```
1    2    3
1    2    3
```

실행결과를 보면 c.id 와 a.next->next->id 의 출력결과가 같음을 알 수 있다. 이는 다음 그림과 같이 노드들이 연결되어 있기 때문이다. 즉, a.next->next 와 b->next 는 같은 기억장소의 주소이기 때문이다.

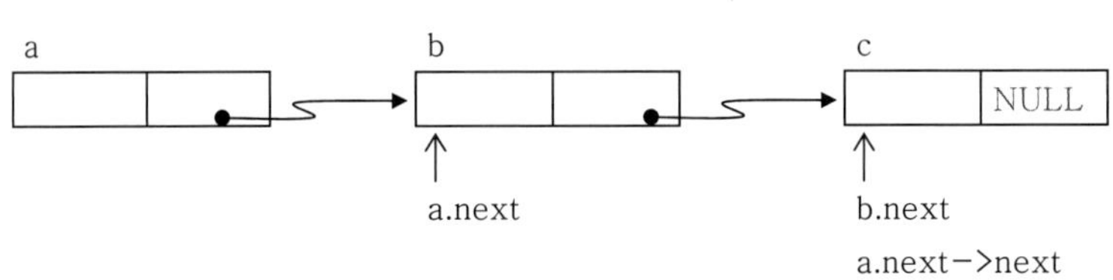

실습문제

1. 본문의 구조체 myList 형 변수 a, b, c, d 를 정의하여 적당한 값을 저장한 후 연결변수를 사용하여 이들을 연결하여라. 그 후, 이들 변수에 저장되어 있는 값을 연결변수를 사용하여 출력하는 프로그램을 작성하여 실행시켜 보아라. 출력할 때 변수 a 와 연결변수를 사용하여라. 예를 들면 d.id 대신에 a.next->next->next->id 를 사용하여라.
2. 앞의 1번 문제에서 다섯 개의 변수에 대하여 같은 일을 반복하여 보아라.

2. 선형연결리스트

선형 연결리스트는 자기참조 구조체형 변수를 연결변수를 이용하여 연결한 것이다. 선형연결리스트는 필요할 때 노드를 추가하고, 필요하지 않은 노드는 그 때 그 때 삭제하는 동적 자료구조에 사용되는 것이 일반적이다. 다음은 세 개의 노드를 동적으로 생성하는 선형연결리스트에 관한 예제 프로그램이다.

프로그램 2.1

```
#include <stdio.h>
#include <string.h>

struct myList {
    int id ;
    char name[20];
    myList *next;
};

void main( )
{
    myList *hd;

    hd = new myList;
    hd->id = 1;

    hd->next= new myList;
    hd->next->id = 2;

    hd->next->next = new myList;
    hd->next->next->id = 3;
```

```
    hd->next->next->next = NULL;

    printf(" hd : %d %d  %d \n", hd->id, hd->next->id,
                                     hd->next->next->id);
}
```

프로그램의 실행 결과는 다음과 같다.

```
hd : 1 2  3
```

프로그램에서 생성된 연결리스트를 그림으로 나타내어 보면 다음과 같다.

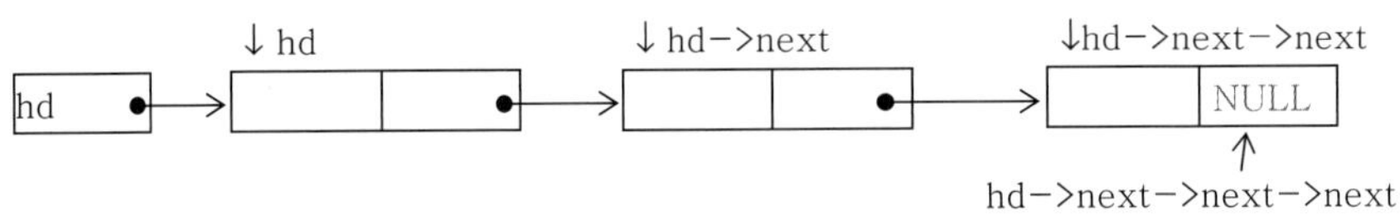

동적으로 생성된 선형연결리스트를 삭제할 때는 다음과 같이 제일 뒤의 노드부터 삭제해 나가면 된다.

```
delete hd->next->next;
delete hd->next;
delete hd;
```

동적 선형연결리스트를 다룰 때, 노드가 많아지면 생성 혹은 삭제를 효율적으로 할 수 있는 알고리즘이 필요하다. 다음은 세 개의 노드를 가진 리스트를 생성하여, 탐색한 후, 삭제하는 프로그램이다.

프로그램 2.2

```
#include <stdio.h>
#include <string.h>

struct myList {
    int id ;
    char name[20];
    myList *next;
```

```
};
void main( )
{
        int n = 3;
        myList *head=NULL, *tail, *tmp;

        // 리스트 생성
        head = new myList;
        head->id = 0;
        head->next = NULL;
        tail = head;
        for(int i=1; i<n; i++) {
              tail->next = new myList;
              tail = tail->next;
              tail->id = i;
        }
        tail->next = NULL;

        // 노드 순회 인쇄;
        tmp = head;
        while(tmp != NULL) {
              printf("노드 (%d, %p)\n", tmp->id, tmp->next);
              tmp = tmp->next;
        }
        // 노드 삭제
        while(head != NULL) {
              tail = head;
              head = tail->next;
              delete tail;
        }
}
```

프로그램의 실행결과는 다음과 같다.

```
 id     next
( 0, 004300B0)
( 1, 00430060)
( 2, 00000000)
```

실습문제

1. 프로그램 2.2에서 n=5로 하여 실행시켜 보아라. 또한 n=100으로 하여 실행시켜 보아라.
2. 프로그램 2.2에서 리스트를 생성하는 부분의 마지막 줄 "tail->next = NULL;"은 어떤 일을 하는 부분인가? 이 줄을 삭제하고 실행시켜 보아라. 어떤 일이 발생하는가? 그 이유를 설명하여라.
3. 프로그램 2.2의 노드 삭제하는 부분에서 두 명령줄 "head=tail->next;"와 "delete tail;" 의 위치를 바꾸어 실행시켜 보아라. 어떤 일이 생기는가? 그 이유를 설명하여라.
4. 다음과 같은 번호와 이름에 관한 자료가 파일 aaa.txt 에 저장되어 있다고 하자. 프로그램 2.2를 적당히 수정하여 이 파일의 값을 읽어서 출력하는 프로그램을 작성하고 실행하여 보아라.

   1 kim
   2 park
   3 lee
   4 jung

3. 선형연결리스트 처리 함수

선형 연결리스트는 생성, 삭제 뿐만 아니라, 연결리스트의 결합, 노드순회, 노드삽입, 노드삭제와 같은 기본적인 일들이 필요하다. 이러한 일들은 함수를 작성하여 사용하는 것이 편리하다. 이절에서는 선형연결리스트에 대하여

리스트 생성	리스트 삭제
노드 순회	노드 수 세기
노드 추가	노드 삭제
두 리스트의 결합	

여기서는 앞서 선언한 구조체 myList 를 이용하여 이들 연산을 처리하는 함수들을 소개한다.

리스트 생성

먼저 n 개의 노드를 가지는 리스트를 생성하는 함수이다.

프로그램 3.1

```
myList* createList(unsigned n)
{
  myList *head=NULL, *tail;
  if(n>0) {
       head = new myList;
       head->next = NULL;
       tail = head;
       for(unsigned i=1; i<n; i++) {
            tail->next = new myList;
            tail = tail->next;
       }
       tail->next = NULL;
  }
  return head;
}
```

이 함수는 노드 개수 n 을 입력받아 생성된 연결리스트의 포인터를 반환한다. 한편 인수전달 방식으로 연결리스트를 생성하는 함수를 작성할 수도 있다. 이 때는 생성된 연결리스트의 주소를 반환받기 위하여 더블포인터를 사용해야 한다.

프로그램 3.2

```
void createList(unsigned n, myList ** list)
{
  myList *head=NULL, *tail;
  if(n>0) {
       head = new myList;
       head->next = NULL;
       tail = head;
       for(unsigned i=1; i<n; i++) {
            tail->next = new myList;
            tail = tail->next;
       }
       tail->next = NULL;
  }
```

```
    *list = head;
}
```

리스트 삭제

다음은 리스트를 삭제하는 함수이다.

프로그램 3.3

```
void deleteList(myList *head)
{
    myList *tail;
    while(head != NULL) {
        tail = head;
        head = tail->next;
        delete tail;
    }
}
```

리스트 순회

다음은 함수 리스트의 노드를 차례대로 방문하면서 즉, 순회하면서 노드의 값을 출력하는 함수이다.

프로그램 3.4

```
void printList(myList *head)
{
    while (head != NULL) {
        printf("%d --> ", head->id);
        head = head->next;
    }
}
```

노드 개수 세기

다음은 리스트의 노드의 개수를 세는 함수이다.

프로그램 3.5

```
unsigned countNode(myList *head)
{
  unsigned n=0;
  while (head != NULL) {
      n++;
      head = head->next;
  }
  return n;
}
```

노드 추가

다음은 이미 존재하는 리스트의 두 노드 p1과 p2 사이에 노드 q 를 추가하는 함수이다.

프로그램 3.6

```
void insertNode(myList **p1, myList **p2, myList **q)
{
      (*q)->next = (*p2);
      (*p1)->next = (*q);
}
```

이 함수는 인수로 겹주소형 변수를 사용하고 있다. 이 함수가 하는 일을 그림으로 그려 보면 다음과 같다.

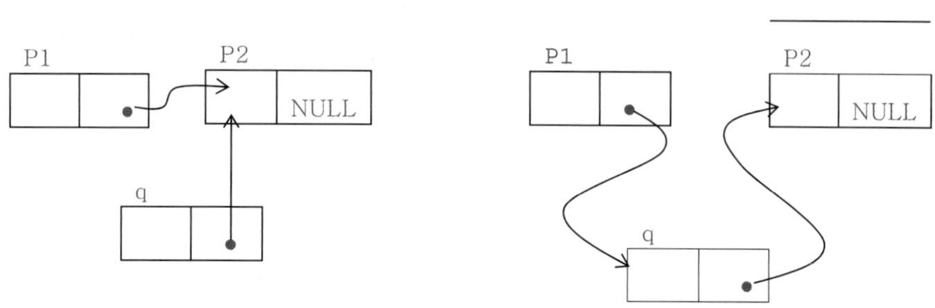

노드 삭제

다음은 리스트에서 주어진 노드의 다음 노드를 삭제하는 함수이다. 이 함수는 삭제하고자 하는 노드가 리스트의 마지막 노드인지 아닌지에 따라 처리를 달리 한다. 이 때 삭제되는 노드는 메모리에서 해제한다.

프로그램 3.7

```
void deleteNode(myList *p)
{
  if(p->next != NULL) {
       if(p->next->next == NULL) {
           delete p->next;
           p->next = NULL;
       }
       else {
           myList *tmp;
           tmp = p->next->next;
           delete p->next;
           p->next = tmp;
       }
  }
}
```

다음은 이 함수가 하는 일을 그림으로 나타낸 것이다.

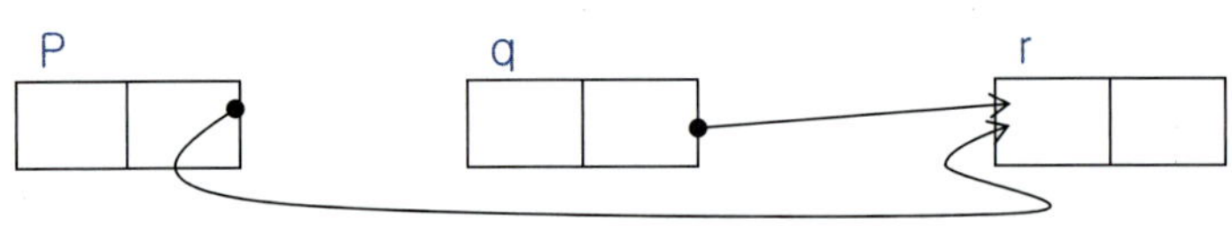

리스트 연결

다음은 두 개의 리스트를 연결하여 하나의 리스트로 만드는 함수이다.

프로그램 3.8

```
void concatList(myList **p, myList **q)
{
```

```
    myList *t = *p;
    if(*p == NULL)
        *p = *q;
    else {
        while((*t)->next != NULL)
            (*t) = (*t)->next;
        (*t)->next = *q;
    }
}
```

예제 프로그램

이러한 함수들을 사용하는 예제 프로그램을 소개한다. 구조체에 따라서, 또한 하는 일에 따라서 앞에서 소개한 함수들을 수정해서 사용해야 한다.

파일 "data.txt"에 자료의 개수와 자료가 다음과 같이 저장되어 있다고 하자. 즉 첫 줄에는 자료의 수가 저장되어 있고 그 다음에 그 수만큼의 자료가 저장되어 있다.

```
3
21 kim
57 lee
16 park
```

다음은 이 파일을 읽어 리스트에 저장하고 노드의 내용을 콘솔창에 출력하는 프로그램이다.

프로그램 3.9

```
void main ( )
{
        int n;
        myList *head=NULL, *tail;
        // 자료의 수 읽기
        FILE *fp = fopen("data.txt", "r");
        fscanf(fp, "%d", &n);
        // 리스트 생성
        printf("리스트 : 노드수 =%d \n", n);
        head = createList(n);
```

```
        // 자료 읽기
        tail = head;
        while(tail != NULL) {
            fscanf(fp, "%d %s", &tail->id, tail->name);
            tail = tail->next;
        }
        fclose(fp);

        printf("\n 노드 출력\n");
        printList(head);

        deleteList(head);
}
```

다음은 앞의 프로그램 3.9에서 리스트의 노드를 학번 순으로 정렬하는 부분을 추가한 프로그램이다.

프로그램 3.10

```
void main ( )
{
      ...
      printf("\n");

      myList *t1, *t2;
      t1=head;
      while(t1->next != NULL) {
            t2 = t1->next;
            while(t2 !=NULL) {
                  if(t1->id > t2->id) {
                        unsigned ut;
                        ut = t1->id;
                        t1->id = t2->id;
                        t2->id = ut;

                        char uname[20];
                        strcpy(uname, t1->name);
                        strcpy(t1->name, t2->name);
                        strcpy(t2->name, uname);
                  }
                  t2= t2->next;
            }
            t1 = t1->next;
```

```
    }
    printList(head);
    deleteList(head);
}
```

프로그램의 실행결과는 다음과 같다.

```
노드 출력
21  kim
57  lee
16  park

16  park
21  kim
57  lee
```

프로그램의 정렬하는 부분에서는 학번을 비교하여 연결변수를 제외한 나머지 구성원 변수의 값을 교환하고 있다.

다음은 프로그램 3.8에서 리스트의 첫 번째와 두 번째 노드 사이에 노드를 삽입하는 부분을 추가한 것이다.

프로그램 3.11

```
void main ( )
{
    ...
    myList *q=new myList;            q->id=19;
    strcpy(q->name, "choi");         q->next = NULL;

    myList *p1=head, *p2=head->next;
    insertNode(&p1, &p2, &q);

    printf("\n 노드 출력\n");
    printList(head);
    ...
}
```

실습문제

1. 다음과 같이 선언된 구조체 DATA 를 생각하자.

```
struct DATA {
    unsigned id;
    char name[20];
    int age;
    int weight;
};
```

다음과 같은 자료가 파일 'aaa.dat'에 저장되어 있다고 하자. 자료의 첫줄은 자료의 수이고 둘째 줄부터는 번호, 이름, 나이, 몸무게에 관한 자료이다.

```
5
33 kim 21 70
27 pak 20 58
45 lee 21 49
13 noh 22 99
06 jun 19 69
```

(1) 구조체 DATA 를 노드로 하는 선형 연결리스트에 대하여 노드를 순회하면서 노드에 저장된 값을 콘솔창에 차례대로 출력하는 함수를 작성하여라.

(2) 자료를 읽어 리스트에 저장한 후, 콘솔창에 출력하는 프로그램을 작성하여라. 이 때 앞의 (1)에서 작성한 함수를 사용하여라.

(3) 자료를 읽어 리스트를 생성한 후, 몸무게의 평균을 구하여 출력하는 프로그램을 작성하여 실행시켜 보아라. 노드를 순회하면서 몸무게의 값을 더하는 함수와 노드의 갯수를 세는 함수를 작성하여 사용하여라.

(4) 인접한 두 개의 노드 사이에 하나의 노드를 추가하는 함수를 이용하여, 리스트의 노드에서 이름이 lee 인 노드 다음에 값 " 29 choi 21 54"를 가지는 노드를 삽입한 후, 리스트의 내용을 콘솔창에 출력하는 프로그램을 작성하고 실행시켜 보아라.

(5) 리스트의 처음에 하나의 노드를 추가하는 함수를 작성하고 이를 이용하여, 리스트의 처음에 값 " 29 choi 21 54"를 가지는 노드를 삽입한 후, 리스

트의 내용을 콘솔창에 출력하는 프로그램을 작성하고 실행시켜 보아라.

(6) 리스트의 마지막에 하나의 노드를 추가하는 함수를 작성하고 이를 이용하여, 리스트의 마지막에 "29 choi 21 54"를 가지는 노드를 삽입한 후, 리스트의 내용을 콘솔창에 출력하는 프로그램을 작성하고 실행시켜 보아라. 먼저 리스트의 마지막 노드를 찾아야 한다.

(7) 리스트의 노드를 학번 순으로 정렬하는 함수를 작성한 후 이를 이용하여 리스트의 노드를 학번 순으로 정렬한 후 콘솔창에 출력하는 프로그램을 작성하여라.

제 15 장

비트연산과 비트필드

1. 비트 표현과 연산
2. 마스크
3. 비트 단위 출력 함수
4. 비트필드

이 장에서는 비트 연산자를 다룬다. 비트 표현법은 시스템에 따라 다르기는 하지만, 아주 유용한 도구이다. 비트 연산을 위한 예를 제시하여 유용성을 살펴본다.

1. 비트 표현과 연산

비트 연산자는 이진법의 표현된 숫자의 연산에 사용된다. 시스템에 따라 숫자를 이진법으로 표현하는 방법이 다르기 때문에, 비트 연산은 시스템의 구성에 따라 결과가 달라진다.

시스템의 구성

이 장에서 다루는 시스템은 8비트의 바이트, 4바이트의 워드(unsigned long int 형), 2의 보수로 표현되는 정수, 그리고 ASCII 문자 코드를 가지는 컴퓨터이다. 마이크로소프트사의 윈도우 시스템의 PC는 이러한 컴퓨터이다. 즉, 다루는 시스템의 특성은 표 1과 같다.

표 1. 시스템의 구성

바이트	8 비트
워드	4 바이트
보수	2의 보수
문자 표현	ASCII

비트 열 표현

주어진 정수형 자료 즉, char 형이나 int 형과 같은 자료를 비트 별로 표현한 것을 비트 열 표현이라고 부른다. 예를 들어 보자. 먼저 char 형 변수 a 에 1이 저장되어 있다고 하자. char 형 변수는 8비트로 표현되므로 다음과 같이 나타낼 수 있다.

```
char a=1;
a 의 비트 열 표현 : 00000001
```

한편 int 형 변수가 4바이트 즉, 4*8 = 32 비트에 저장된다고 하면 다음과 같이 b

를 비트 열로 표현할 수 있다.

int b= 1;
b 의 비트 열 표현 : 00000000 00000000 00000000 00000001

한편 short int 형 변수가 2바이트 즉, 2*8 = 16 비트에 저장된다고 하면 다음과 같이 c를 비트 열로 표현할 수 있다.

int c= 1;
c 의 비트 열 표현 : 00000000 00000001

비트 연산자의 종류

비트 연산자는 다음의 표 1에서와 같이 6가지가 있다.

표 2. 비트 연산자의 종류

~	비트 보수
&	and, 비트 논리곱
^	xor, 비트 배타적 논리합
|	or, 비트 논리합
<<	비트 좌측 이동
>>	비트 우측 이동

여기에서 ~, &, ^, | 는 비트 논리 연산자, << 와 >> 는 비트 이동연산자라고 부른다. 이들 비트 연산자에 대하여 하나씩 살펴본다.

비트 보수 연산자

비트 보수 연산자 ~는 1의 보수 연산자라고도 불리워진다. 이 연산자는 주어진 비트 열의 표현에서 1은 0으로, 0은 1로 바꾸는 일을 한다. 예를 들어 char 형 변수 a가 다음과 같이 선언되어 있다고 하자.

char a = 4;

이 때 변수 a 에 저장되어 있는 값과 비트 보수 연산자 ~에 의해 얻어지는 ~a 의 값을 비트 열로 표현하면 다음과 같다.

a : 0000 0100
~a : 1111 1011

2 의 보수 기계

한편 윈도우 시스템과 같은 컴퓨터는 비트 열 "1111 1011"을 int 형으로 해석할 때 다음과 같은 방법으로 하여 "−5"로 해석한다.

$$\begin{aligned}1111\ 1011 &= -2^7+2^6+2^5+2^4+2^3+0+2^1+2^0\\ &= -128+64+32+16+8+0+2+1\\ &= -5\end{aligned}$$

이와 같은 방법으로 비트 열을 해석하는 컴퓨터를 2의 보수기계라고 한다. 이것은 전자회로에 의해 이렇게 해석되도록 만들어진 기계임을 의미한다. 이와 같은 해석 방법은 전자 회로의 구성에 여러 가지 장점이 있다고 알려져 있다.

2 의 보수

주어진 정수 n 의 비트 열에 대하여 보수를 취하고 여기에 1을 더한 비트 열을 "정수 −n 에 대한 2의 보수 표현"이라고 한다. 다음은 몇 가지 예이다.

char a=4;	
a	0000 0100
~a	1111 1011
~a + 1	1111 1100

$$\begin{aligned}\sim a+1 \text{ 의 해석 : } 1111\ 1100 &= -2^7+2^6+2^5+2^4+2^3+2^2+0+0\\ &= -128+64+32+16+8+4+0+0\\ &= -4\end{aligned}$$

즉, −4에 대한 2의 보수표현은 "1111 1100"이고 이를 해석하면 십진수 −4가 된다. 한편, 0은 독특한 경우이다.

char b =0;	
b	0000 0000
~b	1111 1111
~b+ 1	0000 0000

~b+1의 해석 : 0

여기서 ~b+1은 "1 0000 0000"이 되어야 하지만, 저장할 수 있는 비트가 8개 밖에 없으므로 넘쳐 나는 1 비트는 사라지고 "0000 0000"만 저장된다. 즉, 오버 플로우는 무시된다. 따라서 −0에 대한 2의 보수 표현은 "0000 0000"이고 이를 해석하면 0이 된다. 한편 −1도 마찬가지이다.

char c =−1;	
c	1111 1111
~c	0000 0000
~c+ 1	0000 0001

~c+1의 해석 : 0000 0001
= − 0+0+0+0+0+0+0+1
= 1

즉 −(−1)에 대한 2의 보수 표현은 "0000 0001"이 되고 이를 해석하면 십진수1이 된다.

비트 논리 연산자

논리곱 &, 배타적 논리합 ^, 논리합 | 은 비트 단위로 적용되는 이진연산자이다. 즉, 이진수에 대한 연산이며, 대응되는 비트 별로 연산이 행해진다.

표 3. 비트 논리 연산

a	b	a & b	a ^ b	a | b
0	0	0	0	0
0	1	0	1	1
1	0	0	1	1
1	1	1	0	1

표 4는 char 형 변수 a = 109, b =−75 대한 논리 비트의 연산에 관한 예이다.

표 4. 비트 논리 연산의 예

수식	이진 표현	십진 표현
char a	0110 1101	109
char b	1011 0101	−75
a & b	0010 0101	37
a ^ b	1101 1000	−40
a | b	1111 1101	−3

여기서는 보기에 간단하도록 8비트로 표현되는 char 형 값에 대하여 비트 논리 연산에 대한 예를 보였으나, 피연산자가 4 바이트 즉, 32비트의 DWORD 형인 경우나 2바이트인 경우에 대하여도 마찬가지로 성립한다.

한편 비트 논리 연산자와 논리연산자는 하는 일이 다른 연산자이므로 주의를 하여야 한다. 예컨대 논리곱 &&와 비트 논리곱 &는 하는 일이 다르다.

비트 이동연산자

비트 이동연산자의 피연산자는 정수적 값이다. 정수적 값의 비트 표현에 대하여 비트를 왼쪽으로 이동하는 왼쪽 이동연산자와 오른쪽으로 이동하는 오른쪽 이동연산자가 있다. 이동연산자는 첫 번째 피연산자의 비트 표현을, 두 번째 피연산자가 지정하는 자리수 만큼 이동한다. 이동연산자의 사용 형태는 다음과 같다.

정수적 값 >> 이동자리수
정수적 값 << 이동자리수

두 개의 피연산자인 '정수적 값'과 '이동자리수'는 모두 정수적 값이어야 한다. 즉, char 형, int 형, unsigned int 형 등이 되어야 한다.

이동연산자의 형 변환

이동연산자는 연산을 하기 전에 첫 번째 피연산자에 대하여 4 바이트의 정수형으로 변환을 한다. 즉, 첫 번째 피연산자가 char 형의 1바이트 이면 먼저 연산을 위해 4 바이트 정수형으로 형변환을 하게된다. 연산결과는 첫 번째 피연산자의 형과 같으므로 연산의 결과는 4 바이트 정수형이다.

왼쪽 이동연산자

왼쪽 이동연산자에 대하여 비트들의 이동으로 비게 되는 오른쪽 비트들은 0으로 채워진다.

표 5. 왼쪽 이동 연산의 예. int a = 127, b=−127;

수식	이진 표현	십진 표현
a	00000000 00000000 00000000 01111111	127
a << 1	00000000 00000000 00000000 11111110	254
b	11111111 11111111 11111111 10000001	−127
b << 1	11111111 11111111 11111111 00000010	−254

오른쪽 이동연산자

오른쪽 이동연산자에 대하여 비게 되는 왼쪽 비트들은 첫 번째 피연산자의 형에 따라 달라진다. 첫 번째 피연산자의 형이 unsigned 이면 왼쪽 비트들은 0으로 채워진다. 그 이외의 경우에는 부호 비트의 값과 같은 값으로 채워진다. 부호는 0 또는 1이다.

표 6. 오른쪽 이동 연산의 예. int a = 127, b=−127;

수식	이진 표현	십진 표현
a	00000000 00000000 00000000 01111111	127
a >> 1	00000000 00000000 00000000 00111111	63
b	11111111 11111111 11111111 10000001	−127
b >>1	11111111 11111111 11111111 11000000	−64

오른쪽 이동 연산은 컴퓨터에 따라서 비게 되는 왼쪽 비트들을 모두 0으로 채우는 경우도 있다.

한편, 두 번째 피연산자가 음수이거나, 혹은 두 번째 피연산자가 첫 번째 연산자의 비트 길이보다 크거나 같으면 결과 값은 예측할 수 없다.

이동연산의 결과 값

첫 번째 피연산자가 양수인 경우 오른쪽 이동연산자에 의한 한 비트 이동은 첫 번째 피연산자를 2로 나누는 것과 같다.

a >> 1 의 결과는 a / 2

한편 첫 번째 피연산자가 양수인 경우에는 왼쪽 이동연산자에 의한 한 비트 이동은 첫 번째 피연산자를 2로 곱하는 것과 같다.

a << 1 의 결과는 a × 2

2. 마스크

마스크는 어떤 변수나 수식으로부터 원하는 위치의 비트들을 추출하는 데 사용되는 상수나 변수이다. 어떤 수식에서 특정한 위치의 비트 값은 그 비트 위치에는 1, 그 외의 다른 비트 위치에는 0을 갖는 상수 즉, 마스크를 사용하면 된다. 예를 들어 어떤 변수의 마지막 비트의 값을 알아내기 위해서는 정수형 int 형 상수 1을 마스크로 사용하면 된다. 정수 int 형 1의 비트 표현은 다음과 같다.

00000000 00000000 00000000 00000001

이것을 사용하여 int 형 수식의 최하위 비트를 알아내는 방법은 다음과 같다.

```
int a=7, mask=1;
printf("%d\n", a&mask);
```

만약 오른쪽에서 세 번째 비트를 알아내기를 원한다면 수식 1<<2 를 마스크로 사용하면 된다. 다음을 보자.

```
(a & (1<<2)) ? 1 : 0
```

이 수식은 v 의 세 번째 비트에 따라서 1이나 0의 값을 갖게 된다. 만약 5번째 비트의 값을 알고 싶다면 마스크로 1<<4를 사용하면 된다.

상수 255의 비트 표현은 다음과 같다.

```
00000000 00000000 00000000 11111111
```

따라서 255를 마스크로 사용하면 하위 한 바이트의 비트를 알아낼 수 있다.

```
a & 255
```

다음 프로그램은 int 형 변수나 수식의 최상위 비트의 값을 알아내는 것이다. 여기서 int 형은 4 바이트인 경우이다.

```
void main( ){
    int v, mask, bit;
    scanf("%d", &v);
    mask=1<<31;
    bit = v & mask ? 1 : 0;
    printf("%d\n", bit);
}
```

3. 비트 단위 출력 함수

다음은 4 바이트의 int 형의 값을 비트 단위로 출력하는 함수이다. 이 함수는 비트 단위로 프로그램을 할 때 유용하게 사용되어진다.

프로그램 3.1 비트 단위 출력

```
// 비트 출력 함수
void bitwise_print(int v) {
    int n = 32;
    int   mask = 1<< (n-1);
    for(int i=1; i<=n; ++i) {
            putchar(((v & mask) == 0) ? '0' : '1');
            v = v<<1;
            if(i % 8 == 0 && i <n)
                  putchar(' ');
    }
}

void main( ) {
    int v;
    scanf("%d", &v);
    printf("v = %d      ", v);
    bitwise_print(v);
    printf("\n");
}
```

다음은 프로그램의 실행 결과이며, 입력된 값은 23이다.

```
v = 23   00000000 00000000 00000000 00010111
```

실습문제

1. 프로그램 3.1을 참고로 하여 char 형 8 비트의 값을 입력받아 이를 비트 출력하는 함수 “void bit_char_print(char v)”를 작성하여라. 그리고 이를 이용하여 char v=7;에 대하여 v>>2를 출력하는 프로그램을 작성하고 실행시켜 보아라.
2. 정수형 16 비트 수를 비트 단위로 출력하는 함수 “void bit_short_print(short int v)”를 작성하고 이를 이용하여 short int v=5555;에 대하여 v<<4를 출력하는 프로그램을 작성하고 실행시켜 보아라.

3. 정수 int 형 값은 32비트의 2의 보수 표현을 사용한다고 하자. 이 때, −1, −3, −15, −63, −127, −255, −511, −1023의 비트 표현을 프로그램 3.1을 이용하여 확인해 보아라.
4. 정수형 32비트 수의 비트 표현에 대하여, 비트들을 왼쪽으로 n 칸 만큼 이동시키고, 밀려나는 상위 n 비트들을 하위 n 비트에 차례대로 채우는 함수를 작성하여라. int circular_left_shift(int v, int n). 예로서 8비트의 수 10101110을 3 자리만큼 왼쪽 순환 이동시키면 이 함수에서는 01110101이 된다.
5. 정수형 32 비트 수의 비트 표현을 역전시키는 함수 int reverse_bits(int v)를 작성하여라. 예로써 8비트의 표현 10110011을 비트 역전시키면 01001100이 된다.
6. 정수형 32비트 표현에서 제일 왼쪽의 최상위부터 추출하되 한 비트씩 건너 뛰면서 추출하는 함수 short int extract_bits(int v)를 작성하여라. 함수 실행의 결과는 16비트로 반환되어야 한다. 예로서

   10101010 10101010 10101010 10101010

   에 대하여 한 비트씩 건너서 비트를 추출하면 다음과 같이 된다.

   11111111 11111111

4. 비트필드

구조체나 공용체에서 int 형 또는 unsigned 형 구성원 변수에 대하여 비트 단위로 기억장소의 크기를 지정할 수 있다. 이러한 구성원 변수를 비트필드라고 한다. 비트필드가 차지하는 비트 수를 비트필드 폭 혹은 그냥 폭이라고 한다.

비트필드의 사용법

먼저 비트필드를 가지는 구조체의 예를 보자.

```
struct notes{
    unsigned first : 4;
    unsigned second : 2;
```

```
};
```

struct notes 에서 구성원 변수 first 와 second 는 비트필드다. 그리고 비트필드 first 와 second 의 폭은 각각 4비트와 2비트이다. 따라서 비트필드 first 는 0, 1, 2, …, 15까지의 16가지 값을 저장할 수 있고, 비트필드 second 에는 0, 1, 2, 3의 4가지 값을 저장할 수 있다. 따라서 두 개의 변수 first 와 second 를 위해 모두 6비트의 기억 장소가 사용된다. 만약 두 개의 unsigned int 형 변수를 사용한다면 모두 64비트가 필요하게 된다.

비트필드를 사용하는 법을 살펴보기 위해, struct note 형 변수 x 를 다음과 같이 선언해보자.

```
struct notes x;
```

그러면 변수 x 에 값을 할당하는 것은 일반 구조체의 사용과 같다.

```
x.first = 12;
x.second = 2;
```

한 워드에는 32 비트가 저장될 수 있기 때문에, 이 경우에 사용되는 워드는 1개가 된다. 한편 구조체 선언

```
struct two{
      int  x:2,  y:16,  z:16;
};
```

에서는 비트필드 x, y, z 를 위하여 두 개의 워드가 사용된다. 즉, 비트필드 x 와 y 에 대하여 하나의 워드를, 그리고 비트필드 z 를 위하여 하나의 워드가 사용된다.

비트필드의 사용 이유

비트필드를 사용하면 메모리를 절약할 수 있다. 예를 들어 4바이트 워드를 사용하는 기계에서 0 또는 1의 값만 필요한 변수 즉, 1비트 변수를 사용하면 한 워드에

32개 변수를 저장할 수 있다. 만약 비트필드 대신에 char 형 변수를 32개를 사용할 수도 있지만, char 형 변수의 경우에는 모두 8개의 워드가 필요하게 된다.

비트필드의 제약 사항

비트필드에서는 배열을 사용할 수 없다. 또한 주소 연산자 &도 사용할 수 없다. 구성원 접근 연산자 ->가 사용하여 비트필드에 접근할 수는 있다. 그러나 비트필드의 주소를 알아내는 & 연산자는 사용할 수 없다.

비트필드의 특이 사항

비트필드를 사용할 때는 이름이 없는 구성원 변수를 사용할 수 있다. 예를 보자.

```
struct align {
        unsigned  b1 : 7, b2 : 7, b3 : 7,
                          : 11,
                    b5 : 7,  b6 : 7, b7 : 7;
};
```

이 경우 비트필드 b1, b2, b3는 하나의 워드에 저장되며, 이름 없는 비트필드는 첫 번째 워드 중 할당되지 않은 11 비트를 비워두는 역할을 한다. 그리고 그 다음 워드에 비트필드 b5, b6, b7이 저장된다.

한편, 폭이 0인 비트필드도 사용할 수 있다. 예를 보자.

```
struct abc {
        unsigned  a1 : 1, : 0,    a2 : 1, : 0,   a3 : 1;
};
```

이렇게 하는 폭이 0인 비트필드가 있는 경우에는 현재 워드의 미사용 비트를 모두 버린다. 그리고 그 다음에 나오는 비트필드는 새로운 워드에 배치된다. 즉, 폭이 1인 세 개의 비트필드 a1, a2, a3는 세 개의 워드에 하나씩 저장된다.

비트와 바이트의 접근

메모리의 비트와 바이트에 접근하는 방법에는 비트 단위 연산자와 마스크를 사용하는 방법이 있었다. 여기에서는 비트필드를 사용하는 방법을 소개한다. 다음은 비트필드를 사용하여 메모리의 비트와 바이트에 접근하는 프로그램이다.

프로그램 4.1

```
#include <stdio.h>
typedef struct {
    unsigned by0 : 8, by1 : 8, by2 : 8, by3 : 8;
} wBytes;

typedef struct {
    unsigned
    b0 : 1,  b1 : 1,  b2 : 1,  b3 : 1,  b4 : 1,  b5 : 1,
    b6 : 1,  b7 : 1,  b8 : 1,  b9 : 1,  b10 : 1, b11 : 1,
    b12 : 1, b13 : 1, b14 : 1, b15 : 1, b16 : 1, b17 : 1,
    b18 : 1, b19 : 1, b20 : 1, b21 : 1, b22 : 1, b23 : 1,
    b24 : 1, b25 : 1, b26 : 1, b27 : 1, b28 : 1, b29 : 1,
    b30 : 1, b31 : 1;
} wBits;

typedef union {
    int a;
    wBits bit;
    wBytes byte;
} WORD;

void bitwise_print(int v);

void main( ) {
    WORD word = {0};
    word.bit.b0 = 1;
    word.byte.by1 = 255;
    printf("word.a = %d\n", word.a);
    bitwiseprint(word.a);
```

```
    printf("\n");
}
```

이 프로그램은 하위 두 번째 바이트를 모두 1로, 그리고 최하위 비트를 1로 두는 일을 한다. 실행 결과는 다음과 같다.

```
word.a = 65281  00000000 00000000 11111111 00000001
```

컴퓨터에 따라 워드의 크기가 다르고, 비트와 바이트의 처리 방법이 다르기 때문에 자신이 사용하는 컴퓨터에서 어떻게 처리하는지를 확인하여야 한다.

제 16 장

윈도우 운영체제 관련

1. 시간 측정
2. 운영체제 명령어
3. 환경변수

이 장에서는 윈도우 시스템에서 시스템 시간의 측정법, 환경변수와 C 프로그램에서 윈도우 시스템 명령어를 실행하는 법을 살펴본다.

1. 시간 측정

윈도우를 비롯한 대부분의 운영체제에서는 컴퓨터의 내부 시계에 접근하는 함수를 제공한다. 이 절에서는 이들 함수의 사용법을 소개한다. 이들 함수와 이에 필요한 형은 헤더파일 "time.h"에 선언 또는 정의되어 있다.

시계가 한 번 '똑딱'하는 데 걸리는 시간

컴퓨터는 내부에 시계를 가지고 있으며, 이 시계는 보통의 시계와 마찬가지로 일정한 시간 간격으로 진행한다. 대부분의 벽시계는 1초마다 한 번 진행한다. 이런 진행을 "똑딱"이라고 하자. 한 번의 똑딱에 걸리는 시간은 컴퓨터 시스템마다 다른데, 윈도우즈 시스템을 사용하는 Visual C++에는 다음과 같이 매크로로 정의되어 있다.

```
#define CLOCKS_PER_SEC   1000
```

이 매크로의 의미는 윈도우 시스템의 초 시계는 1초에 1,000번을 똑딱거린다는 것이다. 똑딱의 수를 구하여 CLOCKS_PER_SEC으로 나누면 초 단위의 시간을 얻을 수 있다.

시간 측정을 위한 자료형

이 절에서 사용할 시간 측정용 함수에 사용되는 자료형을 소개한다.

```
#define CLOCKS_PER_SEC   1000
typedef long time_t;
typedef long clock_t;
```

형 time_t와 clock_t는 모두 long int 형으로 정의되어 있다. 한편 구조체 tm

은 다음과 같이 선언되어 있다. 이는 년, 월, 일, 시 등을 나타내기 위해 사용되는 구조체이다.

```
struct tm {
        int tm_sec;        int tm_min;        int tm_hour;
        int tm_mday;       int tm_mon;        int tm_year;
        int tm_wday;       int tm_yday;       int tm_isdst;
};
```

현재 시각 알아내기

컴퓨터 시계의 현재 시각을 알아보는 함수는

```
time_t time(time_t *p);
```

이다. 함수 time()은 1970년 1월 1일 새벽 0시부터 현재 시각까지 경과한 시간을 초단위의 값으로 반환한다. 다음은 함수 time()을 사용하는 예제 프로그램이다.

프로그램 1.1

```
#include <stdio.h>
#include <time.h>
void main( )
{
      time_t ti;
      time(&ti);  /* 현재 시간 구하기 */
      printf("현재시각:%d\n", ti);
}
```

이 프로그램을 실행시키면 컴퓨터의 내부시각이 출력되는 데 다음은 그 예이다.

```
현재시각:1135583690
```

이 시각은, 윈도우 환경에서는, 1970 년 1 월 1 일 새벽 0 시부터 현재 시각까지 경과한 시간을 초단위로 나타낸 값이다. 프로그램 1.1 에서 명령줄 "time(&ti);"는

```
ti = time(NULL);
```

과 같이 바꾸어 사용할 수도 있다. 이 때 포인터형 인자가 NULL 이므로 포인터형 인자로는 값이 반환되지 않는다.

프로그램 1.1 에서와 같이 출력되는 시간은 사람이 이해하기에는 불편한 데, 이를 사람이 읽기 쉬운 형태로 출력하려면 다음의 두 개의 함수를 추가로 사용하면 된다.

```
struct tm *localtime( const time_t *timer );
char *asctime( const struct tm *timeptr );
```

함수 localtime()은 long 형 시간을 년, 월, 일, 시, 분, 초 등으로 나누어 구조체 tm 형으로 변환하는 일을 한다. 그리고 함수 asctime()은 구조체 tm형 변수의 값을 년, 월, 일 등으로 표현되는 문자열로 변환하는 일을 한다. 다음은 이들 함수를 사용하여 년, 월, 일로 출력하는 프로그램이다.

프로그램 1.2

```
#include <stdio.h>
#include <time.h>
void main( void )
{
      struct tm *s_time;
      time_t   ti;
      time( &ti );  /* 초 단위 시간 구하기 */
      s_time = localtime( &ti );  /* 구조체 tm 형으로 변환 */
      /* 시간을 문자로 변환한 후 출력 */
      printf( "현재 시각 : %s", asctime( s_time ) );
}
```

다음은 프로그램의 실행 결과이다.

```
현재 시각 : Mon Dec 26 16:46:02 2005
```

실행 경과 시간 알아내기

프로그램이 실행되면, 운영체제는 그 프로그램이 사용하는 프로세서의 시간을 계속 계산한다. 이 실행 시간을 알아내는 함수는

clock_t clock(void);

이다. 이 함수의 반환형은 clock_t 즉, long int 형이며, 함수 clock()이 호출되면, 시스템은 그때까지 프로그램이 사용한 시간을 가장 근접하게 측정하여 그 값을 반환한다. 다음은 함수 clock()을 사용하여 실행에 소요된 시간을 측정하는 예제 프로그램이다.

프로그램 1.3

```
#include <stdio.h>
#include <time.h>
void main( void ) {
    long      n = 6000000; //백만
    clock_t begin, end;
    double   duration;
    printf( "육백만번 허깨비 반복 : ", n );
    begin = clock();
        while( n-- );
    end = clock();
    duration = (double)(end - begin) / CLOCKS_PER_SEC;
    printf( "%5.3lf초\n", duration );
}
```

프로그램의 실행결과는 다음과 같다.

```
육백만번 허깨비 반복 : 0.015초
```

실행 시간의 비교 예

곱셈의 연산에서 float 형과 double 형 중 어느 것이 속도가 빠른지를 확인하는 프로그램을 작성해 본다.

프로그램 1.4

```
#include <stdio.h>
#include <time.h>

void main( void ) {
     float fv,   fa = 2.222, fb = 3.333;
     double dv, da = 2.222, db = 3.333;
     long      N = 6000000, n;
     clock_t begin, end;
     double   duration;

     n = N;
     begin = clock();
     while( n-- )
               fv = fa*fb;
     end = clock();

     duration = (double)(end - begin) / CLOCKS_PER_SEC;
     printf( "float  형 곱셈 : %5.3lf초\n", duration );

     n = N;
     begin = clock();
     while( n-- )
               dv=da*db;
     end = clock();

     duration = (double)(end - begin) / CLOCKS_PER_SEC;
     printf( "double 형 곱셈 : %5.3lf초\n", duration );
}
```

프로그램의 실행결과는 다음과 같다.

```
float 형 곱셈 : 0.031초
double 형 곱셈 : 0.015초
```

float 형 곱셈에 걸린 시간이 double 형 곱셈에 걸린 시간의 두 배가 됨을 볼 수 있는 데, 이는 float형의 경우 double 형으로 바꾸어 계산하기 때문인 것으로 짐작된다.

2. 운영체제 명령어

C 프로그램에서 윈도우 혹은 MS-DOS 운영체제의 명령어를 사용할 수 있다. 운영체제 함수인 system()을 사용하면 운영체제에게 명령을 내릴 수 있다. 함수 system()의 인수는 운영체제 명령어이다.다음은 현재의 날자를 출력하는 MS-DOS 명령어인 'date'를 사용하는 프로그램과 실행 결과이다.

프로그램 2.1

```
#include <stdlib.h>
void main() {
     system("date");
}
```

```
현재 날짜: 2006-08-15
새로운 날짜를 입력하십시오: (년-월-일)
```

한편 다음 프로그램은 MS-DOS 의 명령어 dir 을 사용하여 C 디스크의 기본 폴더의 내용을 콘솔창에 출력한다.

프로그램 2.2

```
#include <stdlib.h>
```

```
void main( ) {
      system("dir c:");
}
```

프로그램을 실행시키면 C:\ 폴더에 있는 파일과 폴더의 이름 등이 콘솔창에 출력되는 데 다음은 그 중 일부분이다.

```
C:₩ 디렉터리

2006-06-24  오후 07:31       19,999,948 aaa.dat
2006-05-09  오전 09:11    <DIR>          ActiveBoard
2006-07-15  오전 10:26            1,126 artpdbg.log
2006-05-02  오전 11:53                0 AUTOEXEC.BAT
```

먼저, 라이브러리 함수 tmpnam()을 이용하여 임시 파일 이름을 생성한다. 그 다음에 system() 함수를 호출하여 dir 명령의 결과를 임시 파일로 재지정시킨다. 다음에는, 대문자를 소문자로 바꾸어 임시 파일의 내용을 화면에 출력한다. 마지막으로, 임시 파일의 사용이 끝났으므로, 라이브러리 함수 remove()를 호출하여 임시 파일을 삭제한다.

3. 환경 변수

다음 프로그램 3.1은 윈도우 시스템의 환경 변수들을 콘솔창에 출력한다.

프로그램 3.1

```
#include <stdio.h>
void main(int argc, char *argv[], char *env[]) {
      for( int i = 0; env[i] != NULL; ++i)
            printf("%s\n", env[i]);
}
```

함수 main 의 세 번째 인수 env 는 문자열 배열로 생각할 수 있으며, 환경변수에 관한 정보를 전달한다. env 의 마지막 원소는 NULL 포인터이다. 프로그램의 실행 결과 중 일부분을 나타내면 다음과 같다.

```
ALLUSERSPROFILE=C:₩Documents and Settings₩All Users
APPDATA=C:₩Documents and Settings₩오창혁₩Application Data
CLIENTNAME=Console
CommonProgramFiles=C:₩Program Files₩Common Files
COMPUTERNAME=STATOHCOM
ComSpec=C:₩WINDOWS₩system32₩cmd.exe
FP_NO_HOST_CHECK=NO
HOMEDRIVE=C:
```

한편 함수 getenv()를 사용하여 환경변수의 값을 알아낼 수 있다. 함수의 원형은 헤더 파일 stdlib.h에 선언되어 있으며, 환경변수가 아닌 인자를 사용하여 호출하면 NULL 값을 반환한다 다음은 getenv()을 사용하는 프로그램이다.

프로그램 3.2

```
#include<stdio.h>
#include <stdlib.h>
void main( ) {
      printf("  %s %s\n  %s %s\n  %s %s\n",
      "User: ", getenv("CLIENTNAME"),
      "Computer Name: ", getenv("COMPUTERNAME"),
      "Home directory: ", getenv("HOMEDRIVE"));
}
```

다음은 프로그램 3.2의 실행결과이다.

```
User:  Console
Computer Name:  STATOHCOM
Home directory:  C:
```

부록 A. 아스키 코드

10 진	16 진	8 진	이진수	ASCII	자판 단추
0	0	0	00000000	NUL	CTRL/1
1	1	1	00000001	SOH	CTRL/A
2	2	2	00000010	STX	CTRL/B
3	3	3	00000011	ETX	CTRL/C
4	4	4	00000100	EOT	CTRL/D
5	5	5	00000101	ENQ	CTRL/E
6	6	6	00000110	ACK	CTRL/F
7	7	7	00000111	BEL	CTRL/G
8	8	10	00001000	BS	CTRL/H, BACKSPCE
9	9	11	00001001	HT	CTRL/I, TAB
10	a	12	00001010	LF	CTRL/J LINE FEED
11	b	13	00001011	VT	CTRL/K
12	c	14	00001100	FF	CTRL/L
13	d	15	00001101	CR	CTRL/M
14	e	16	00001110	SO	CTRL/N
15	f	17	00001111	SI	CTRL/O
16	10	20	00010000	DEL	CTRL/P
17	11	21	00010001	DC1	CTRL/Q
18	12	22	00010010	DC2	CTRL/R
19	13	23	00010011	DC3	CTRL/S
20	14	24	00010100	DC4	CTRL/T
21	15	25	00010101	NAK	CTRL/U
22	16	26	00010110	SYN	CTRL/V
23	17	27	00010111	ETB	CTRL/W
24	18	30	00011000	CAN	CTRL/X
25	19	31	00011001	EM	CTRL/Y
26	1a	32	00011010	SUB	CTRL/Z
27	1b	33	00011011	ESC	ESC, ESCAPE
28	1c	34	00011100	FS	CTRL/
29	1d	35	00011101	GS	CTRL]
30	1e	36	00011110	RS	CTRL^
31	1f	37	00011111	US	CTRL_
32	20	40	00100000	SP	SPACEBAR
33	21	41	00100001	!	!
34	22	42	00100010	"	"
35	23	43	00100011	#	#
36	24	44	00100100	$	$
37	25	45	00100101	%	%
38	26	46	00100110	&	&
39	27	47	00100111	'	'
40	28	50	00101000	(	(

10 진	16 진	8 진	이진수	ASCII	자판 단추
41	29	51	00101001	)	)
41	29	51	00101001	)	)
42	2a	52	00101010	*	*
43	2b	53	00101011	+	+
44	2c	54	00101100	,	,
45	2d	55	00101101	−	−
46	2e	56	00101110	.	.
47	2f	57	00101111	/	/
48	30	60	00110000	0	0
49	31	61	00110001	1	1
50	32	62	00110010	2	2
51	33	63	00110011	3	3
52	34	64	00110100	4	4
53	35	65	00110101	5	5
54	36	66	00110110	6	6
55	37	67	00110111	7	7
56	38	70	00111000	8	8
57	39	71	00111001	9	9
58	3a	72	00111010	:	:
59	3b	73	00111011	;	;
60	3c	74	00111100	<	<
61	3d	75	00111101	=	=
62	3e	76	00111110	>	>
63	3f	77	00111111	?	?
64	40	100	01000000	@	@
65	41	101	01000001	A	A
66	42	102	01000010	B	B
67	43	103	01000011	C	C
68	44	104	01000100	D	D
69	45	105	01000101	E	E
70	46	106	01000110	F	F
71	47	107	01000111	G	G
72	48	110	01001000	H	H
73	49	111	01001001	I	I
74	4a	112	01001010	J	J
75	4b	113	01001011	K	K
76	4c	114	01001100	L	L
77	4d	115	01001101	M	M
78	4e	116	01001110	N	N
79	4f	117	01001111	O	O
80	50	120	01010000	P	P
81	51	121	01010001	Q	Q
82	52	122	01010010	R	R
83	53	123	01010011	S	S

10진	16진	8진	이진수	ASCII	자판 단축
84	54	124	01010100	T	T
84	54	124	01010100	T	T
85	55	125	01010101	U	U
86	56	126	01010110	V	V
87	57	127	01010111	W	W
88	58	130	01011000	X	X
89	59	131	01011001	Y	Y
90	5a	132	01011010	Z	Z
91	5b	133	01011011	[	[
92	5c	134	01011100	\	\
93	5d	135	01011101	]	]
94	5e	136	01011110	^	^
95	5f	137	01011111	_	_
96	60	140	01100000		
97	61	141	01100001	a	a
98	62	142	01100010	b	b
99	63	143	01100011	c	c
100	64	144	01100100	d	d
101	65	145	01100101	e	e
102	66	146	01100110	f	f
103	67	147	01100111	g	g
104	68	150	01101000	h	h
105	69	151	01101001	i	I
106	6a	152	01101010	j	j
107	6b	153	01101011	k	k
108	6c	154	01101100	l	l
109	6d	155	01101101	m	m
110	6e	156	01101110	n	n
111	6f	157	01101111	o	o
112	70	160	01110000	p	p
113	71	161	01110001	q	q
114	72	162	01110010	r	r
115	73	163	01110011	s	s
116	74	164	01110100	t	t
117	75	165	01110101	u	u
118	76	166	01110110	v	v
119	77	167	01110111	w	w
120	78	170	01111000	x	x
121	79	171	01111001	y	y
122	7a	172	01111010	z	z
123	7b	173	01111011	{	{
124	7c	174	01111100	|	|
125	7d	175	01111101	}	}
126	7e	176	01111110	~	~
127	7f	177	01111111	DEL	DEL

부록 B. 연산자 우선 순위와 결합 방향

연산의 우선 순위를 확실히 하고 싶으면 괄호를 사용한다.

<table>
<tr><th>연 산 자</th><th>결합 방향</th></tr>
<tr><td>()　[]　->　.　++(접미)　--(접미)</td><td>→</td></tr>
<tr><td>++(접두)　--(접두)　!　~　sizeof(형)
+(단항)　-(단항)　&(주소)　*(역참조)</td><td>←</td></tr>
<tr><td>*　/　%</td><td>→</td></tr>
<tr><td>+　-</td><td>→</td></tr>
<tr><td><<　>></td><td>→</td></tr>
<tr><td><　=<　>　>=</td><td>→</td></tr>
<tr><td>==　!=</td><td>→</td></tr>
<tr><td>&</td><td>→</td></tr>
<tr><td>^</td><td>→</td></tr>
<tr><td>|</td><td>→</td></tr>
<tr><td>&&</td><td>→</td></tr>
<tr><td>||</td><td>→</td></tr>
<tr><td>? :</td><td>→</td></tr>
<tr><td>=　+=　-=　*=　/=　%=　^=　&=　|=</td><td>←</td></tr>
<tr><td>,(콤마 연산자)</td><td>→</td></tr>
</table>

→ 왼쪽에서 오른쪽,　← 오른쪽에서 왼쪽

찾아보기

오창혁

경북대학교 사범대학 수학교육학과 이학사
서울대학교 대학원 계산통계학과 이학석사
University at Buffalo, The State University of New York, Ph. D.
오레곤 과학기술대학원 교환교수
뉴욕주립대학교 교환교수
현 : 영남대학교 통계학과 교수

기초 C

2007년 8월 25일 초판 인쇄
2007년 9월 1일 초판 발행

저 자 / 오창혁
발행자 / 오판근
발행처 / 교우사

주 소 / 서울 동대문구 제기2동 148-19
전 화 / 925-2861, 929-4865
팩 스 / 925-2860
E-mail / kw2861 @ chollian. net
http: // www. kyowoo. co. kr
등록 / 1994. 3. 24 제6-0256호

ISBN 978-89-8172-702-4 (93560)

값 **25,000**원

Ⓒ 2007. Kyo Woo Sa
※ 이 책의 무단전재, 복제를 금합니다.